从零开始学
今日头条运营和推广

（第2版）

叶龙　编著

清华大学出版社
北　京

内容简介

如何注册和认证头条号？如何打造爆款内容？

头条运营有哪些变现方式？如何进行直播带货？

如何进行吸粉引流和推广？头条内容电商该怎么玩？

本书通过两条线路来帮读者解决这些“疑难杂症”：

一条是内容线。本书提炼了12个专题内容，分别从注册认证、后台设置、变现方法、内容标题、直播、图文、视频、问答、内容推广、数据分析、吸粉引流、内容电商等方面对头条运营和推广进行深刻的阐述，帮助读者精通头条号的运营。

一条是案例线。本书通过多个头条号的运营案例，让读者掌握头条号的运营和推广技巧，快速达到变现的目的。

本书结构清晰、内容全面，适合阅读的读者有：一是头条号运营新手；二是头条号运营的相关工作人员和企业；三是对今日头条感兴趣的自由职业者和创业者。此外，本书也可作为各大高等院校相关专业的培训教材。

图书在版编目(CIP)数据

从零开始学今日头条运营和推广/叶龙编著. —2版. —北京：清华大学出版社，2021.12
ISBN 978-7-302-59457-4

Ⅰ. ①从…　Ⅱ. ①叶…　Ⅲ. ①网络营销　Ⅳ. ①F713.365.2

中国版本图书馆CIP数据核字(2021)第219217号

责任编辑：张　瑜
封面设计：杨玉兰
责任校对：周剑云
责任印制：刘海龙
出版发行：清华大学出版社
　　网　　址：http://www.tup.com.cn, http://www.wqbook.com
　　地　　址：北京清华大学学研大厦A座　　**邮　　编：**100084
　　社 总 机：010-83470000　　**邮　　购：**010-62786544
　　投稿与读者服务：010-62776969, c-service@tup.tsinghua.edu.cn
　　质量反馈：010-62772015, zhiliang@tup.tsinghua.edu.cn
印 装 者：河北华商印刷有限公司
经　　销：全国新华书店
开　　本：170mm×240mm　　**印　　张：**15.75　　**字　　数：**299千字
版　　次：2019年1月第1版　2022年1月第2版　　**印　　次：**2022年1月第1次印刷
定　　价：59.80元

产品编号：092918-01

前言

通信技术的进步和移动设备的普及给移动互联网的发展创造了条件，也推动了自媒体时代的到来，催生了一大批优秀的内容创作者，让每个普通人有了在互联网平台上表现自我的机会。

如今，自媒体行业的发展已经进入较为成熟的阶段，主流的自媒体平台有 4 家，分别是今日头条、百家号、企业号和大鱼号。作者要讲的就是今日头条平台。目前，今日头条的用户量已超过 7 亿，日活跃用户更是上亿，市场前景十分广阔。面对如此庞大的用户流量，越来越多的内容创作者和自媒体人纷纷入驻今日头条平台，想以此来获取流量收益的红利。

今日头条是字节跳动旗下的一款个性化资讯推荐引擎产品，致力于为用户提供更精准的优质内容和信息服务。目前，今日头条拥有 100 多个频道，覆盖了图文、视频、直播等多种内容形式。2019 年 3 月，今日头条推出了头条全网搜索功能。2020 年 5 月，在“2020 中国品牌 500 强”排行榜中，今日头条排名第 162 位。

今日头条相较于其他 3 家自媒体平台来说，起步要早很多，平台运营的规则和机制也更为完善。因此，对于互联网企业（新媒体运营方向）、自媒体人（内容创作者）以及媒体机构来说，今日头条是进行运营和推广非常不错的选择，本书正是基于以上背景才诞生的。

本书是《从零开始学今日头条运营和推广》的升级版，优化了内容结构，完善了内容体系。从今日头条的基础知识开始，以运营和推广为驱动，讲解了关于头条号的各种操作方法。本书在保留原有精华内容的基础之上，新加入了标题写作、头条直播和内容电商等热门知识，进一步完善内容体系。各章内容如下。

第 1 章　入门：如何注册认证一个头条号

第 2 章　管理：如何完善头条号后台设置

第 3 章　变现：如何才能快速地获得收益

第 4 章　标题：如何写出高点击率的爆款标题

第 5 章　直播：如何增强粉丝的忠实程度

第 6 章　图文：如何打造百万阅读的文章

第 7 章　视频：如何打造热门爆款短视频

第 8 章　问答：如何成为专业的意见领袖

第 9 章 推广：如何掌握推荐机制和技巧

第 10 章 数据：如何做好专业的数据分析

第 11 章 流量：如何才能快速引流和吸粉

第 12 章 电商：如何玩转头条号内容电商

通过对本书的学习，你可以轻松、完全地掌握今日头条的运营和推广，快速掌握相关操作技巧，成为优秀的头条运营者。希望大家不断地学习技能和知识，不断充实和提升自己，给自己创造更好的明天和未来！

特别提示：本书在编写时，是基于当前今日头条等 App 截取的实际操作图片。由于本书从编辑到出版需要一段时间，在这段时间里，App 的界面与功能会有调整与变化，比如有的内容删除了，有的内容增加了，这是 App 开发商对 App 进行了更新。因此，请读者在阅读时，根据书中的思路，举一反三，进行学习。

本书由叶龙编著，参与编写的还有明镜等人，由于作者知识水平有限，书中难免有错误和疏漏之处，恳请广大读者批评、指正，沟通和交流。

编　者

目录

第 1 章

入门：如何注册认证一个头条号

随着越来越多的新媒体人进驻头条号，许多人开始关注头条号，并开始考虑在今日头条上展现自身价值和获利。本章就从注册和认证头条号开始进行介绍，告诉读者如何选择和操作，才能有利于后期发展和完善平台设置。

1.1 认识：头条号的概念和特色

在如今众多的新媒体平台中，今日头条号是比较重要的一个亿级流量平台，众多内容创作者和自媒体人都见证了头条号的发展。那么，什么是头条号，它又有着怎样的特色呢？本节将对这两个问题进行重点阐述。

1.1.1 概念：头条号是什么

头条号最开始的名称是“今日头条媒体平台”，隶属于今日头条，也是互联网主流的自媒体平台之一。它的作用是帮助企业、机构和自媒体人获得更多的曝光量和影响力，同时也为用户提供更多的优质内容。

头条号致力于打造一个良好的内容生态平台，它借助今日头条庞大的用户量和智能的推荐算法，让优质的内容创作者更好地进行内容输出，从而获得更多的收益。

2019 年 5 月，头条号推出了头条小店功能，为内容创作者提供了更多的变现机会和途径。小店可在头条号作者的账号主页中查看，如图 1–1 所示。

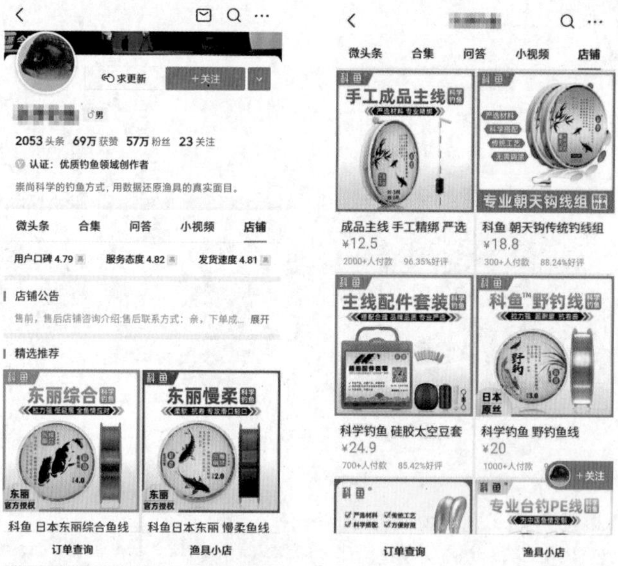

图 1–1　某头条号作者的头条小店

1.1.2 优势：头条号有什么特色

今日头条平台庞大的用户量，为新媒体运营者吸粉、引流提供了强有力的支撑。今日头条平台具有以下 4 个特点。

1. 推送信息：个性化

今日头条最大的特点是能够通过基于数据分析的推荐引擎技术，将用户的兴趣、特点、位置等多维度的数据挖掘出来，然后针对这些维度进行多元化的、个性化的内容推荐。推荐的内容多种多样，包括新闻、音乐、电影、游戏和购物资讯等。

举例来说，当用户通过微博、QQ 等社交账号登录今日头条时，今日头条就会通过一定的算法，在短时间内解读出用户的兴趣爱好、位置、特点等信息，用户每次在平台上进行操作，例如阅读、搜索等，今日头条就会定时更新用户的相关信息，从而实现精准的阅读内容的推荐。

2. 登录方式：多样化

用户登录今日头条的方式是多样的，除了手机号这一登录方式之外，还支持其他登录方式，如微信、QQ、天翼账号和邮箱等。其中，手机号登录又可分为验证码登录和账号密码登录。

3. 信息内容：涵盖广

今日头条平台上的内容涵盖面非常广，用户能够看见各种类型的内容，以及其他平台推送的信息。图 1-2 所示为今日头条平台上内容涵盖的范围。另外，今日头条平台上新闻内容更新的速度非常及时，用户几分钟就可以刷新一次页面，浏览新信息。

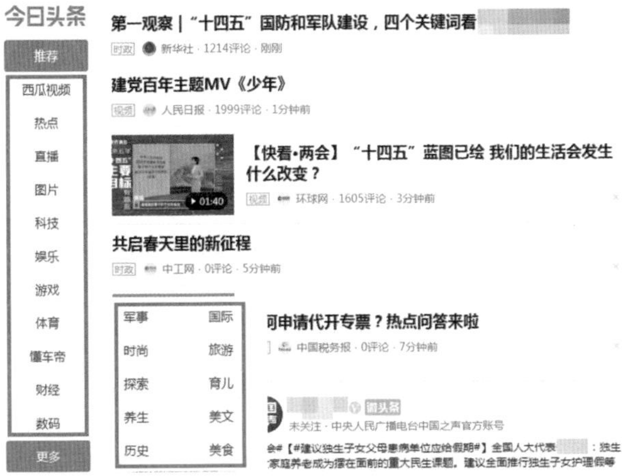

图 1-2　今日头条平台上内容涵盖的范围

4. 互动分享：易操作

对于今日头条推送的大部分信息，用户都可以进行评论，用户之间也可以进行互动。

今日头条平台为用户提供了方便快捷的信息分享功能，用户在看见自己感兴趣的信息之后，只要点击页面上的“转发”按钮，即可将该信息分享、传播到其他平台，例如新浪微博、腾讯微信等。

1.2　选择：头条号的 6 种类型

要想在今日头条平台上寻求发展机会，首先就应该了解该平台和自身发展的方向。所谓发展的方向，包括你的内容领域、读者定位等，也包括要选择什么类型的头条号。本节就从选择头条号的类型出发进行介绍，帮助读者进一步了解今日头条平台。

1.2.1　类型：满足不同的需求

关于头条号，从大的方面来说，它包括两种类型，即个人号和机构号，这在注册页面可以看到具体的介绍，如图 1-3 所示。

个人
适合垂直领域专家、意见领袖、评论家及其他自然人注册和申请。
机构
适合企业、媒体、国家机构、其他组织等类型的机构注册和申请。

图 1-3　今日头条号的两大类型

从更加细分的角度来说，机构号可根据其机构属性的不同，分为 5 种类型，如图 1-4 所示。

群媒体
适合以公司形式专注于内容生产，并以内容为主要产出的创作团体。
新闻媒体
有内容生产能力和生产资质的报刊、杂志、电台、电视台等新闻单位，包括正规新闻媒体下属品牌或者子栏目。
国家机构
中央及全国各级各地行政机关、行政机关直属机构、党群机关、参照公务员法管理的事业单位。
企业
适合企业、公司，分支机构，企业相关品牌，产品与服务等。
其他组织
适合各类公共场馆、公益机构、学校、社团、民间组织等机构团体。

图 1-4　机构号的 5 种类型

1.2.2　权限：功能权限要分清

从上一小节的图中可以了解到不同类型的头条号所适用的群体，然而，有些类型的划分界限不是很明显，如个人号和机构号里的群媒体号。基于此，有必要介绍不同类型头条号的功能权限，以帮助读者更加深入地了解头条号，了解各类型头条号的功能权限，从而做出更有利于宣传推广的头条号选择。

除了个人号需要上传账号头像，填写账号名称和账号介绍，并完成实名认证以外，其他 5 种类型账号注册还需要提供相应的资料，如图 1-5 所示。

企业	群媒体	新闻媒体	国家机构	其他组织
账号头像	账号头像	账号头像	账号头像	账号头像
账号名称	账号名称	账号名称	账号名称	账号名称
账号介绍	账号介绍	账号介绍	账号介绍	账号介绍
运营者身份证姓名	运营者身份证姓名	运营者身份证姓名	运营者身份证姓名	运营者身份证姓名
运营者身份证号码	运营者身份证号码	运营者身份证号码	运营者身份证号码	运营者身份证号码
运营者完成实名认证	运营者完成实名认证	运营者完成实名认证	运营者完成实名认证	运营者完成实名认证
联系邮箱	联系邮箱	联系邮箱	联系邮箱	联系邮箱
企业名称	组织名称	组织名称	机构名称	组织名称
账号申请确认书	账号申请确认书	账号申请确认书	入驻申请信息表	账号申请确认书
营业执照/组织机构代码证	营业执照/组织机构代码证	营业执照/组织机构代码证		营业执照/组织机构代码证
		新闻媒体资质证明		

图 1-5　5 种类型账号注册需要提供的资料

> **专家提醒**
>
> 目前，一张身份证只能注册一个个人类型的头条号，一个营业执照最多可以注册两个机构主体的头条号。

各类型头条号转正后的功能权限在时间上有所不同，它们是以 2016 年 7 月 26 号 12 点这个时间节点为界限的。图 1-6 所示为 2016 年 7 月 26 日 12:00 前转正的各类型的头条号的功能权限；图 1-7 所示为 2016 年 7 月 26 日 12:00 后转正的各类型的头条号的功能权限。

类型	个人	群媒体	新闻机构	国家机构	企业	其他组织
微信内容源同步功能	✔	✔	✔	✔	✖	✔
RSS 内容源同步功能	✖	✔	✔	✔	✔	✖
头条广告	✔ 需申请	✔ 需申请	✔ 需申请	✖	✔ 需申请	✖
自营广告	✔ 需申请	✔ 需申请	✔ 需申请	✔ 需申请	✔ 需申请	✔ 需申请
原创功能	✔ 需申请	✔ 需申请	✔ 需申请	✖	✔	✖
千人万元	✔ 需申请	✖	✖	✖	✖	✖

图 1-6　2016 年 7 月 26 日 12:00 前转正的各类型的头条号的功能权限

类型	个人	群媒体	新闻机构	国家机构	企业	其他组织
微信内容源同步功能	✖	✖	✔	✔	✖	✖
RSS 内容源同步功能	✖	✖	✔	✔	✖	✖
头条广告	✔ 需申请	✔ 需申请	✔ 需申请	✖	✔ 需申请	✖
自营广告	✔ 需申请	✔ 需申请	✔ 需申请	✔ 需申请	✔ 需申请	✔ 需申请
原创功能	✔ 需申请	✔ 需申请	✔ 需申请	✖	✔ 需申请	✖
千人万元	✔ 需申请	✖	✖	✖	✖	✖

图 1-7　2016 年 7 月 26 日 12:00 后转正的各类型的头条号的功能权限

1.2.3　思考：根据需求来选择

运营者在清楚了头条号的功能权限之后，就应该思考如何选择头条号的类型。运营者在决定选择哪种类型的头条号之前，需要思考两个方面的问题，具体如图 1-8 所示。

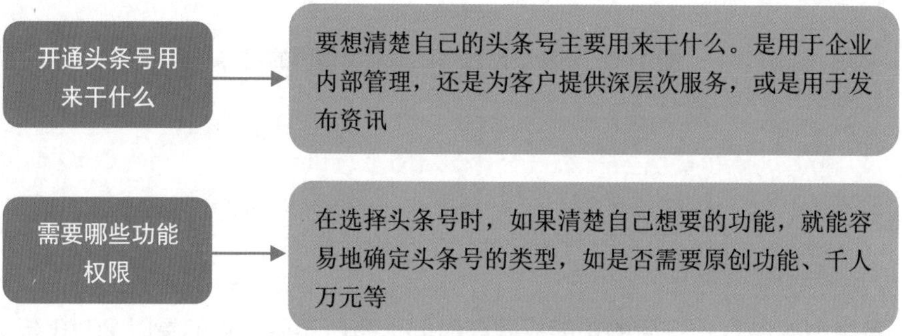
开通头条号用来干什么
要想清楚自己的头条号主要用来干什么。是用于企业内部管理，还是为客户提供深层次服务，或是用于发布资讯
需要哪些功能权限
在选择头条号时，如果清楚自己想要的功能，就能容易地确定头条号的类型，如是否需要原创功能、千人万元等

图 1-8　选择头条号前要思考的问题

1.2.4　反问：挑选合适头条号

运营者在进行了选择头条号前的思考之后，接下来还需要对自己进行反问。反问自己的内容具体包括以下 3 个问题。回答完这 3 个反问之后，运营者就能够挑选出适合自己的头条号类型。

1. 想要从头条号中得到什么

在建立头条号之前，运营者需要清楚自己究竟想要从头条号中得到什么？建立这个头条号的目的是什么？只有清楚了自己想要得到的，才能有选择的依据和方向，进而做出正确的判断。

例如，如果运营者只是个人，想要通过发布原创内容来展现自身价值和获得相应的收入，就可以选择个人号。因为，个人号相对于其他号来说，在原创内容方面明显是占据优势的，且头条号还推出了“千人万元”这一获利政策，它是专属于个人号的。

2. 开通头条号能给自己带来哪些好处

以国家机构为例，一般从上到下涉及的职能部门和工作人员都比较多，需要宣传和传播的范围比较广，而其要传达的一些公开资讯也比较多。此时，建立一个国家机构号，将有利于解决这一问题。

3. 自己适合什么类型的头条号

运营者应该结合自身的情况选择头条号的类型，如果运营者的性质是以原创为主，且属于公司性质，那么就可以选择建立群媒体头条号；如果是个人，那么就可以选择建立个人头条号。

1.2.5 选号：3 种方法供参考

对于运营者怎样选择适合自己的头条号类型，笔者觉得有以下几个方法可以借鉴和参考。

1. 开始进行方向定位

运营者在选择头条号时要明确自身的目标，找好方向，同时还要清楚自己想要传递信息的对象是什么样的，这样才能确保选择的头条号是合适的。

2. 从易上手的头条号开始

运营者在选择头条号的时候，可以考虑从最基础的头条号类型开始，慢慢积累关注者。等所有功能都摸索透彻或者现有功能已经无法满足需求了，再选择具有适合功能的头条号类型。例如，那些企业和机构，可先注册个人头条号或群媒体，然后再将其类型修改为企业类头条号或其他类头条号。

3. 充分挖掘头条号的价值

运营者不管是选择哪一种类型的头条号，都要做到尽可能地发挥所选头条号的价值，从而提供给用户良好的体验，这样才会有用户关注。

1.3 注册：3 种方式注册头条号

确定了应该选择的头条号类型后，就要开始注册了。运营者首先要做的是了解如何注册。本节就针对与注册今日头条号有关的各方面内容进行介绍。

1.3.1　个人号：以电脑端注册为例

如果运营者想要注册个人类型的头条号，其注册流程如下。

步骤 01 运营者需要进入今日头条官网首页，单击首页右上角的“头条产品”按钮，在弹出的下拉列表中选择“头条号”选项，如图 1-9 所示。进入“头条号”页面，单击该页面上的“注册”按钮，如图 1-10 所示。

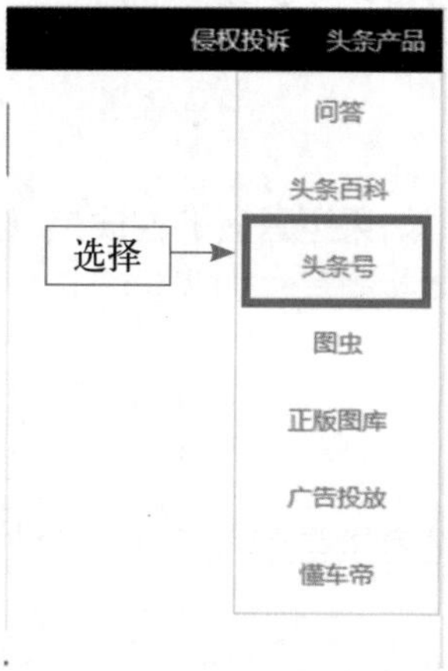

图 1-9　选择“头条号”选项

图 1-10　单击“注册”按钮

步骤 02 进入注册和登录的页面，在该页面中运营者需要选择注册方式，在此笔者选择使用手机注册，输入注册的手机号和图片验证码，如图 1-11 所示。单击“获取验证码”按钮，把获取的验证码输入左侧的文本框中。单击“注册”按钮，如图 1-12 所示。

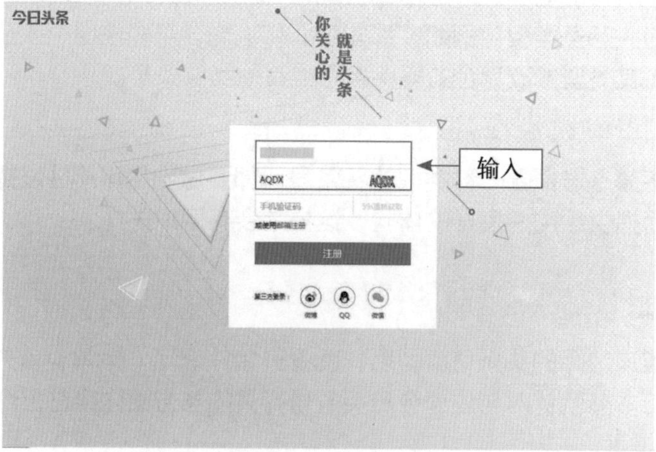

图 1-11　输入注册的手机号和验证码

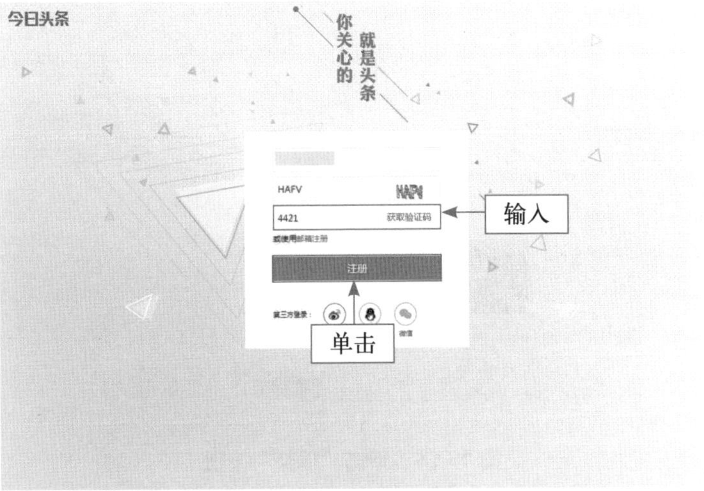

图 1-12　输入获取的验证码并单击“注册”按钮

步骤 03　进入选择类型的页面，运营者需要在该页面中单击个人类型头条号下方的“选择”按钮，如图 1-13 所示。

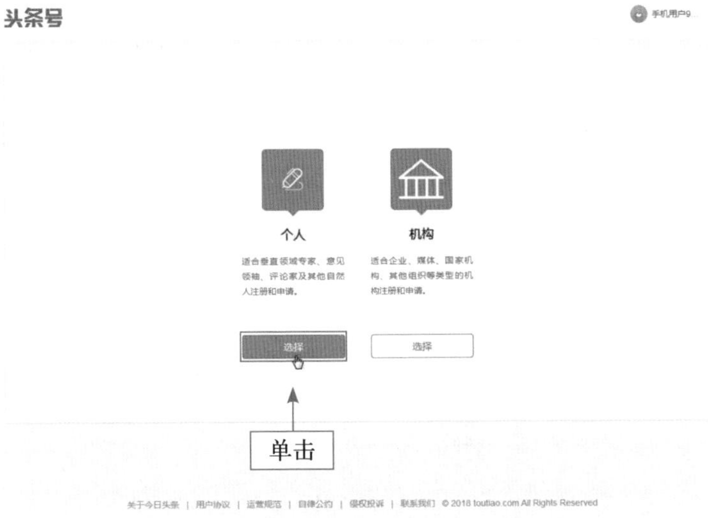

图 1-13　单击个人类型头条号下方的“选择”按钮

步骤 04　进入账号信息页面，运营者需要按照要求填写账号名称、账号介绍，并上传账号头像。选中“请同意《头条号用户注册协议》”单选按钮，单击“提交”按钮，如图 1-14 所示。

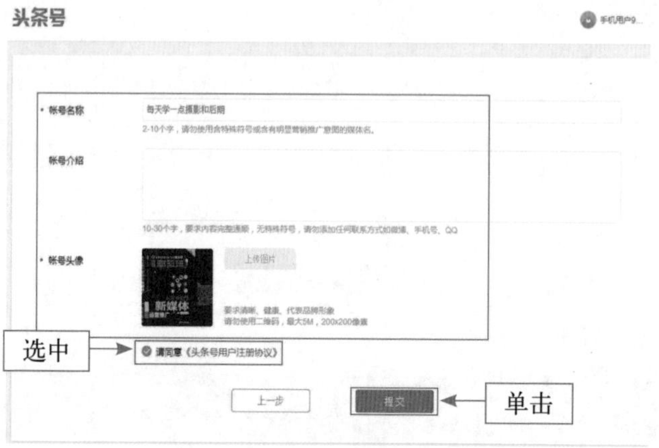

图 1-14　单击“提交”按钮

步骤 05 执行操作后，即可完成个人类型头条号的注册。完成实名认证以后，就可以在今日头条平台上发布内容了。

1.3.2　企业号：以电脑端注册为例

在介绍了个人类型头条号的注册之后，笔者再为大家介绍企业类型的头条号的具体注册流程。

步骤 01 运营者在选择类型的页面单击“机构”类型头条号下方的“选择”按钮，然后进入机构类型头条号的各个分类页面。单击“企业”类型头条号下方的“选择”按钮，如图 1-15 所示。

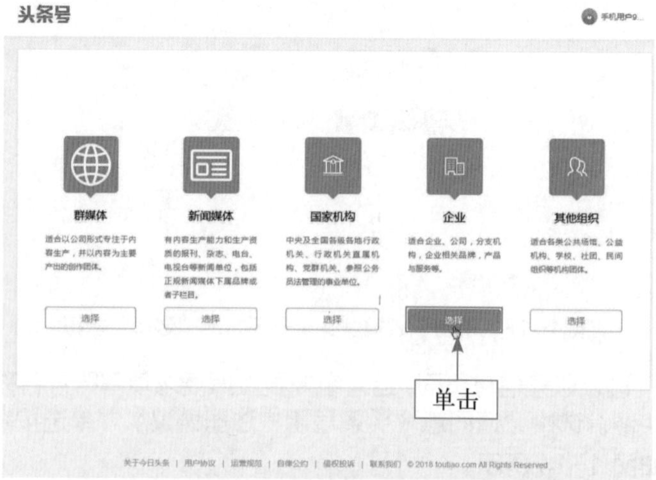

图 1-15　单击企业类型头条号下方的“选择”按钮

步骤 02 进入入驻资料的页面，如图 1-16 所示。按照平台要求填写好相应信息后，选中“请同意《头条号注册用户协议》”和“请同意《今日头条移动端数据推广服务协议》”单选按钮。单击“提交”按钮，即可完成注册。

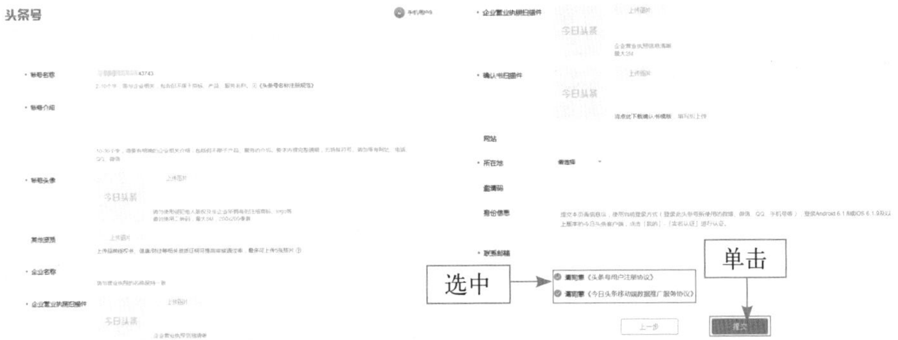

图 1-16　企业类型头条号的入驻资料页面

> **专家提醒**
>
> 在电脑端注册包括企业号在内的机构类头条号，填写入驻资料时需要提交运营者资料和机构资质，且在提交入驻资料并完成注册后，还需等待系统审核。审核通过后才能开通头条号。

1.3.3　手机端：随时随地完成注册

运营者除了可以在电脑端注册头条号以外，还可以在手机端注册，这是一种更方便的注册方式。特别是在手机上利用手机号码注册头条号，其操作更加简单。图 1-17 所示为手机端注册头条号的步骤流程。

手机端注册：

- 在今日头条App搜索「头条号」，进入头条号官网注册页面；
- 点击【注册】，上传头像，输入用户名称，完成头条用户帐号注册；
- 头条用户帐号申请成功后，点击【申请个人头条号】，进入头条号申请页面，填写对应资料；
- 提交资料后，点击【开始身份校验】，进行实名认证；
- 在【身份校验】页面提交身份证正反面照片，进行脸部识别，完成身份校验。

注：手机端仅支持注册个人头条号，企业、媒体、国家机构等请前往电脑端头条号官网注册。

图 1-17　手机端注册头条号的步骤流程

不管是电脑端注册还是手机端注册，也不管是注册个人号还是机构号，都需要填写基本的账号信息，包括账号名称、简介、头像等。对于这些信息的填写，平台是有相应的审核规范的。图 1-18 所示为账号信息审核的基本规范。图 1-19 所示为账号名称规范。图 1-20 所示为简介规范。图 1-21 所示为头像规范。

帐号信息审核规范

基本规范

- 内容积极健康、阳光向上、宣扬正能量；
- 不含反动、色情、暴力、血腥、赌博等违法内容；
- 不含扰乱社会秩序、破坏民族团结等内容；
- 不含对他人人身攻击，侮辱、诽谤等内容；
- 不侵犯网络版权及其他知识产权以及用户权益；
- 不含其他违反法律法规、不符合平台规范倾向内容。

图 1-18　账号信息审核的基本规范

帐号名称规范

- 名称中不得含有「今日」、「头条」等文字，易被用户误解为今日头条的官方帐号，不符合命名规范。如「今日美食」、「今日体育」、「头条娱乐」、「头条军事」等；
- 名称不得含有色情低俗倾向；
- 名称不得含有营销推广等让用户产生误解的广告信息；
- 未经同意/授权名称不得冒充他人、企业、机构；
- 未经授权名称不得使用第三方品牌名称，包括但不限于节目名称、知名影视作品/人物、商标/品牌名称等；
- 名称不得涉及国家领导人或有时政倾向（国家机构、新闻媒体除外）；
- 名称不得使用易被误解为新闻媒体、国家机构等群体的文案；
- 名称不得含有虚假或者易引人误解的内容，不得欺骗、误导：
- 没有相关专业资质名称不得使用职业名称相关专有名词；
- 名称不得单独使用疾病/医药/医疗器械相关专有名词：
  - 疾病相关如「子宫肌瘤」；医药相关如「感冒药」；医疗器械相关如「呼吸机」等。

图 1-19　账号名称规范

简介规范

- 财经、健康类帐号简介内容不得包含联系方式；
- 内容不得出现营销推广信息，非企业类别的帐号进行品牌推广；
- 内容不得包含恶俗、消极、敏感、色情等信息；
- 「个人」类型帐号不能描述为报纸、杂志等易被误以为是新闻媒体、国家机构相关内容；
- 非国家机构、新闻媒体头条号介绍不可包含时政、军事类（不包括装备武器）倾向；
- 医疗、药品、医疗器械、保健食品相关内容不得对功效、安全性作出断言或保证；
- 股票、房产等财经类相关内容不得对升值或投资回报作出保证性的承诺。

图 1-20　简介规范

头像规范

- 不得使用类似今日头条、抖音等字节跳动产品 Logo 的头像；
- 「个人」类型帐号不得使用第三方品牌Logo作为头像；
- 不得含有营销推广信息，如二维码、网址、联络方式等；
- 不得使用国家领导人照片或漫画形象作为头像；
- 非国家机构帐号不得使用国旗、国徽、党旗、党徽、团旗等作为头像；
- 非国家机构、新闻媒体帐号不得使用军装类(包含卡通漫画类)图片；
- 不得使用加V图片作为帐号头像；
- 不得使用美观度低、缺乏健康度、低俗、模糊的头像。

图 1-21　头像规范

运营者在填写账号信息时，一定要注意规避以上这些规范，否则就会影响审核的结果，也不利于账号的长期发展。

1.4 认证：获得更多功能和权益

了解了头条号的基本信息和注册方法后，本节就来介绍头条号认证的内容，包括职业认证、兴趣认证、企业认证和机构认证等。

在讲这些之前，笔者先来讲述头条号的身份校验。因为，不管是哪种类型的头条号，都是需要进行身份校验的，也就是所谓的实名认证。那么，我们该在哪里进行身份校验呢？打开今日头条 App，在“我的”页面点击“个人主页”按钮，如图 1–22 所示，进入“个人主页”页面，点击“申请认证”按钮，如图 1–23 所示。

图 1–22 点击“个人主页”按钮

图 1–23 点击“申请认证”按钮

然后进入“头条认证”页面，点击“身份未校验”按钮，如图 1–24 所示。进入“身份校验”页面，如图 1–25 所示，上传身份证正反面照片，输入对应的真实姓名和身份证号，再进行人脸检测即可认证成功。

上面提到的 4 种认证分别适用于不同的账号类型，其详细说明如图 1–26 所示。同时，不同的认证对应着不同的权益，如图 1–27 所示。

专家提醒

能否取得这些认证，和运营者的账号收益、粉丝量等没有关系，更不会因此而获得额外的权益。

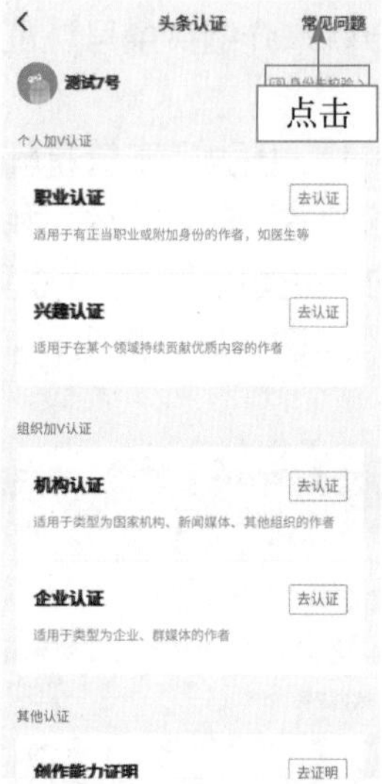

图 1-24　点击“身份未校验”按钮

图 1-25　“身份校验”页面

职业认证：职业认证是今日头条对用户职业身份的肯定，通过职业认证的用户，认证信息除了在个人主页展示，也会在内容页、搜索结果页等页面显示。
兴趣认证：兴趣认证是对用户在头条平台上的内容创作能力的认可，用户可以选择自己擅长/感兴趣的领域，通过持续输出垂直领域的优质原创内容，成为垂直领域创作者，获得更多的曝光。
机构认证：适用于国家机构、新闻媒体、社会组织等机构的认证，是平台对机构帐号真实性的官方认证。
企业认证：适用于企业，如需申请认证请在企业认证官网点击【开启认证】。

图 1-26　4 种认证的内容说明

	职业认证	兴趣认证	机构认证	企业认证（初级）	企业认证（高级）
专属V标	√	√	√	X	√
认证信息	√	√	√	√	√
开通「图文赞赏」、「视频赞赏」、「热点图库」、「自营广告」等多项权益	√	X	X	X	X

图 1-27　不同认证对应的权益

1.4.1　职业：拥有合法职业和身份

职业认证适用于拥有正当职业和附加身份的作者，比如医生、律师等，其申请条件如图 1-28 所示。

认证的入口（其他类型的认证都是如此，后面不再赘述）就在之前的“头条认证”页面，点击“去认证”按钮进入即可。职业认证的认证标准，包括认证职业范围和证明材料说明，都可以在职业认证页面点击链接查看，如图 1-29 所示。

图 1-38　职业认证的申请条件

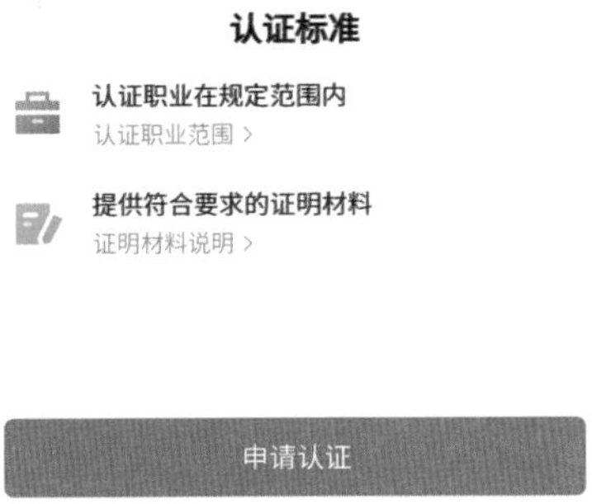

图 1-29　职业认证的认证标准

1.4.2　兴趣：适合垂直领域的作者

兴趣认证适用于在某个领域持续输出优质内容的作者，其申请条件和认证标准如图 1-30 所示。

图 1-30　兴趣认证的申请条件和认证标准

1.4.3　企业：适合企业以及群媒体

企业认证适用于企业和群媒体的账号类型，其申请条件如图 1-31 所示。

申请条件

- 帐号类型需为：企业、群媒体；
- 帐号状态为正常；
- 用户名、用户描述及头像合规且为非默认，详见《账号基本信息审核规范》；
- 运营人已上传手持身份证照片；
- 企业经营的主体行业不属于风险禁入行业，详见《头条平台企业认证审核标准指引》。

图 1-31　企业认证的申请条件

专家提醒

企业认证是自愿的，平台并不强制要求，没有进行企业认证也不会影响账号内容的发布。企业认证分为初级和高级两种，初级是免费的，高级是付费的。

1.4.4　认证：适合机构和媒体组织

机构认证适用于国家机构、新闻媒体以及其他作者，而且个人头条号是无法申请机构认证的。机构认证的申请条件如图 1-32 所示。

申请条件

头条号满足以下条件，即可线上申请机构认证：

- 帐号类型需为：国家机构、新闻媒体、其他组织；
- 帐号状态为正常；
- 用户名、用户描述及头像合规且为非默认，详见《账号基本信息审核规范》；
- 在注册环节需已完整提交有效注册资料，如材料缺失或已过有效期，需补交后才可申请认证，资料明细详见《账号注册百科》。

图 1-32　机构认证的申请条件

图 1-33 所示为机构认证的审核标准。

目前，可支持自主认证的其他组织有以下这些，如图 1-34 所示。

除了以上这 4 种认证之外，还有其他认证，比如“创作能力证明”和“财经 / 健康资质证明”，如图 1-35 所示。

所谓“创作能力证明”的认证，就是通过关联其他平台的自媒体账号，以便提高原创内容审核的通过率，如图 1-36 所示。而“财经 / 健康资质证明”是专门针对财经、健康领域的运营者而言的，在发布这类内容时，必须具备相关资质，不然内容将会被限流，如图 1-37 所示。

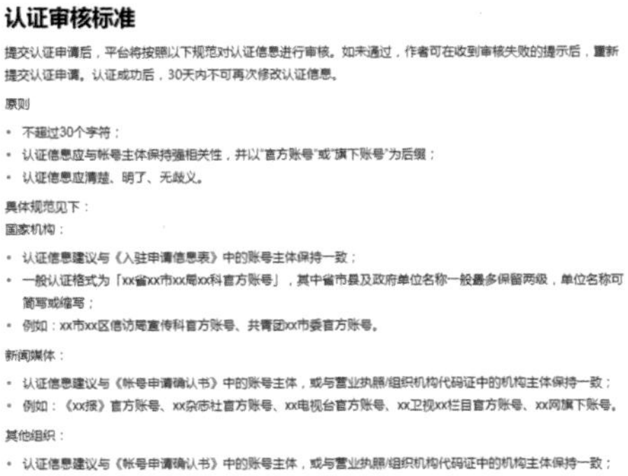

认证审核标准

提交认证申请后，平台将按照以下规范对认证信息进行审核。如未通过，作者可在收到审核失败的提示后，重新提交认证申请。认证成功后，30天内不可再次修改认证信息。

原则

- 不超过30个字符；
- 认证信息应与帐号主体保持强相关性，并以"官方账号"或"旗下账号"为后缀；
- 认证信息应清楚、明了、无歧义。

具体规范见下：

国家机构：

- 认证信息建议与《入驻申请信息表》中的账号主体保持一致；
- 一般认证格式为「xx省xx市xx局xx科官方账号」，其中省市县及政府单位名称一般最多保留两级，单位名称可简写或缩写；
- 例如：xx市xx区信访局宣传科官方账号、共青团xx市委官方账号。

新闻媒体：

- 认证信息建议与《帐号申请确认书》中的账号主体，或与营业执照/组织机构代码证中的机构主体保持一致；
- 例如：《xx报》官方账号、xx杂志社官方账号、xx电视台官方账号、xx卫视xx栏目官方账号、xx网旗下账号。

其他组织：

- 认证信息建议与《帐号申请确认书》中的账号主体，或与营业执照/组织机构代码证中的机构主体保持一致；

图 1-33 机构认证的审核标准

类别	明细	示例
公共场馆	文化馆(活动中心)，图书馆(室)、博物馆(院)、美术馆、画院、艺术研究院(所)、风景区、体育馆等	xx博物馆官方账号；xx景区管理委员会官方账号；xx美术馆雕塑艺术展官方账号
公立/民办学校	中小学、幼儿园、大学、特殊教育学校，含大学院系、校内部处、机构组织	xx市特殊儿童康复中心官方账号；xx学校经管学院官方账号
公立医院	含旗下科室、研究所等	xx医院官方账号
公益机构	基金会、救助会	xx联合会官方账号；xx基金会旗下账号
公益机构	旗下活动/行动/工程/项目/赛事等，项目名称可加""	"xxx工程"官方账号；"xxx防治行动"官方账号；xx联赛官方账号
社团/协会	在民政部有备案可提供社团法人证书的社团协会，志愿者团体、协会、商会等	xx商会官方账号；xx协会旗下账号
其他民办非企业机构	民政机构、艺术表演团体、科技服务中心、中介服务（如评估咨询中心、人才交流中心）、法律服务所等	xx养老院官方账号；xx艺术团官方账号

图 1-34 可支持自主认证的其他组织

图 1-35 “创作能力证明”和“财经 / 健康资质证明”认证

图 1-36 “创作能力证明”页面

图 1-37 “财经 / 健康资质证明”页面

第 2 章

管理：如何完善头条号后台设置

完成了头条号的注册和认证之后，运营者还需要熟悉和掌握头条号后台的各种功能操作和设置，只有这样才能轻松地做好今日头条的运营和推广。本章主要介绍头条号的基础信息设置、功能模块介绍，以及其他操作。

2.1 设置：头条号的基础信息

关于今日头条号的账号信息，闪现在大家脑海里的基本是头条号的名称、头像、账号介绍等信息。其实，假如登录进入后台，还会看到更多的与账号相关的基本信息，如头条号的作者二维码、图片水印。本节就分别对这些信息进行介绍。

2.1.1 取名：用户名的设置

在今日头条平台上，打开其官网首页会发现，每篇推送的文章除了文章本身的信息如封面、标题、内容类型和发布的时间外，就只有头条号名称是全部都有的。可见，要想运营好头条号，实现最大范围的推广，那么头条号取名就极为重要，它是用户对运营者的第一印象。

一个好的、吸睛的头条号名称，首先就应该有一个关键词——或表示大的行业领域，或表示更专业的内容类别，这样才会让用户更容易搜索并精准地找到你。图 2-1 所示为使用关键词“新媒体”搜索的头条号名称。

图 2-1　使用关键词“新媒体”搜索的头条号名称

图 2-2 所示为使用关键词“新媒体运营”搜索的头条号名称账号。在图 2-1 和图 2-2 中，前者的关键词“新媒体”直观清楚地展示了该头条号的“新媒体”这一大的、发展风头正劲的行业领域，而后者的关键词“新媒体运营”在前者的基础上加入了所包含的头条号的内容类别。在此情况下，用户如果想寻找这方面的头条号或内容进行关注，那么是完全绕不开这些关键词的。

图 2-2　使用关键词“新媒体运营”搜索的头条号名称

因此，在设置头条号名称时，运营者首先应该考虑植入关键词，这样才能更容易地被搜索到。

其次，在设置头条号名称时，还应该从价值呈现出发来完成设置。也就是说，设置的头条号必须充分体现其所具有的独特价值，这样才能吸引用户注意。图 2-3 所示为使用关键词“汽车”搜索的头条号名称。

图 2-3　使用关键词“汽车”搜索的头条号名称

图 2-3 中有多个与汽车相关的头条号，其中“汽车之家”“汽车头条”“汽车大师”“汽车之乎”和“汽车常识”就达到了展示自身价值的要求。

另外，不知大家注意到没有，在图 2-3 中位于前列的几个头条号，除了表现价值以外，有些还贴上了品牌标签，如“胖哥汽车频道”“优视汽车”等。这正是笔者要说的设置头条号名称的另一个提升搜索率的方法，且运用这一方法的好处还表现在它更加有利于提升品牌的辨识度。

2.1.2　头像：上传清晰图片

从上一小节中所展示的图片案例来看，除了头条号名称外，其中最醒目的标志就是头像了——它们在名称和介绍的左侧，以一个大的图片显示，且可以以不同形式来展现。具体来说，主要有以下 3 种不同的形式。

1. “名称”式

在设计头条号头像时，很多运营者倾向于在其中把名称展示出来。这里的名称展示可以是多种形式的，或是用汉语（包括拼音），或是用外语，或是中文与外语相结合，抑或是名称字母简称。图 2-4 所示为加入了头条号名称的头像设计案例。

图 2-4　加入了头条号名称的头像设计案例

这样不仅可以在了解头条号的基础上进一步加深用户对运营者的印象，还能在广泛传播的过程中让用户一看到该头像就知道怎样找到与其相关的信息。

当然，有的头条号头像，显示的并不是其全称，而是其中的关键字，至于各种表示属性、内容等的后缀部分则省掉了，如头条号“澎湃新闻”“嘻哈影视圈”等，如图 2-5 所示。

2. “标志图片”式

在今日头条平台上，还有很多头条号头像采用的是一种能代表头条号的图片。这类图片可以是创作者头像、企业图片、产品图片和其他能表现头条号价值与内容的图片等。图 2-6 所示为用标志性图片作为头条号头像的设计案例。

图 2–5　显示名称关键信息的头条号头像的设计举例

图 2–6　用标志性图片作为头条号头像的设计案例

图 2–6 所示的头像设计，展示的是一款诱人的美食图片，再配合头条号名称，能瞬间引人注意。可见，在头像设计中，有时一张生动传神、有着独特意味或自身特色的图片，可能就成为用户关注的引导因素，胜过千言万语的阐述。

3. “名称 + 内容”式

前面已经介绍了“名称”式的头像设计。其实，有些头条号为了更好地说明其价值和展现其内容，有时还会在头像设计中加上足以点缀名称的内容说明。这样的头像，能让用户在看到它的第一眼就能明白它是针对哪方面的，会包含哪些需要的内容。图 2–7 所示为“名称 + 内容”式的头条号头像设计案例。

图 2–7　“名称 + 内容”式的头条号头像设计案例

2.1.3 介绍：账号简介填写

上面已经提及，通过名称和头像，能大致了解头条号的主要领域类型，而要想让访客更深入地探索头条号，例如在关注了头条号之后究竟有着怎样的内容、价值和意义，以及头条号创作者又有着怎样的地位等，就需要创作者通过账号简介来向访客传递相关信息。

在此，笔者就日常关注的一些头条号大号来解读一下它们是怎样设置账号简介的，具体内容如下。

1. 展现主要内容

之所以要设置简介，更多的是从帮助用户了解头条号的角度出发的。因此，在其中展现头条号推送的内容方向和领域是一种比较常见的方法。

头条号介绍是有字数限制的，包括标点符号，须控制在 10 到 30 个字符。因此，简介内容一定是简短、精练的，有时为了增强说服力和表达效果，还要采用数字、排比等方法。图 2-8 所示为一个在简介中展现主要内容的头条号案例。

今日头条
Dance
Byte
每天解决养花问题，花花教你啥花都会养！（本头条号已经与维权骑士、快版权签约）

图 2-8　在简介中展现主要内容的头条号案例

当然，在展现内容的介绍中，有时还会说明创作者的地位、专业能力或头条号的性质、地位等。有时又会着重于该头条号的特色，如一个名为“短秀视频”的头条号，其介绍内容就是简短的 11 个字：“短秀视频，短一点，秀得更好！”

2. 添加名人元素

在介绍中展现内容是一种比较大众的方法，有些头条号则另辟蹊径，在介绍内容中加入了名人元素，如图 2-9 所示。这样的头条号介绍内容，能借助特定领域的名人来为头条号在该领域的内容推送提供强大的助力和支撑。当然，在利用名人元素的头条号介绍中，头条号内容的展现也是不可缺少的。

图 2-9 加入了名人元素的头条号简介案例

由于篇幅所限，笔者在此只介绍以上两种头条号简介的内容设置，至于其他设置方式，用户可以通过时刻关注今日头条平台加以总结和借鉴。

2.1.4 二维码：扫描头条号

作者二维码是电脑端头条号后台“设置→账号详情”页面中的一项重要内容。关于作者二维码，笔者在此要说明的是，它是在注册头条号时自动生成的，而不是由运营者自己设置的。因此，关于作者二维码，这里的设置主要讲如何用它来进行运营推广。

1. 作者二维码如何下载

运营者登录头条号后台主页，进入“设置→账号详情”页面，单击“作者二维码”栏右侧的“下载二维码”按钮，如图 2-10 所示。

图 2-10 单击“下载二维码”按钮

然后，弹出“下载二维码”弹窗，有 4 种尺寸可供选择，如图 2-11 所示。

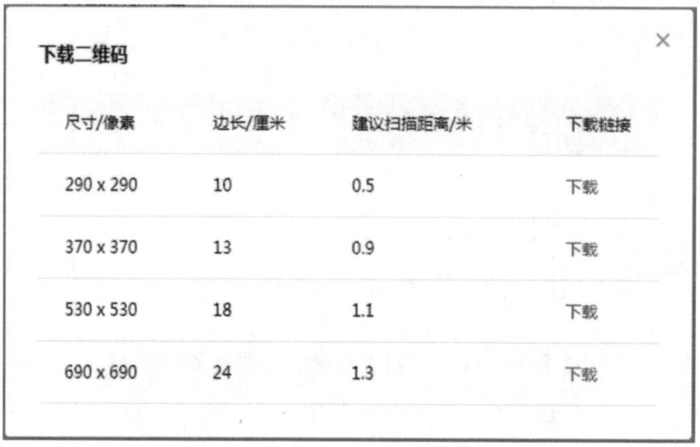

下载二维码

尺寸/像素	边长/厘米	建议扫描距离/米	下载链接
290 x 290	10	0.5	下载
370 x 370	13	0.9	下载
530 x 530	18	1.1	下载
690 x 690	24	1.3	下载

图 2-11　4 种“作者二维码”的下载尺寸

最后，选择自己需要的尺寸，单击对应的“下载”按钮，浏览器会自动弹出“新建下载任务”弹窗，单击“下载”按钮即可下载，如图 2-12 所示。

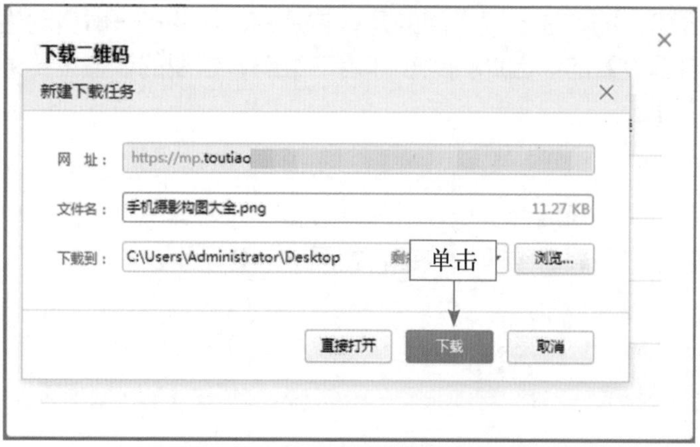

图 2-12　单击“下载”按钮

2. 如何用二维码进行推广

作者二维码图片下载完成后，如果运营者想要在今日头条平台或其他平台上进一步推广头条号，就可在各种内容中植入“作者二维码”图片。用户只需用 App（如微信）的“扫一扫”功能扫描该二维码即可进入运营者的头条号个人主页。

2.1.5　图片：自动添加水印

运营者单击“账号详情”右侧的“功能设置”按钮，就可进入“功能设置”

页面，在这里运营者可以设置作品配图自动添加水印的功能，如图 2–13 所示。

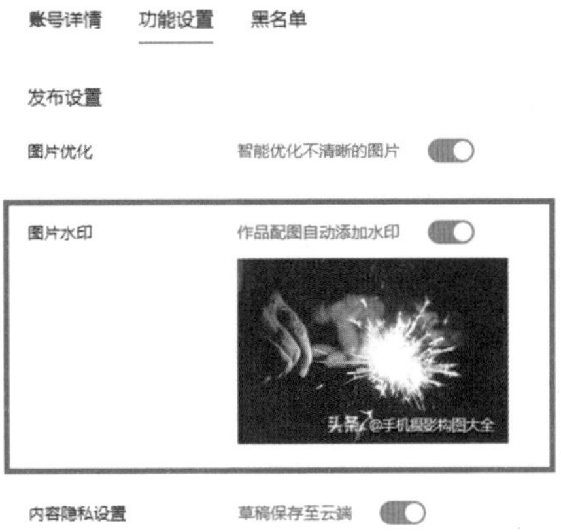

图 2–13　作品配图自动添加水印

2.2　功能：头条号的模块介绍

在头条号后台，除了可以进行账号基本信息的设置外，还有一些常用的功能模块。本节就逐一对这些功能模块进行介绍。

2.2.1　创作：5 种内容形式

在头条电脑端后台的“创作”模块中，运营者可以进行 5 种内容形式的创作，即文章、视频、微头条、问答、音频，如图 2–14 所示。

1. 文章

在头条号主页，单击“文章”按钮即可进入“发布文章”页面，运营者在这里可以通过编辑文章标题和正文内容来创作文章。同时，还可以根据自己的需要进行展示封面、声明原创等设置，如图 2–15 所示。

编辑文章内容区域的右侧有个发文助手功能，它能够帮助运营者提升文章的内容质量，在创作的过程中智能检测错误，并给出优化的建议，如图 2–16 所示。发文助手主要有 3 个作用，具体内容如下。

(1) 能够检测出文章标题是否有标题党的嫌疑。

(2) 能够检测出文章中的错别字，并匹配正确的词语。

(3) 能够根据文章内容，推荐合适的配图。

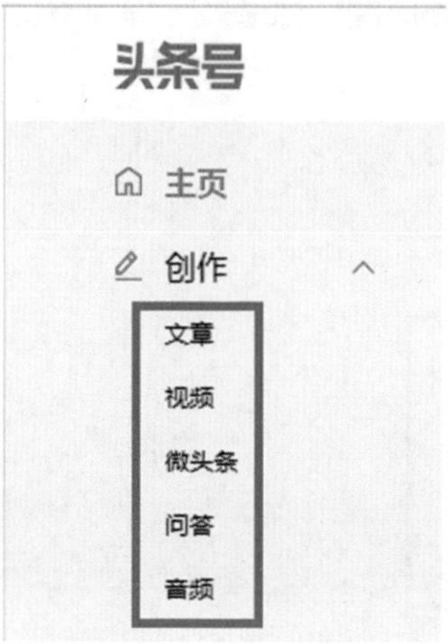

图 2-14　5 种内容形式

图 2-15　“发布文章”页面

图 2-16　发文助手

2. 视频

视频是专门为做短视频内容的运营者提供的创作形式。运营者如果单击“视频”按钮，就可以进入“发布视频”页面。在上传视频文件时，运营者需要注意 3 个要点，具体内容如下。

(1) 视频尺寸建议以 16 ∶ 9 的横版视频为宜。

(2) 视频分辨率建议为 1920 像素 ×1080 像素或以上。

(3) 视频大小不能超过 32GB，否则上传失败。

运营者还可以创建视频合集，如图 2-17 所示。

图 2-17 “创建合集”页面

3. 微头条

微头条是一种基于社交的内容形态，有点类似于说说和微信朋友圈，它的推广效果要远远高于其他的内容创作形式。

运营者在发布微头条时，单击“# 话题”按钮，还可以参与自己感兴趣或与内容相关的热门话题，如图 2-18 所示。

4. 问答

它是一种通过回答用户问题来进行创作的问题形式，运营者可以选择自己擅长或感兴趣的问题进行回答。

图 2-19 所示为悟空问答的“发布问答”页面。

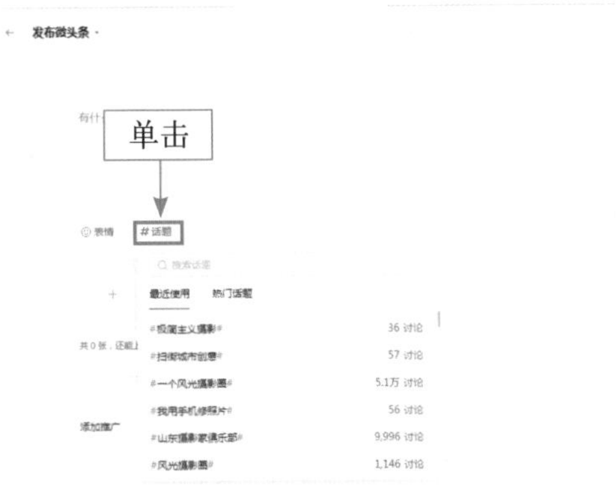

图 2-18 单击“# 话题”按钮

图 2-19 “发布问答”页面

5. 音频

如果运营者的声音好听或者具有音乐创作的能力，还可以发布音频内容。图 2-20 所示为“发布音频”页面。

图 2-20 “发布音频”页面

2.2.2 管理：作品和评论

在“管理”模块中，运营者可以对所创作的内容和用户评论进行管理和设置。图 2-21 所示为“作品管理”页面。

图 2-21 “作品管理”页面

在“作品管理”页面中单击“草稿箱”按钮，即可进入“草稿箱”页面，如

图 2-22 所示。这里保存的都是未完成或未发布的作品，运营者可以将其删除或选择继续编辑，完善作品后再发布。

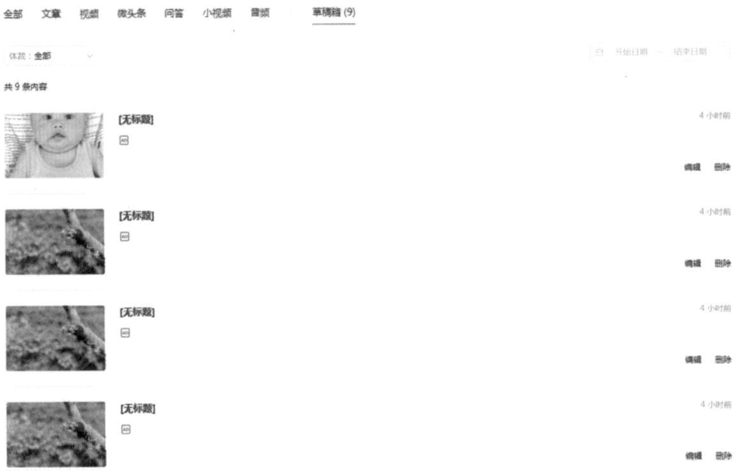

图 2-22 “草稿箱”页面

在“作品管理”页面，运营者可以在对应的作品内容右侧进行查看数据、查看评论和修改的操作。单击“更多”按钮，还可以进行更多的操作，如图 2-23 所示。

图 2-23 单击“更多”按钮

如图 2-21 所示，有些作品内容的“修改”按钮是灰色的，无法进行操作，这是因为该作品内容已经超过了 14 天的修改期限，无法修改。

在“评论管理”页面，运营者可以对用户的评论进行回复、点赞和置顶，从而达到和用户互动的目的。当然，运营者也可以单击⋯按钮，进行举报和删除的操作，如图 2-24 所示。

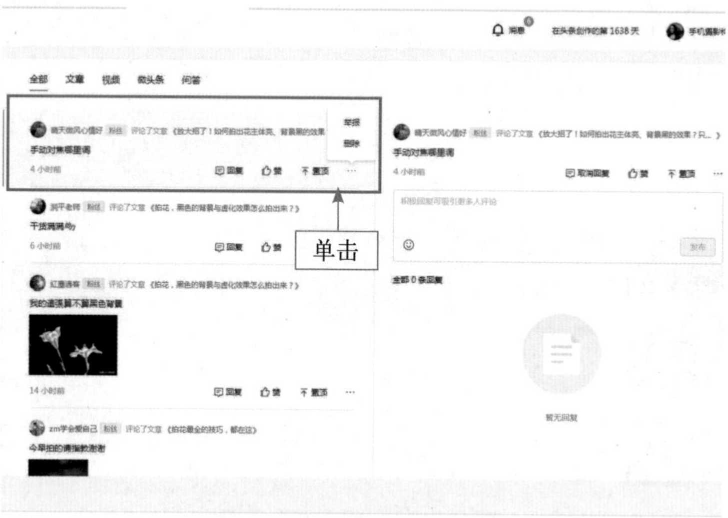

图 2-24　单击⋯按钮

2.2.3　数据：进行账号分析

在“数据”模块中，运营者可以查看收益、作品、粉丝等相关数据。在“整体收益”页面，运营者可以查看每天具体的收益金额，也可以通过查看趋势图来直观地了解账号的收益波动，如图 2-25 所示。

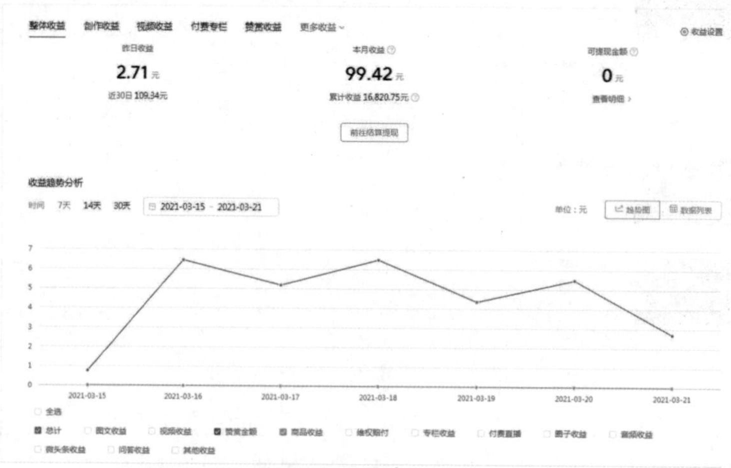

图 2-25　收益数据趋势图

当然，运营者也可以通过单击某项收益对其来源类型单独进行查看。同时，在该页面单击“前往结算提现”按钮，网页将跳转到“提现”页面，在该页面可以查看收益的提现明细，如图 2–26 所示。

图 2–26 “提现”页面

在“作品数据”页面，运营者可以查看整体或单篇前日的展现量（平台推荐量）、阅读（播放）量、点赞量和评论量。和收益数据一样，运营者也可以查看每天具体的作品数据和某段时间内的作品数据趋势图，如图 2–27 所示。

图 2–27 作品数据趋势图

除此之外，还可以查看用户性别分布图、年龄分布图、地域分布图和机型价格分布图。通过这些图，运营者可以了解和分析自己的用户群体特征，以便更好地吸引精准用户流量。

在粉丝数据的“概况”页面，运营者可以查看前日的粉丝变化数、活跃粉丝数、活跃粉丝占比和粉丝总数，也可以查看每天具体的粉丝数据和某段时间内粉丝数据的变化趋势，如图 2-28 所示。

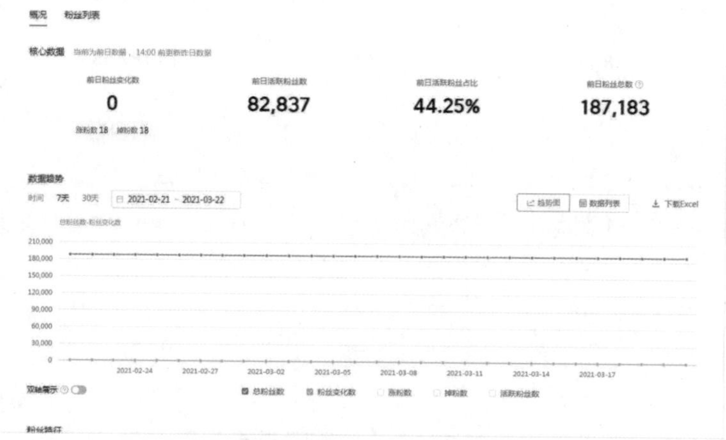

图 2-28　粉丝数据趋势图

另外，还可以通过查看粉丝的性别、年龄、地域、机型价格分布图，以及粉丝偏好等数据来分析自己的粉丝特征。同时，在“粉丝列表”页面，运营者可以查看目前账号的粉丝总数，以及显示每个粉丝的头像和昵称。在每个粉丝的头像和昵称的下方，都有对应的“关注”和“私信”按钮，运营者可以通过这两个按钮和粉丝进行互粉和互动，如图 2-29 所示。

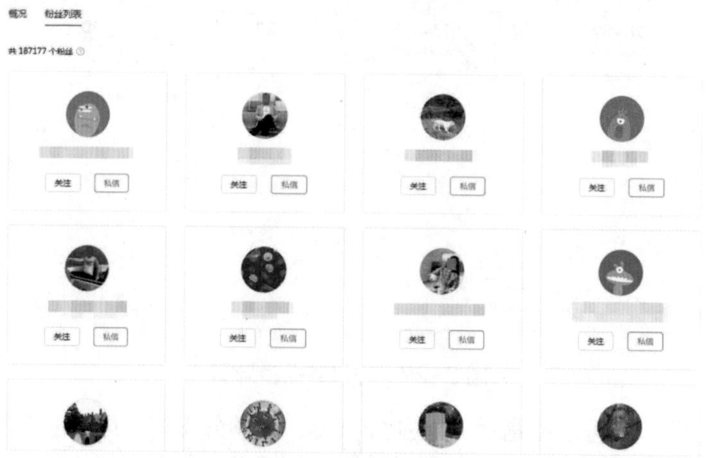

图 2-29　“粉丝列表”页面

2.2.4 工具：提升运营效率

在“工具”模块中，有很多工具和功能可以帮助运营者提升运营效率，让其更好地进行创作。接下来将要讲解头条号后台的功能实验室、原创保护，以及图片素材的相关内容。

1. 功能实验室

今日头条的功能实验室包含创作、管理和变现 3 种类型的工具。创作工具有懂车帝、番茄小说、西瓜直播、大纲编辑器；管理工具有小程序和合同管理；变现工具有头条小店、即合平台、巨量星图。图 2–30 所示为“功能实验室”页面。

图 2–30 “功能实验室”页面

2. 原创保护

原创保护是今日头条平台为了保护内容创作者的权益而推出的功能。在“文章原创”和“视频原创”页面中，运营者可以查看原创内容被侵权、疑似侵权内容和维权等数据。如果运营者发现自己的某篇原创文章或某个原创视频被人抄袭了，就可以在对应的内容右侧单击“一键维权”按钮来维护自己的权益，如图 2–31 所示。

当然，运营者如果想把自己的原创内容进行多平台分发，可以将其他平台的账号设置为白名单。这样，当运营者把在头条发布的原创内容，再发布到其他平台时就不会侵权了。

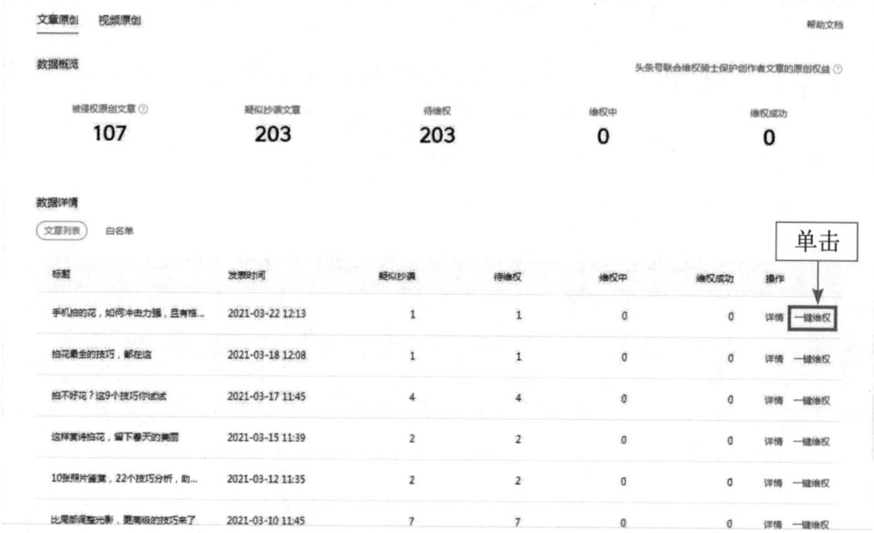

图 2-31　单击“一键维权”按钮

3. 图片素材

图片素材功能是平台为运营者提供的在线素材管理库，运营者可以在这里上传和储存自己的图片素材，以便在进行内容创作时随时调用。

2.3　完善：头条号的其他操作

运营者除了要了解头条号的基础信息和功能设置以外，还需要掌握与账号相关的其他操作，比如自助服务、账号信息修改、账号注销等。

2.3.1　自助：确保安全问题

今日头条的自助服务包括账号被盗、找回账号和手机停机换绑等，运营者可在今日头条 App 的“我的”页面点击“用户反馈”按钮，进入“用户反馈”页面，找到自助服务，如图 2-32 所示。

1. 账号被盗

当发现头条号不小心被盗时，运营者可以通过开启锁定保护来保护头条号的安全，如图 2-33 所示。

2. 找回账号

当忘记头条号的登录密码时，运营者可以通过查询登录方式来找回账号。例如，图 2-34 中的头条号可以选择 5 种验证方式来找回账号。

3. 手机停机换绑

当头条号绑定的手机号码停机或不再使用时，运营者可以通过手机停机换绑服务来更换绑定的手机号，如图 2-35 所示。

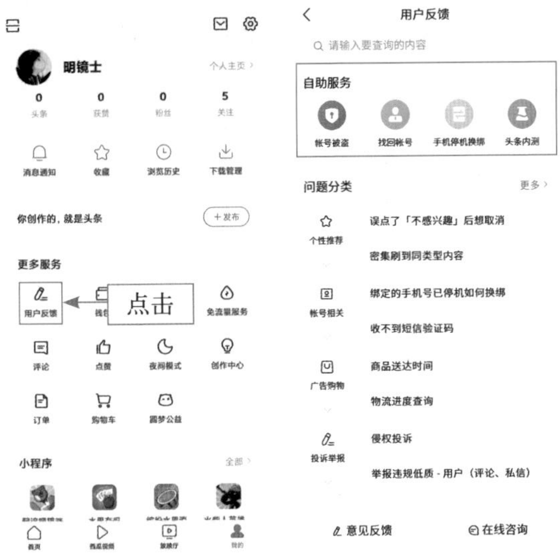

图 2-32 自助服务的入口

图 2-33 “账号锁定”页面

图 2-34 “找回账号”页面

图 2-35 “原手机号已停用”页面

2.3.2 修改：变更账号信息

当头条号运营的定位和方向发生改变时（如改变领域和类型），运营者就要相应地修改账号信息。接下来笔者介绍头条号相关信息的修改方法。

头条号的基本信息包括用户名、简介、背景图等，运营者可以在今日头条App的“我的”页面点击⚙按钮，进入“设置”页面，如图 2-36 所示。点击“编辑资料”按钮，进入“编辑资料”页面即可修改基本信息，如图 2-37 所示。

图 2-36 点击“编辑资料”按钮

图 2-37 “编辑资料”页面

> **专家提醒**
>
> 1 个月内，运营者可更改 1 次用户名，还可以分别更改 5 次头像和简介。当然，除了在今日头条 App 上修改以外，还可以在电脑端的头条号后台进行修改。

除了可以修改头条号的基本信息外，运营者还可以修改一些特殊信息，比如头条号的账号类型。图 2-38 所示为更改头条号账号类型的规则。

如果运营者要更改自己头条号的账号类型，就需要登录电脑端的头条号后台进行操作。然后在“设置→账号详情→账号信息→头条号类型”页面的右侧单击“更改类型”按钮，如图 2-39 所示。进入“更改账号类型”页面，如图 2-40 所示。

原帐号类型（列）/变更后的帐号类型（行）	个人	企业	群媒体	其他组织	新闻媒体	国家机构
个人-尚未完成实名	——	允许	允许	允许	允许	允许
个人-已完成实名	——	允许，变更前的个人实名人需为机构法人	允许，变更前的个人实名人需为机构法人	允许，变更前的个人个人实名人需为机构法人	允许，变更前的个人实名人需为机构法人，需提交新闻媒体资质	不允许
企业	允许，只能转为法人的个人帐号	——	允许	允许，需民政部/民政局审批通过事业单位法人证书或社会团体法人证书	允许，需提交新闻媒体资质	不允许
群媒体	允许，只能转为法人的个人帐号	允许	——	允许，需民政部/民政局审批通过事业单位法人证书或社会团体法人证	允许，需提交新闻媒体资质	不允许
其他组织	允许，只能转为法人的个人帐号	允许	允许	——	允许，需提交新闻媒体资质	不允许
新闻媒体	不允许	不允许	不允许	不允许	——	不允许
国家机构	不允许	不允许	不允许	不允许	不允许	——

图 2-38　更改账号类型的规则

图 2-39　单击“更改类型”按钮

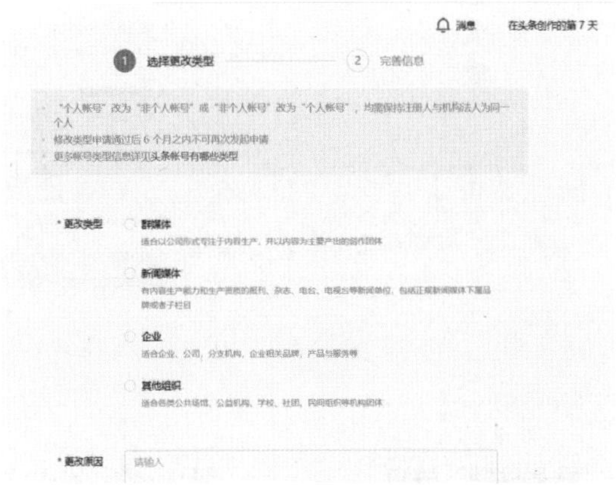

图 2-40　“更改账号类型”页面

2.3.3 注销：不再使用账号

当运营者决定永远不再使用自己的头条号时，可以选择注销账号。注销头条号需要满足一定的条件，如图 2-41 所示。

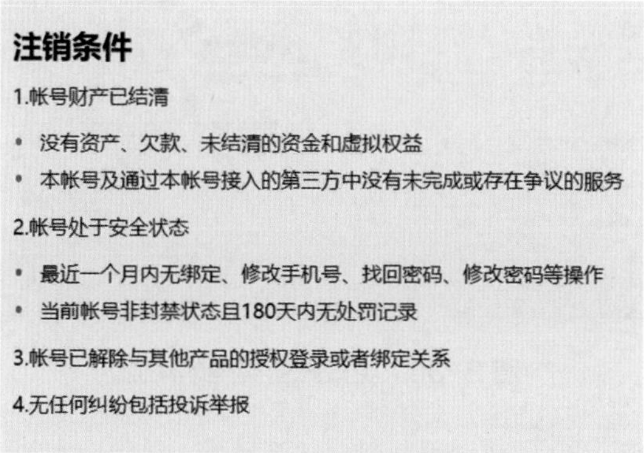

注销条件

1.帐号财产已结清

- 没有资产、欠款、未结清的资金和虚拟权益
- 本帐号及通过本帐号接入的第三方中没有未完成或存在争议的服务

2.帐号处于安全状态

- 最近一个月内无绑定、修改手机号、找回密码、修改密码等操作
- 当前帐号非封禁状态且180天内无处罚记录

3.帐号已解除与其他产品的授权登录或者绑定关系

4.无任何纠纷包括投诉举报

图 2-41　注销条件

那么，头条号在哪注销呢？在今日头条 App 的“我的”页面点击按钮，进入“设置”页面，再点击“账号与安全”按钮，进入“账号与安全”页面，点击“账号注销”按钮，如图 2-42 所示。

进入“申请注销账号”页面，在确定满足注销条件的情况下，选中“我已阅读并同意‘注销协议’”复选框，然后点击“下一步”按钮，如图 2-43 所示。

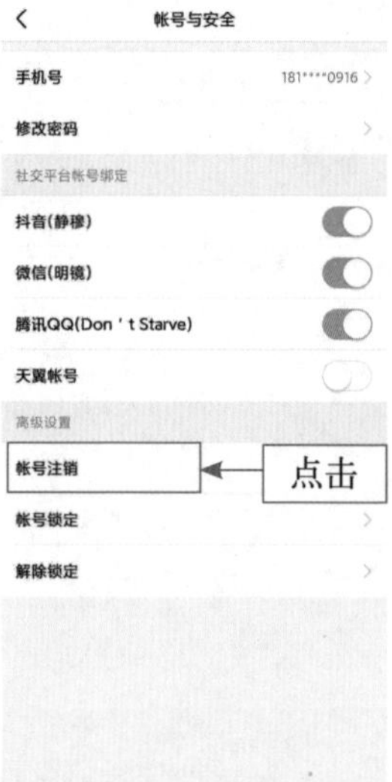
帐号与安全
手机号
181****0916
修改密码
社交平台帐号绑定
抖音(静穆)
微信(明镜)
腾讯QQ(Don ' t Starve)
天翼帐号
高级设置
帐号注销
点击
帐号锁定
解除锁定

图 2-42　点击“账号注销”按钮

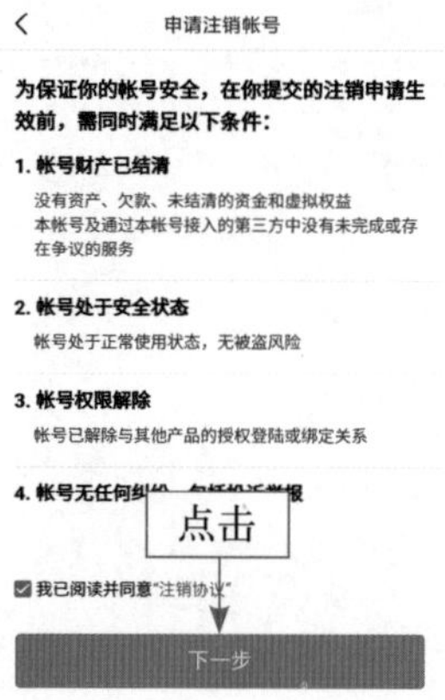
申请注销帐号
为保证你的帐号安全，在你提交的注销申请生效前，需同时满足以下条件：
1. 帐号财产已结清
没有资产、欠款、未结清的资金和虚拟权益
本帐号及通过本帐号接入的第三方中没有未完成或存在争议的服务
2. 帐号处于安全状态
帐号处于正常使用状态，无被盗风险
3. 帐号权限解除
帐号已解除与其他产品的授权登陆或绑定关系
4. 帐号无任何纠
点击
我已阅读并同意"注销协议"
下一步

图 2-43　点击“下一步”按钮

最后输入平台自动发送的验证码，提交注销申请即可。注销申请提交后，工作人员会在 7 天内进行审核，运营者可查看审核结果并最终确认注销账号，即可注销成功。注销成功后，原来绑定的相关身份证、手机号等就可以用来再次绑定新的头条号。

专家提醒

需要注意的是，注销账号属于不可逆的操作，运营者在进行此操作前需要慎重考虑，思虑再三。否则，一旦头条号被注销，对于已经拥有一定粉丝量的运营者来说，是一种不小的损失。

第 3 章

变现：如何才能快速地获得收益

作为一个自媒体人，大部分运营者做头条号的最终目的是为了变现，获取收益。那么，今日头条的变现方法有哪些呢？本章主要介绍头条号的 9 种变现方法，以及“千人万元”计划，从而帮助大家提高自己的头条收益。

3.1 内容：两种常见的变现方式

今日头条作为一个向用户推荐有价值、个性化信息的平台，其内容是最为关键的引流和变现因素。作为一个内容创作者，若能生产出优质的内容，不但可以获得平台给予的收益，也可以获得用户的金额支持。本节就来介绍头条号运营者常见的两种变现方式。

3.1.1 创作：通过输出内容来变现

今日头条本质上是一个为用户提供优质内容和信息的平台。为了给用户提供更好的体验，吸引更多优秀的内容创作者入驻平台，平台会投入大量资金来扶持这些内容创作者们。因此，对于头条运营者来说，生产优质的内容就能够获得平台的创作补贴，而且内容的阅读（播放）量越多，所能获得的收入也就越多。

运营者可以通过发布文章、视频、问答、微头条来获得收益，下面分别进行介绍。

1. 文章创作收益

开通了“文章创作收益”权益（加入创作者计划即可开通）的运营者，在发布文章时，系统会默认选择投放广告，这样就有可能获得图文收益，收益全部归运营者所有。当然，在电脑端头条号后台发布文章时，运营者可以选择投放广告赚收益和投放自营广告，也可以选择不投放广告。

专家提醒

需要注意的是，在发布文章时，只有选择投放广告赚收益的选项才有可能获得收益，选择投放自营广告或不投放广告是无法获得收益的。

运营者在今日头条 App 的“我的→创作中心→创作权益”页面，点击“立即加入”按钮，即可加入创作者计划。

2. 视频创作收益

运营者开通了“视频创作收益”的权益后（加入创作者计划），在电脑端头条号后台发布横版原创视频时，平台会根据视频的播放量来为其计算收益。发布原创视频需要进行原创声明，运营者在电脑端头条号后台上传视频后，在“基本信息→创作类型”页面右侧选中“原创”单选按钮即可，如图 3-1 所示。

需要注意的是，当头条号的信用分低于 70 分时，视频所获得的收益将会折损；当信用分低于 60 分时，“视频创作收益”和“视频原创”的权益会被取消，之后发布的视频不会有任何收益。

· 创作类型	◉ 原创　　转载	
创作收益	发布原创视频可获得收益，非原创内容勾选原创将受到处罚，详见 查看详情	
水印设置	☑ 开启专属水印 视频中增加带有你昵称的水印 查看预览	

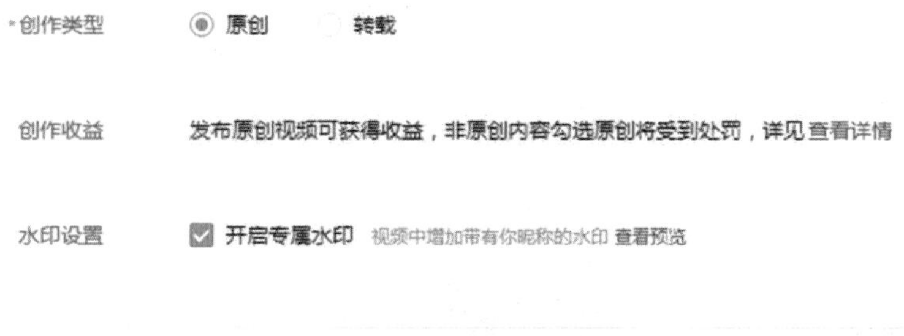

图 3-1　选中"原创"单选按钮

3. 问答创作收益

除了发布文章和视频以外，运营者还可以通过发布原创的问答内容来获取收益。同样，这也需要事先开通"问答创作收益"的权益（粉丝人数达到 100 且信用分保持 100 分）。

4. 微头条创作收益

"微头条创作收益"权益和"问答创作收益"权益一样，都需要满足粉丝量达到 100 且保持 100 分信用分的条件。运营者要想实现微头条变现，就需要发布非转发抽奖类的微头条，才有可能获得微头条收益。

3.1.2　赞赏：通过用户打赏来变现

除了获得平台收益以外，我们发布的文章（图文）和视频还可以通过用户赞赏来实现变现。这是因为用户和粉丝会对他特别喜爱的优质内容进行一定金额的打赏，以鼓励运营者创作出更多优质的内容。下面就来介绍图文赞赏和视频赞赏。

1. 图文赞赏

图文赞赏功能可以帮助运营者提高收益，而且所得的收益全部归运营者所有。要想使用图文赞赏功能，需要先开通"图文赞赏"权益。其开通条件为粉丝人数达到 1000 且信用分保持 100 分。

关于图文赞赏功能的使用，运营者只需要在电脑端头条号后台的"发布文章→发文特权"页面（此步骤已讲，不再赘述）选择"允许赞赏"选项即可。

设置了该功能的文章发布以后，用户在今日头条 App 阅读文章时，点击⋯按钮，如图 3-2 所示。在底部弹出的弹窗中点击"赞赏"按钮，如图 3-3 所示。进入赞赏的页面，选择金额和支付方式。点击"赞赏作者"按钮，即可进行打赏，

如图 3-4 所示。

他用粉笔在街边"乱涂乱画"，吸引了
百万粉丝，网友：能多来点
点击
关注
David Zinn是密歇根州安阿伯市的一位艺术家。他以在街上创作的"短暂艺术"而闻名，他的作品用粉笔和木炭画成。并且不会漏掉任何一个街边的裂缝或者小凹槽，这些是给他最多灵感的地方。
写评论...

图 3-2　点击⋯按钮

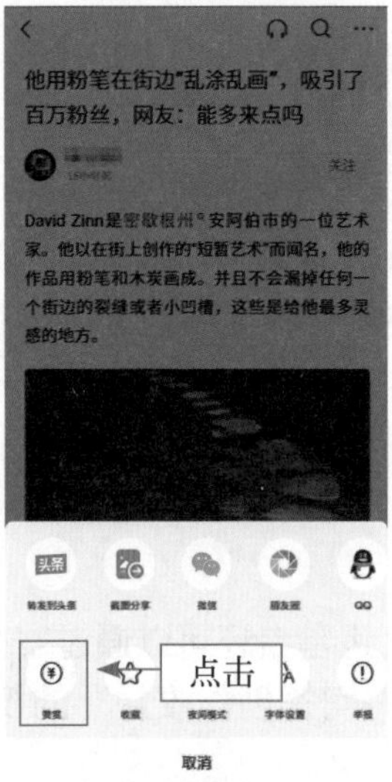
他用粉笔在街边"乱涂乱画"，吸引了
百万粉丝，网友：能多来点吗
David Zinn是密歇根州安阿伯市的一位艺术家。他以在街上创作的"短暂艺术"而闻名，他的作品用粉笔和木炭画成。并且不会漏掉任何一个街边的裂缝或者小凹槽，这些是给他最多灵感的地方。
头条
点击
取消

图 3-3　点击"赞赏"按钮

您的支持是我继续创作的动力
5元
8元
15元
50元
99元
其他
支付宝
微信支付
点击
赞赏作者

图 3-4　点击"赞赏作者"按钮

已开通"图文赞赏"权益的头条号，系统是默认选择"允许赞赏"选项的，运营者也可以手动取消选择。除此之外，在使用图文赞赏功能的时候，运营者还要注意以下事项，如图 3-5 所示。

- 每天限用 5 次赞赏机会
- 文章勾选【允许赞赏】，发表后即使用 1 次赞赏，审核未通过或删除，赞赏次数不会恢复
- 定时发表的文章占用提交当日（非发表当日）的赞赏次数
- 设置双标题/双封面的文章，仅计算 1 次赞赏次数
- 文章发布后，赞赏相关的功能不允许修改
- 创作者通过赞赏获得的收入，平台不参与抽成

图 3-5　使用图文赞赏功能的注意事项

2. 视频赞赏

视频赞赏功能可以使运营者在发布视频时，有机会获得用户和粉丝的打赏收益，和图文赞赏一样，需要开通"视频赞赏"权益（粉丝人数达到 1000 且信用分保持 100 分）。除了在今日头条平台申请该权益以外，也可以在西瓜视频平台申请。

运营者在电脑端头条号后台的"发布视频"页面成功上传视频后，在"高级

设置→赞赏设置”页面，选中“开启赞赏”按钮即可。

3.2 收益：头条号其他变现方法

除了前面所讲的两种常见的变现方式外，头条号还有多种其他的变现方法，比如任务接单、自营广告、头条小店和头条直播等。本节就来逐一介绍这些变现方法，从而让大家更好地提高自己的收益。

3.2.1 接单：通过承接任务来变现

巨量星图是巨量引擎为优质创作者提供的一站式服务平台，同时也是为品牌商家提供高价值内容服务的平台。运营者可以通过在该平台上承接任务和商单来获取收益，同时还可以获得平台的流量扶持，其流量扶持规则如图 3-6 所示。

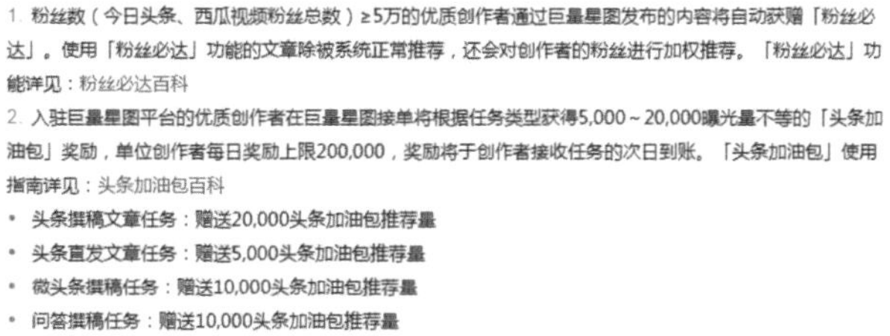

1. 粉丝数（今日头条、西瓜视频粉丝总数）≥5万的优质创作者通过巨量星图发布的内容将自动获赠「粉丝必达」。使用「粉丝必达」功能的文章除被系统正常推荐，还会对创作者的粉丝进行加权推荐。「粉丝必达」功能详见：粉丝必达百科
2. 入驻巨量星图平台的优质创作者在巨量星图接单将根据任务类型获得5,000～20,000曝光量不等的「头条加油包」奖励，单位创作者每日奖励上限200,000，奖励将于创作者接收任务的次日到账。「头条加油包」使用指南详见：头条加油包百科

- 头条撰稿文章任务：赠送20,000头条加油包推荐量
- 头条直发文章任务：赠送5,000头条加油包推荐量
- 微头条撰稿任务：赠送10,000头条加油包推荐量
- 问答撰稿任务：赠送10,000头条加油包推荐量

图 3-6 巨量星图平台的流量扶持规则

运营者要想加入巨量星图平台，其账号粉丝量需要达到 1 万以上，然后填写《头条创作者巨量星图平台权限申请表》，通过审核后才可开通平台权限。

那么，运营者该如何进行接单呢？下面就来讲解具体的操作方法。

步骤 01 进入巨量星图官网，单击“登录”按钮，如图 3-7 所示。

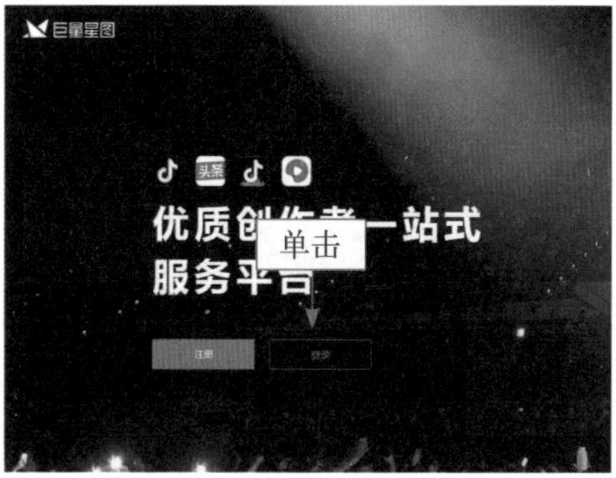

图 3-7 单击“登录”按钮

步骤 02 进入选择身份的页面，选择“达人 / 创作者”选项，如图 3-8 所示。进入选择平台的页面，选择“我是头条创作者”选项，如图 3-9 所示。

图 3-8 选择“达人 / 创作者”选项

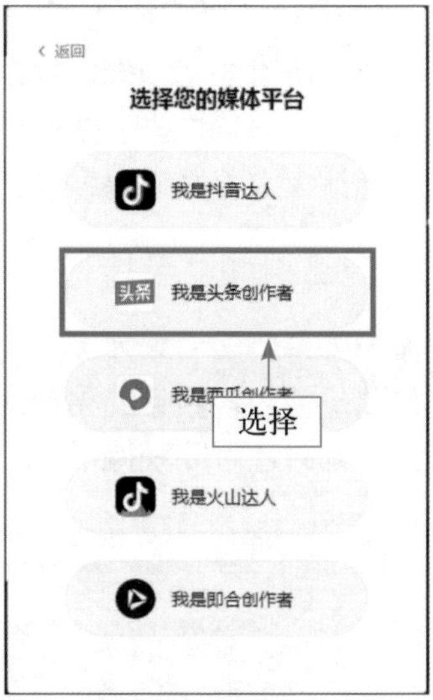

图 3-9 选择“我是头条创作者”选项

步骤 03 进入“今日头条授权登录”页面，运营者可以选择账号密码登录或手机验证码登录两种方式，然后单击“授权并登录”按钮，如图 3-10 所示，进入“我的星图”页面。

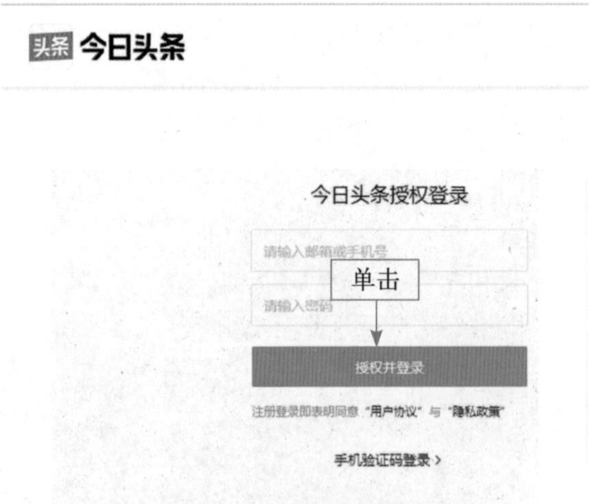

图 3-10 单击“授权并登录”按钮

步骤 04 在巨量星图官网单击导航栏中的“任务大厅”按钮，如图 3-11 所示。

图 3-11　单击“任务大厅”按钮

步骤 05 进入“任务大厅”页面，运营者可以分别查看“指派给我”“我可投稿”和“我可抢单”中的任务。例如，在“我可投稿”页面中，单击任务右侧的“参与投稿”按钮即可接单，如图 3-12 所示。

图 3-12　单击“参与投稿”按钮

“指派给我”中的任务只有在运营者开通任务并设置报价之后才能开始接单，运营者可在“我的星图”页面单击“服务管理”模块中的“头条服务管理”按钮，如图 3-13 所示。然后进入“图文服务”页面，在已开通的任务中单击“设置报价”按钮，如图 3-14 所示。在弹出的“任务报价设置”提示框内输入价格后，单击“确定”按钮即可，如图 3-15 所示。

图 3-13　单击“头条服务管理”按钮

图 3-14　单击“设置报价”按钮

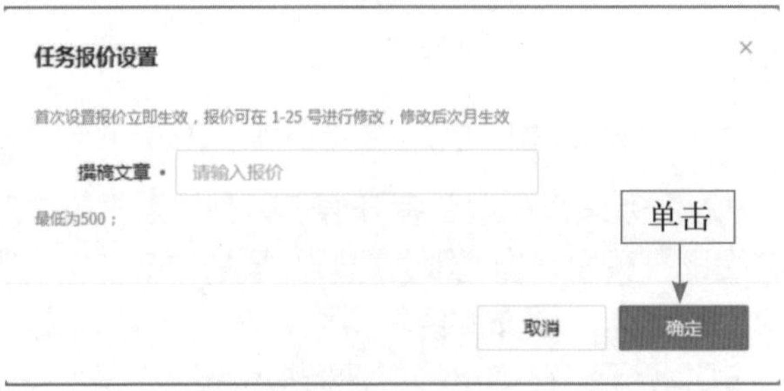

图 3-15　单击“确定”按钮

运营者在接单的时候，有以下 3 点事项要注意，如图 3–16 所示。

- 接单后，如创作者未履约或遭到投诉，经平台核定后，将视情节严重程度扣除创作者星图达人信用分并给予相应处罚。
- 如客户中途取消任务，则需根据任务进度，向创作者支付一定的赔偿金额。
- 若你的档期已满，想要停止接单，请在「我的星图」大厅，点击「服务管理」→「头条服务管理」→ 关闭「接单中」开关。

图 3–16　接单要注意的事项

3.2.2　推广：通过自营广告来变现

自营广告是一种个性化的推广方式，运营者可以自主设置广告素材，进行投放推广，从而获得自营广告收益。要想通过自营广告来变现，运营者就需要开通“自营广告”权益（粉丝人数达到 1000 且信用分保持 100 分）。

那么，如何设置自由广告内容呢？运营者可在电脑端头条号后台的“数据→收益数据”页面中单击“更多收益”按钮，并在下拉列表中选择“自营广告”选项，如图 3–17 所示。

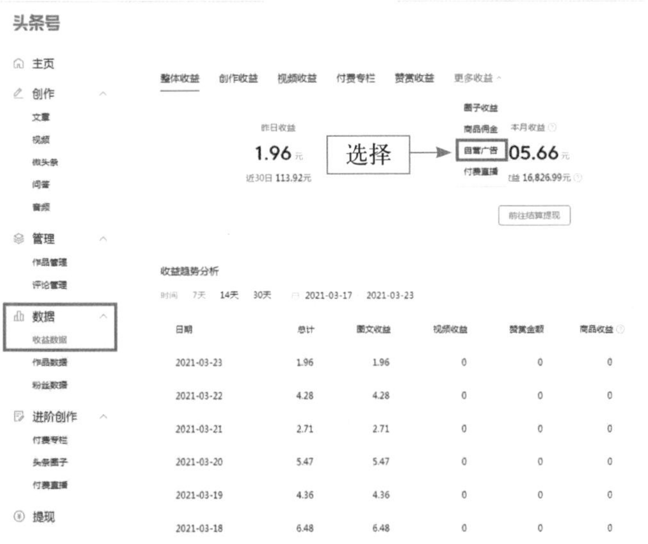

图 3–17　选择“自营广告”选项

然后，进入“自营广告”页面，在“新增自营广告”模块中添加图片或图文类型的自营广告，设置好之后单击“提交”按钮即可，如图 3–18 所示。

图 3–18　单击“提交”按钮

执行操作后，平台还需要对添加的自营广告信息进行审核，审核的时间一般为 1 到 3 天。添加好自营广告后，运营者还需要在“发布文章→投放广告”页面选择“投放自营广告”选项，这样在发布文章后，才会投放自营广告内容。

> **专家提醒**
>
> 前面笔者说过，自营广告是没有平台收益的。但是，它可以通过平台推荐获得用户流量。其方法是在自营广告中加入联系方式，将用户引流到自己的私域流量池中，再进行引导转化，这样可以达到变现的目的。因此，自营广告用来推广引流是一个不错的选择。

3.2.3　电商：通过头条小店来变现

头条小店是今日头条推出的电商变现工具，可以帮助运营者提高自己的变现收益。头条小店是头条内容电商运营的重要内容，也是头条运营者非常重要的变现方式之一，开通了头条小店功能的运营者，可以通过销售商品来进行变现。

关于头条小店的运营方法等具体内容，笔者会在后面详细地为大家进行讲解，这里先埋下一个伏笔。

3.2.4　橱窗：通过售卖商品来变现

头条的商品橱窗功能和头条小店一样，都是通过售卖商品来变现的。不同的是，两者的门槛和条件不一样，具体如下。

(1) 商品橱窗只需要开通商品卡功能即可。

(2) 头条小店只能个体工商户和企业入驻。

关于商品卡功能的开通和橱窗的商品添加技巧的内容，笔者同样会在后面的章节为大家详细介绍，这里不做过多的描述。

3.2.5 专栏：通过付费内容来变现

今日头条的付费专栏是一种类似知识付费的变现方式，运营者开通了“付费专栏”权益后（粉丝人数达到 10000 且信用分保持 100 分），就可以发布图文、视频和音频形式的付费内容。当用户购买付费专栏以后，运营者即可获得收益分成。

开通“付费专栏”权益的审核条件有以下 3 个，如图 3-19 所示。

1.有头条号且完成身份校验：作者申请付费专栏前，需要注册头条号，且完成身份校验

2.头条历史发文（文章/视频）不少于5篇：历史需发过免费文章/视频，且至少有一个体裁发文数不少于5篇

3.符合付费专栏创作者内容管理规范，详情可参考：https://www.toutiao

图 3-19 开通“付费专栏”权益的审核条件

图 3-20 所示为头条号“手机摄影构图大全”创建的付费专栏。

图 3-20 头条号“手机摄影构图大全”的付费专栏

3.2.6 圈子：通过付费社区来变现

付费圈子是今日头条为运营者提供的用来和粉丝互动的营销变现工具，类似

于 QQ 付费群。运营者可以通过付费圈子功能来创建付费的社区，然后为粉丝提供有价值的内容和服务，从而实现变现。

当然，运营者也可以选择创建免费的圈子。付费圈子不仅能够让运营者获得收益，而且还能和粉丝进行交流互动，提高粉丝黏性，实现精细化的运营，从而打造一个优质的社群。

运营者要想创建付费圈子，需要先开通“付费圈子”权益（粉丝人数达到 10000 且信用分保持 100 分），其开通审核条件如图 3-21 所示。

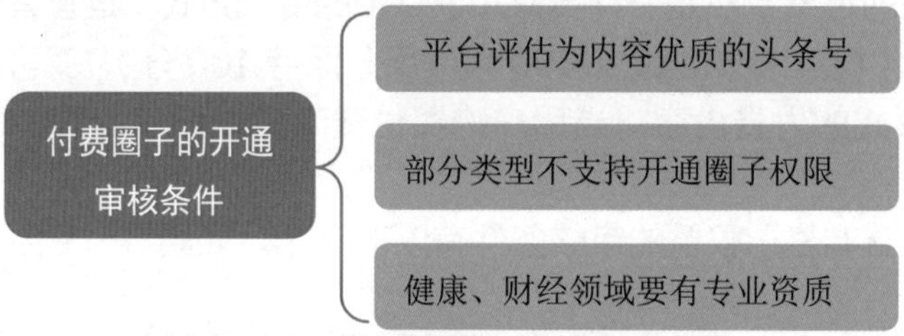

图 3-21　付费圈子的开通审核条件

> **专家提醒**
>
> 目前，不支持开通圈子权限的类型有彩票、周易风水、婚恋交友等。

那么，运营者该如何创建付费圈子呢？首先在电脑端头条号后台的“进阶创作→头条圈子→我的圈子”页面中单击“创建圈子”按钮，如图 3-22 所示。

图 3-22　单击“创建圈子”按钮

然后，进入“头条圈子服务协议”页面，阅读相关内容，在协议内容底部单击“同意”按钮，如图 3-23 所示。进入“创建圈子”页面，按照要求填写相关信息，并根据自己需求进行设置。

5.5 公司上述实时监控行为并不意味着公司对于您成功上传作品合法性的任何承诺或担保，也并不构成公司与您或您上传作品的任何连带责任，公司仅作为网络服务提供者为您提供网络存储空间，您需要对您上传的作品独立负责。

6、服务的变更、中断和终止

6.1 您理解并同意，公司提供的“头条圈子服务”是按照现有技术和条件所能达到的现状提供的。公司会尽最大努力向您提供服务，确保服务的连贯性和安全性。您理解，公司不能随时预见和防范技术以及其他风险，包括但不限于不可抗力、病毒、木马、黑客攻击、系统不稳定、第三方服务瑕疵及其他各种安全问题的侵扰等原因可能导致的服务中断、数据丢失以及其他的损失和风险。

6.2 您理解并同意，公司为了服务整体运营的需要，有权在公告通知后修改、中断、中止或终止头条号平台付费服务及相关服务，而无须向您负责或承担任何赔偿责任，届时双方根据本协议实际履行情况结清协议款项。

7、争议解决

7.1 本协议的成立、生效、履行、解释及争议的解决均应适用中华人民共和国大陆地区法律。若本协议之任何规定因与中华人民共和国大陆地区的法律抵触而无效或不可执行，则这些条款将尽可能按照接近本协议原条文意旨重新解析，且本协议其它规定仍应具有完整的效力及效果。

7.2 本协议的签署地点为中华人民共和国北京市海淀区。若您因本协议与公司发生任何争议，双方应尽量友好协商解决；如协商不成的，您同意应将相关争议提交至北京市海淀区人民法院诉讼解决。

8、其他

8.1 公司有权依据国家政策、技术条件、产品功能等变化需要而进行修改本协议，公司会将修改后的协议予以发布；前述内容一经正式发布，即作为本协议不可分割的组成部分并具有等同于本协议的法律效力。公司会以适当的方式将本协议的修订条款送达您（网站公布、系统通知等），并督促您同意或拒绝，您也可以在网站首页或软件设置页面查阅最新版本的协议条款。

8.2 本协议与《头条号用户协议》、《今日头条用户协议》相冲突内容以本协议为准，未尽事宜仍按《头条号用户协议》、《今日头条用户协议》执行。

8.3 本协议的版权为公司所有，在法律法规允许的范围内，公司保留解释和修改的权利。

取消　同意

单击

图 3-23　单击“同意”按钮

运营者进行设置的时候，需要在“付费设置”区域选中“付费”单选按钮，如图 3-24 所示。全部设置好以后，单击“发布”按钮，等待审核通过即可创建成功。

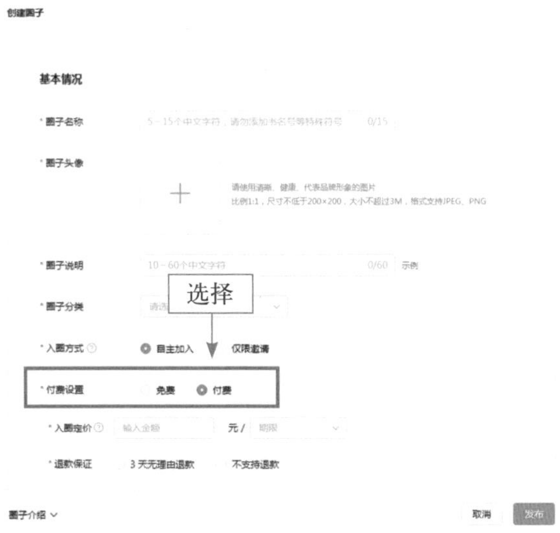

图 3-24　选中“付费”单选按钮

3.2.7 开播：通过头条直播来变现

直播是目前互联网非常火热的产品之一，在这个全民直播的时代，越来越多的人通过直播来输出自己的内容，进而获取收益。头条直播也是头条运营者进行变现的途径之一，其变现方法主要有 4 种，具体内容如下。

(1) 直播打赏。

(2) 直播带货。

(3) 直播带课。

(4) 付费直播。

关于这 4 种直播变现方法的具体内容，笔者会在后面直播的章节中再做详细的介绍和讲解。

3.3 政策："千人万元"计划

为了扶持优质原创的内容创作者，今日头条推出了"千人万元"计划，它是一种直接给运营者补贴现金的模式，具体内容是让 1000 个头条运营者每月获得不少于 1 万元的保低收益。

那么，该如何加入"千人万元"计划呢？这需要运营者持续不断地输出优质内容，才有机会被平台官方的工作人员邀请签约。和其他的头条号不一样，签约的头条号不支持在电脑端头条号后台进行收益提现，需要和负责签约的人员对接。

> 专家提醒
>
> 运营者签约"千人万元"计划以后，会和平台签订合同，同时附带一份授权书，其有效期为 3 年。

第 4 章

标题：如何写出高点击率的爆款标题

对于头条运营者来说，内容创作是头条运营的重点，而标题又是决定头条内容点击率的重要因素。因此，本章笔者就来讲解头条标题撰写时的误区，以及17个头条内容标题的案例，从而帮助大家写出高点击量的标题。

4.1 误区：标题创作错误

标题是用户了解头条内容的第一步，决定了用户对运营者内容的第一印象。因此，不管是何种内容形式，运营者都要撰写一个有吸引力的好标题，以此来提高内容的点击量。

与此同时，运营者在创作标题的过程中，要遵守平台规范，不要为了吸引用户点击，获取用户流量而不择手段，做标题党。否则，将会遭到平台的严厉打击，面临限流甚至扣分的处罚。

在头条内容的标题创作中，运营者有以下 3 个方面的误区要避免，即标题夸张、和内容原意有偏差、格式不规范，具体内容如下。

4.1.1 夸张：夸大内容事实

虽然，通过夸大内容事实来引起用户的兴趣，以达到点击标题的目的是很多内容创作者和文字编辑人员屡试不爽的手段之一。但是，在今日头条平台，这种行为是不被允许的，因为它有标题党的嫌疑。

运营者在撰写标题时，以下这 3 种标题类型不宜使用，如图 4-1 所示。

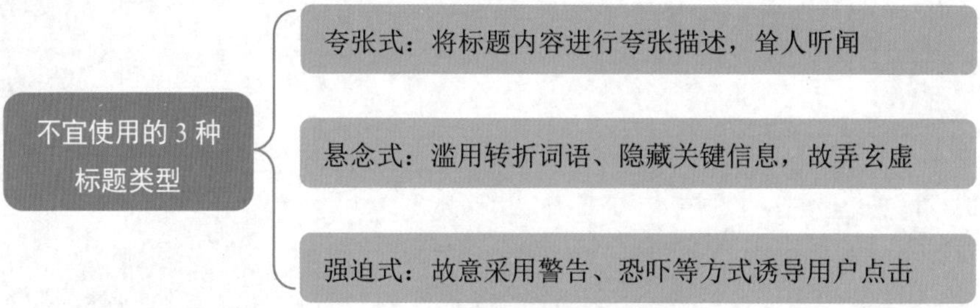

不宜使用的 3 种标题类型
夸张式：将标题内容进行夸张描述，耸人听闻
悬念式：滥用转折词语、隐藏关键信息，故弄玄虚
强迫式：故意采用警告、恐吓等方式诱导用户点击

图 4-1 不宜使用的 3 种标题类型

4.1.2 偏差：和内容不相符

头条内容标题写作的第二个误区就是和内容原本的意思有偏差，这也是标题党经常使用套路。这种错误主要有以下 3 种情况，具体内容如下。

(1) 标题有歧义。故意模糊信息要素，或者缺少主体信息，让人产生误会。

(2) 题文不符。标题和内容对某项信息的描述不一致，导致信息错误。

(3) 标题和封面不符。封面和内容无关，且封面和标题的结合让用户容易误会。

4.1.3 错误：格式不合规范

头条内容的标题写作是有格式规范的，运营者们在撰写标题的过程中，通常会犯以下 6 种格式错误，如图 4-2 所示。

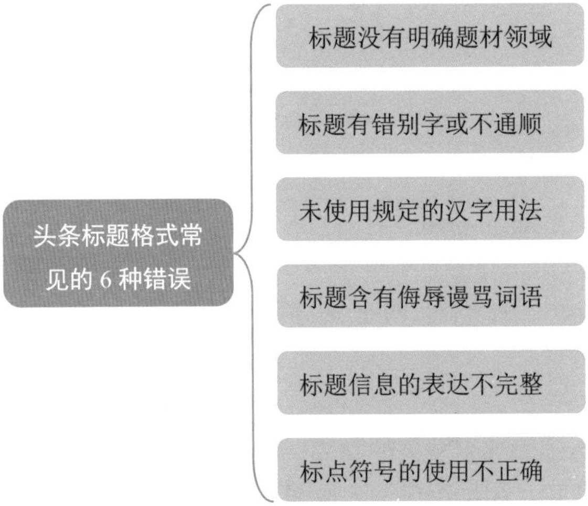
头条标题格式常见的 6 种错误
标题没有明确题材领域
标题有错别字或不通顺
未使用规定的汉字用法
标题含有侮辱谩骂词语
标题信息的表达不完整
标点符号的使用不正确

图 4-2 头条标题格式常见的 6 种错误

4.2 方法：标题写作技巧

讲完头条标题创作过程中的误区，接下来本节就为大家讲解头条标题的写作技巧。同时，在举例的时候，笔者的案例不会只拘泥于一种内容形式，会以文章、视频、直播等形式的标题来举例，以帮助大家提高标题的写作水平，增加内容的点击量。

4.2.1 数字：量化内容信息

数字类的标题能让用户首先将目光聚焦在数字上，数字能增加头条标题的辨识度。其次，带有较大数字符号的标题会让用户觉得内容所蕴含的信息量很大，数字能将内容所包含的信息和价值进行具体量化，让人一目了然，激发用户点击获取有价值内容的欲望。

图 4-3 所示为带有数字的头条内容标题。图中的标题含有具体数字，让用户一看就知道内容所包含的信息量和价值有多少。一般来说，数字越大，内容的价值也就越高。当然，这是在标题没有夸张虚假的成分，并与内容相符合的情况下。

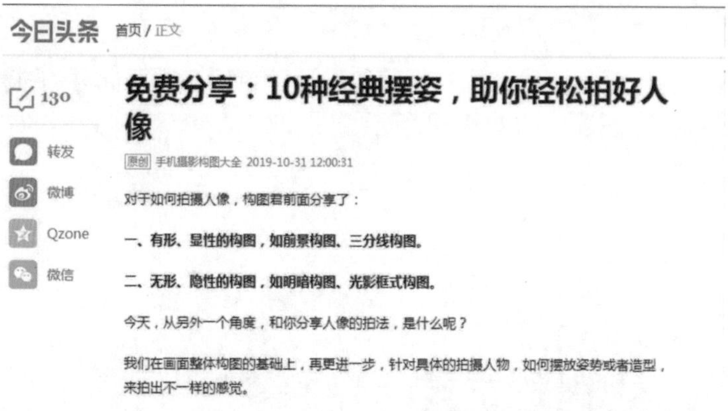
今日头条 首页 / 正文
130
转发
微博
Qzone
微信
免费分享：10种经典摆姿，助你轻松拍好人像
原创 手机摄影构图大全 2019-10-31 12:00:31
对于如何拍摄人像，构图君前面分享了：
一、有形、显性的构图，如前景构图、三分线构图。
二、无形、隐性的构图，如明暗构图、光影框式构图。
今天，从另外一个角度，和你分享人像的拍法，是什么呢？
我们在画面整体构图的基础上，再更进一步，针对具体的拍摄人物，如何摆放姿势或者造型，来拍出不一样的感觉。

图 4-3　数字类标题

4.2.2　疑问：引发用户思考

疑问句式的标题能够引发人的共鸣，而反问语气则会更加强烈，它会打破用户固有的思维和认知，引导用户深入反思。图 4-4 所示为疑问类的标题。

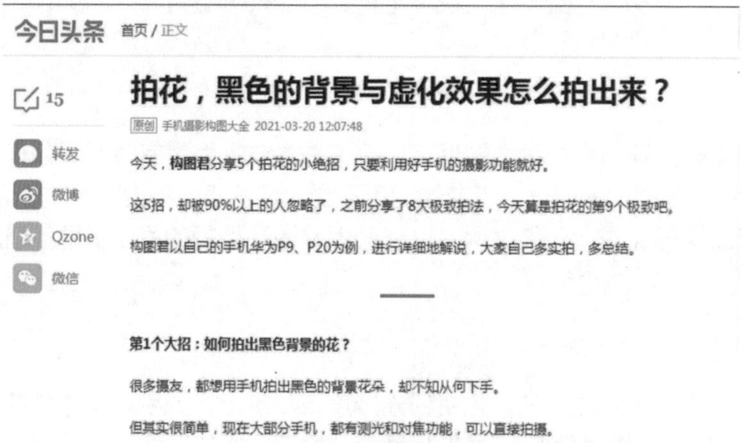
今日头条 首页 / 正文
15
转发
微博
Qzone
微信
拍花，黑色的背景与虚化效果怎么拍出来？
原创 手机摄影构图大全 2021-03-20 12:07:48
今天，构图君分享5个拍花的小绝招，只要利用好手机的摄影功能就好。
这5招，却被90%以上的人忽略了，之前分享了8大极致拍法，今天算是拍花的第9个极致吧。
构图君以自己的手机华为P9、P20为例，进行详细地解说，大家自己多实拍，多总结。
第1个大招：如何拍出黑色背景的花？
很多摄友，都想用手机拍出黑色的背景花朵，却不知从何下手。
但其实很简单，现在大部分手机，都有测光和对焦功能，可以直接拍摄。

图 4-4　疑问类标题

4.2.3　热点：借助其影响力

在现在的自媒体行业中，蹭社会时事、明星动态的热点成了自媒体作者或文案编辑人员进行创作的常用手段之一，并且屡试不爽。因为热点事件和明星本身自带巨大的流量和影响力，所以能够对文案起到很好的宣传和推广效果。图 4-5 所示为某头条运营者使用热点作为头条内容标题的案例。

今日头条 首页 / 正文
53
转发
微博
Qzone
微信
救不了内容创作的崩盘
原创 2021-02-28 18:56:36
这是半佛仙人的第499篇原创
1
在文章发布的这一刻，《你好，》的票房46亿了，然后将在本周末冲50亿。
即使本周末到不了50，下周也是见证历史的时刻。
这是意料中的事，当《》突破30亿的时候，就已经势不可挡了。

图 4-5 关联热点类标题

在图 4-5 这个案例中，该头条运营者以最近非常火爆的一部电影作为创作题材，借助该电影的热度，成功地吸引了一大批对此感兴趣的用户。并且，在标题中还嵌入了电影主人公的名字，让用户一看就知道文章的内容主题。

4.2.4 干货：解决实际问题

一般来说，实用干货类标题的内容，其收藏和阅读量都比较高。因为这种标题类型的内容非常实在，要么是非常干货的实操方法，要么是方便实用的工具资源或珍贵稀有的学习资料等。它能够解决受众的实际需求和问题，是不可多得的好内容，如图 4-6 所示。

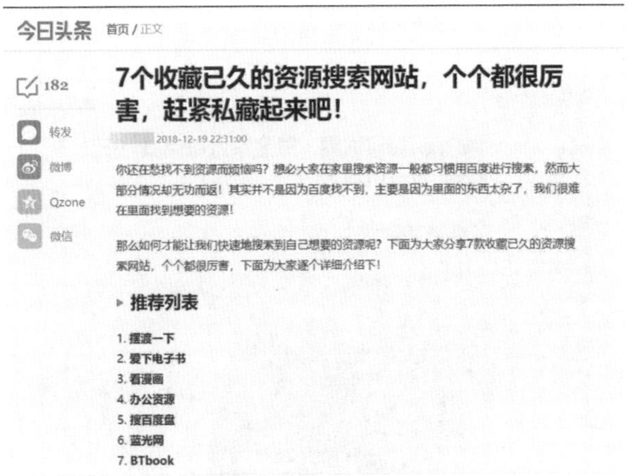
今日头条 首页 / 正文
182
转发
微博
Qzone
微信
7个收藏已久的资源搜索网站，个个都很厉害，赶紧私藏起来吧！
2018-12-19 22:31:00
你还在愁找不到资源而烦恼吗？想必大家在家里搜索资源一般都习惯用百度进行搜索，然而大部分情况却无功而返！其实并不是因为百度找不到，主要是因为里面的东西太杂了，我们很难在里面找到想要的资源！
那么如何才能让我们快速地搜索到自己想要的资源呢？下面为大家分享7款收藏已久的资源搜索网站，个个都很厉害，下面为大家逐个详细介绍下！
推荐列表
1. 摆渡一下
2. 爱下电子书
3. 看漫画
4. 办公资源
5. 搜百度盘
6. 蓝光网
7. BTbook

图 4-6 实用干货类标题

4.2.5 对话：营造代入场景

引用对话是标题常见的一种类型，通过对话能够制造场景，给人一种身临其境的感觉，能够增强用户的代入感和阅读体验感。图 4-7 所示为引用对话类标题的头条音频内容。

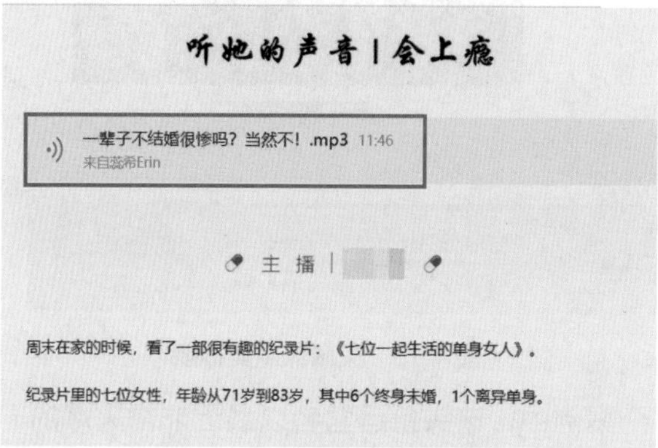

图 4-7　引用对话类标题

该头条音频内容的标题为：“一辈子不结婚很惨吗？当然不！”，这是典型的引用对话类标题，前半句是提问，后半句是回答，从而明确地表达了内容的观点。

4.2.6 优惠：突出物超所值

优惠类标题是我们经常写的标题类型之一，特别是对于搞促销活动的商家和企业来说更是家常便饭。这种标题先是告诉消费者产品的亮点和优势，然后再利用价格差价让消费者觉得物超所值，最后再用时间限制，营造稀缺感和紧迫感，暗示客户赶紧购买。图 4-8 所示为惊喜优惠类标题的头条内容。

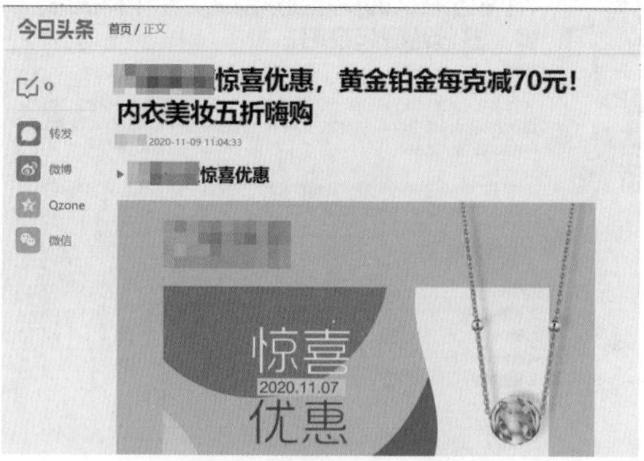

图 4-8　惊喜优惠类标题

4.2.7 反转：制造巨大反差

在很多优秀的文学作品中，我们经常可以看到故事情节一波三折，而且结局往往出乎人的意料，反差极大，这样的故事安排让你大呼过瘾。所以，这种戏剧冲突，反转剧情的写作手法同样可以应用于标题，如图 4-9 所示。

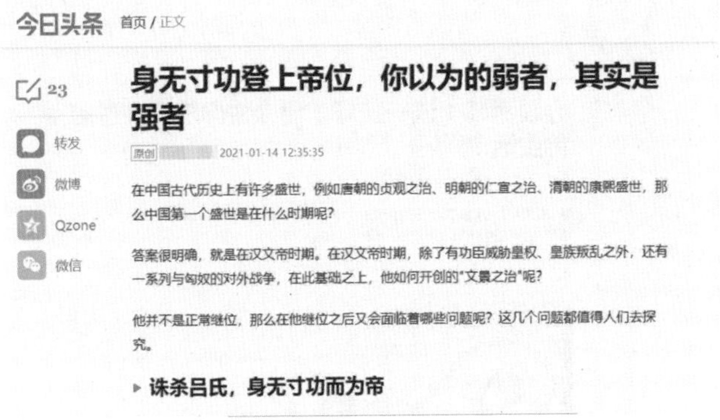
今日头条 首页 / 正文
23
转发
微博
Qzone
微信
身无寸功登上帝位，你以为的弱者，其实是强者
原创 2021-01-14 12:35:35
在中国古代历史上有许多盛世，例如唐朝的贞观之治、明朝的仁宣之治、清朝的康熙盛世，那么中国第一个盛世是在什么时期呢？
答案很明确，就是在汉文帝时期。在汉文帝时期，除了有功臣威胁皇权、皇族叛乱之外，还有一系列与匈奴的对外战争，在此基础之上，他如何开创的"文景之治"呢？
他并不是正常继位，那么在他继位之后又会面临着哪些问题呢？这几个问题都值得人们去探究。
诛杀吕氏，身无寸功而为帝

图 4-9 戏剧冲突类标题

该头条文章讲述的是汉文帝刘恒的故事。文帝之所以能够即位当皇帝，是因为在当时所有人眼里，他是一个平庸的弱者，比较容易控制。但当他登上皇位后，各种行为和迹象表明，他非但不是弱者，而且还是一个强者。这种前后巨大的反差，给历史故事增添了不少趣味，能极大地吸引用户的兴趣。

4.2.8 对比：突出区别差异

对比类型的标题主要是通过两种以上的事物对比，从而突出它们之间的差异和区别。图 4-10 所示为对比类标题的视频内容（西瓜视频就是头条视频）。

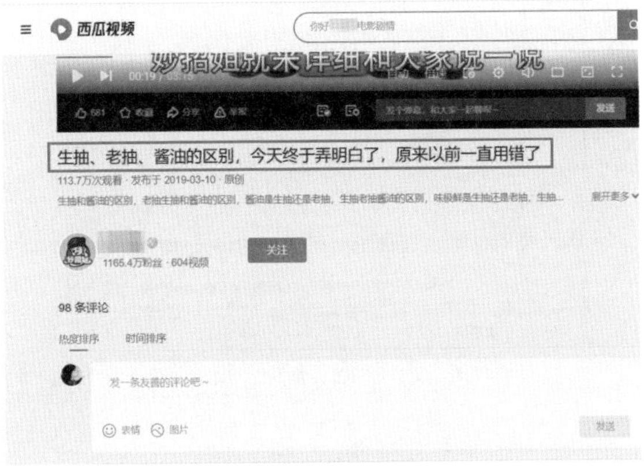
西瓜视频
生抽、老抽、酱油的区别，今天终于弄明白了，原来以前一直用错了
113.7万次观看 · 发布于 2019-03-10 · 原创
1165.4万粉丝 · 604视频
关注
98 条评论
热度排序
时间排序
发一条友善的评论吧~
表情
图片
发送

图 4-10 对比类标题

4.2.9 测试：进行对号入座

我们在看到和自己某方面属性或标签相关的标题内容时，自然会产生一定的兴趣和想要了解的欲望，比如：生肖、八字、特长等。对号入座类标题的内容往往以让用户做某方面的测试或选择为主，由于内容的针对性非常强，因此能吸引目标用户的兴趣和关注，如图 4-11 所示。

今日头条 首页 / 正文
17
转发
微博
Qzone
微信
心理测试：选一盏灯，测今生你注定会过哪种生活？
原创 2021-03-15 09:07:00
想要知道你这一生最可能过的哪种生活吗?是穷苦还是富足?是潦倒还是安稳呢?我们一起来看看自己最有可能会过的生活是哪一种吧。
A

图 4-11 对号入座类标题

4.2.10 创意：3 种语言形式

接下来笔者将从标题的语言形式出发，重点介绍 3 种语言形式打造爆款标题的方法，具体内容如下。

1. 比喻式

标题当中的比喻重在让用户看懂，感兴趣，从而想要点击。在比喻式标题写作中要注意比喻是否运用得当和比喻元素的齐全性，如图 4-12 所示。

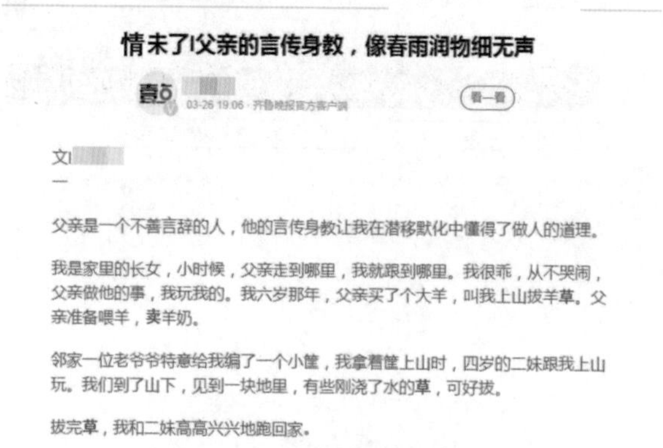
情未了|父亲的言传身教，像春雨润物细无声
03-26 19:06 · 齐鲁晚报官方客户端
看一看
文|
一
父亲是一个不善言辞的人，他的言传身教让我在潜移默化中懂得了做人的道理。
我是家里的长女，小时候，父亲走到哪里，我就跟到哪里。我很乖，从不哭闹，父亲做他的事，我玩我的。我六岁那年，父亲买了个大羊，叫我上山拔羊草。父亲准备喂羊，卖羊奶。
邻家一位老爷爷特意给我编了一个小筐，我拿着筐上山时，四岁的二妹跟我上山玩。我们到了山下，见到一块地里，有些刚浇了水的草，可好拔。
拔完草，我和二妹高高兴兴地跑回家。

图 4-12 比喻式标题

2. 幽默式

在内容创作当中，用到幽默式标题，不仅能够让用户会心一笑，还能让用户在笑过之后理解运营者话里更深层的意思，达到预期的目的。图 4-13 所示就是采用幽默式标题的头条内容案例。

图 4-13　幽默式标题

3. 典故式

在标题写作当中，恰当地引用典故，既能够让内容更富有历史趣味性，又能从中得到很多智慧。运用历史典故撰写标题意蕴丰富，以古证今，可信度高。图 4-14 所示是引用典故的标题案例。

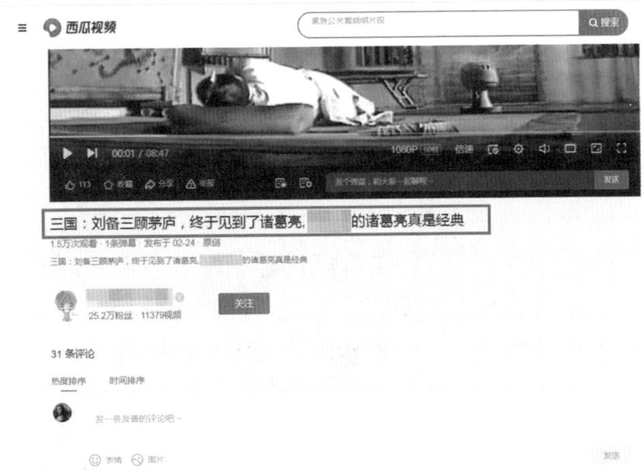

图 4-14　典故式标题

4.2.11　速成：快速掌握技能

速成型标题是指向用户传递一种只要看了内容之后就可以掌握某些技巧或者知识的信心。“速成”，顾名思义，就是能够马上学会。这种类型的标题之所以能够引起用户的注意，是因为它抓住了人们急于求成的心理。那么，速成型的标题到底应该如何撰写呢？笔者总结了 3 点经验技巧，如图 4-15 所示。

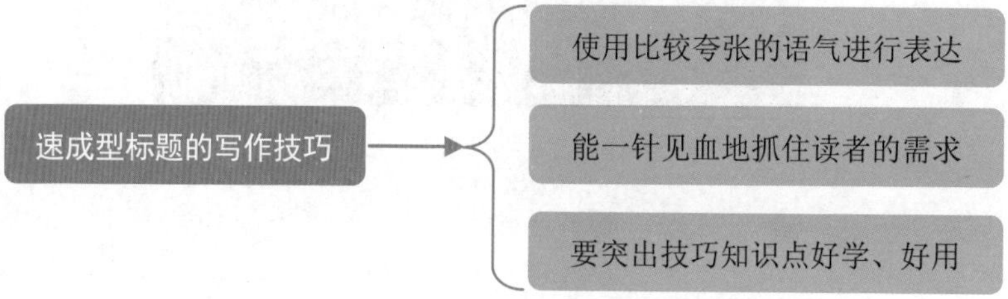

图 4-15　速成型标题的写作技巧

接下来，我们来看一个速成型标题的典型案例，如图 4-16 所示。

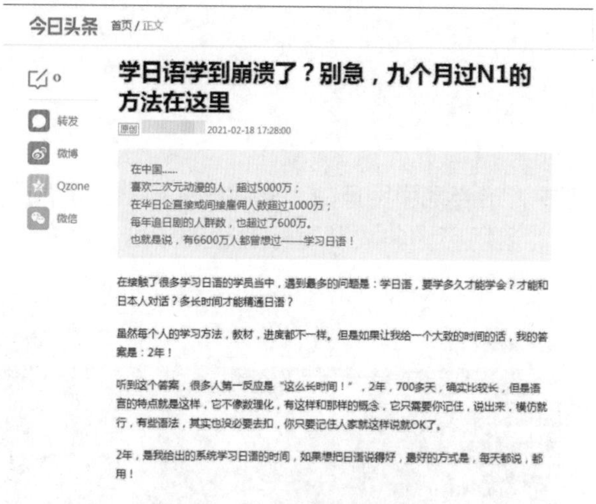

今日头条 首页 / 正文

转发
微博
Qzone
微信

学日语学到崩溃了？别急，九个月过N1的方法在这里

原创 2021-02-18 17:28:00

在中国……
喜欢二次元动漫的人，超过5000万；
在华日企直接或间接雇佣人数超过1000万；
每年追日剧的人群数，也超过了600万。
也就是说，有6600万人都曾想过——学习日语！

在接触了很多学习日语的学员当中，遇到最多的问题是：学日语，要学多久才能学会？才能和日本人对话？多长时间才能精通日语？

虽然每个人的学习方法，教材，进度都不一样。但是如果让我给一个大致的时间的话，我的答案是：2年！

听到这个答案，很多人第一反应是“这么长时间！”，2年，700多天，确实比较长，但是语言的特点就是这样，它不像数理化，有这样和那样的概念，它只需要你记住，说出来，模仿就行，有些语法，其实也没必要去扣，你只要记住人家就这样说就OK了。

2年，是我给出的系统学习日语的时间，如果想把日语说得好，最好的方式是，每天都说，都用！

图 4-16　速成型标题

在图 4-16 的案例中，运营者告诉用户要想学好日语一般需要两年，这对于没有什么耐心的人来说是不能接受的。所以，针对想要快速学会日语的用户，运营者给出了 9 个月速成的方法，自然能吸引大批用户的注意。

4.2.12　福利：通过利益诱惑

福利型标题是指在标题中向用户传递一种“看了这个内容你就赚到了”的感觉，从而让用户自然地想要去点击。一般来说，福利型标题是准确把握了用户贪图利益的心理需求，所以十分有效。

下面，我们来看一个福利型标题的案例，如图 4-17 所示。

今日头条　首页 / 正文
1
转发
微博
Qzone
微信
教师福利 | 全套初中数学近300个课件免费送！学生也能领
2021-03-28 22:12:57
初中数学课件免费领
查看详情
公众号回复【客服】
扫码添加客服可领取体验券
仅限3月28日-4月5日使用，限量100张！

图 4-17　福利型标题

4.2.13　励志：引起用户共鸣

励志型标题最为显著的特点就是“现身说法”，一般以第一人称或第三人称的方式讲故事。励志型标题的好处在于煽动性强，容易引起用户的情感共鸣，激发用户的兴趣，从而提升内容的阅读量和播放量。图 4-18 所示为励志型标题的头条内容案例。

今日头条　首页 / 正文
12
转发
微博
Qzone
微信
33岁，凭借250万存款就实现财务自由，他凭什么？
2020-11-18 17:07:28
最近无意间在某个论坛上看到这样一个故事：
33岁的小哥，无父无母目前单身，他把自己现有的2套房子卖了，获得了250万现金，然后辞掉了令人非常不快乐的工作，过上了自由自在的生活，也就是我们常常说的财务自由。
SUCCESS

图 4-18　励志型标题

4.2.14　急迫：营造紧张气氛

很多人或多或少都会有一点拖延症，总是需要在他人的催促下才愿意动手做一件事。急迫型的标题就有一种类似于催促用户赶快行动的暗示，它能营造一种紧张的气氛，促使用户点击标题。图 4-19 所示为急迫型标题的头条内容案例，在撰写此类标题的时候通常会加入限时等字眼。

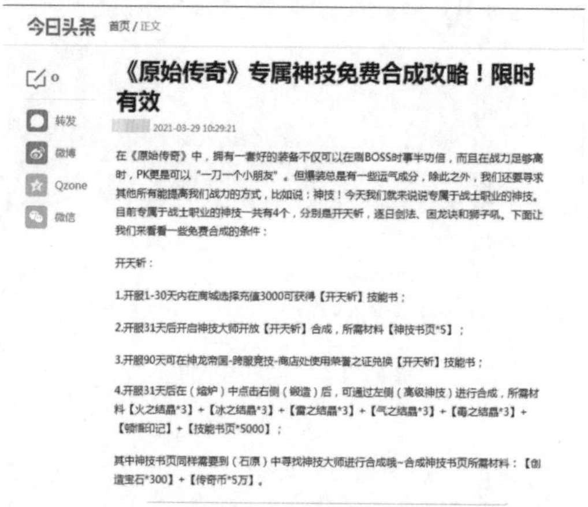
今日头条 首页 / 正文
0
转发
微博
Qzone
微信
《原始传奇》专属神技免费合成攻略！限时有效
2021-03-29 10:29:21
在《原始传奇》中，拥有一套好的装备不仅可以在刷BOSS时事半功倍，而且在战力足够高时，PK更是可以“一刀一个小朋友”。但爆装总是有一些运气成分，除此之外，我们还要寻求其他所有能提高我们战力的方式，比如说：神技！今天我们就来说说专属于战士职业的神技。目前专属于战士职业的神技一共有4个，分别是开天斩，逐日剑法、困龙诀和狮子吼。下面让我们来看看一些免费合成的条件：
开天斩：
1.开服1-30天内在商城选择充值3000可获得【开天斩】技能书；
2.开服31天后开启神技大师开放【开天斩】合成，所需材料【神技书页*5】；
3.开服90天可在神龙帝国-跨服竞技-商店处使用荣誉之证兑换【开天斩】技能书；
4.开服31天后在（熔炉）中点击右侧（锻造）后，可通过左侧（高级神技）进行合成，所需材料【火之结晶*3】+【冰之结晶*3】+【雷之结晶*3】+【气之结晶*3】+【毒之结晶*3】+【顿悟印记】+【技能书页*5000】；
其中神技书页同样需要到（石原）中寻找神技大师进行合成哦~合成神技书页所需材料：【创造宝石*300】+【传奇币*5万】。

图 4-19　急迫型标题

4.2.15　画面：激发用户想象

有一种标题通过营造画面感，可以激发用户想象，从而促使用户自主地去点击标题浏览内容。这种标题对于提高用户点击率具有很大的作用，如图 4-20 所示。

西瓜视频
搜索
00:01 / 00:24
720P
倍速
36
这猫皇成精了，不想梳毛直接钻笼子里，居然还把门关上了！
1.1万次观看 · 发布于 2020-12-28 · 原创
这猫皇成精了，不想梳毛直接钻笼子里，居然还把门关上了！
4.5万粉丝 · 915视频
关注
5 条评论
热度排序
时间排序
发一条友善的评论吧~
表情
图片
发送

图 4-20　营造画面感型标题

4.2.16 独家：制造稀缺珍贵

独家型标题是指从标题上体现内容所提供的信息是独有的珍贵资源，值得用户点击和收藏的标题。从大众心理方面而言，独家型标题所代表的内容一般会给人一种稀缺、珍贵的感觉，从而让用户从心理上获得一种优越感。图 4-21 所示为独家型标题的头条内容案例。

今日头条 首页 / 正文
33
转发
微博
Qzone
微信
独家：除了盲盒、B站和特斯拉，95后们用“败家”引领未来10年营销新趋势
2021-03-27 11:17:36
编辑导读：95后、00后已经走向职场，成为消费市场中的主力。这一届的年轻人他们喜欢什么？有什么消费习惯？品牌应该如何针对性地进行营销呢？本文作者对此进行了深入的分析，希望对你有帮助。
截止2021年1月，中国移动互联网Z世代活跃设备数近3.5亿，Z世代成为中国移动互联网的新势力。《圈层效应:理解消费主力95后的商业逻辑》提到：未来的代际消费差异会消失，Z世代会是最后一个以代际命名的世代，Z世代的消费特征将代表未来人的消费趋势，由此我们可以窥见未来10年甚至更长时间的营销趋势。

图 4-21 独家型标题

4.2.17 揭秘：满足其好奇心

揭露真相型标题是指为用户揭露某件事物或现象背后的本质的一种标题。大部分人都会有一种好奇心理，而这种标题则恰好可以抓住用户的这种心理，从而满足其好奇心，如图 4-22 所示。

今日头条 首页 / 正文
0
转发
微博
Qzone
微信
揭秘！总台《三星堆新发现》直播特别节目是这样炼成的
原创 2021-03-29 11:25:48
CCTV 13 新闻
央视新闻
三星堆新发现
直播特别节目
公共信号转播团队

图 4-22 揭露真相型标题

第 5 章

直播：如何增强粉丝的忠实程度

直播是目前互联网非常火爆的产物之一，各大平台基本上都推出了直播功能，今日头条自然也不例外。本章主要讲解头条直播的相关知识，包括基础操作、功能玩法、运营技巧和变现方式等，帮助头条号运营者做好头条直播。

5.1 基础：认识和了解头条直播

在自媒体的火爆之下，也带来了“自媒体 + 直播”模式的想象空间，让直播再一次火爆起来，而头条直播正是在这种趋势下诞生的。头条直播背靠今日头条的巨大流量，能够帮助运营者快速获取粉丝和收益。

5.1.1 定义：什么是头条直播

关于什么是头条直播，官方给出的定义是：“头条直播是今日头条平台为创作者提供的涨粉和变现工具。通过直播，创作者可与粉丝进行深度互动，赚取直播打赏，以优质内容获得更多关注和收益。”

由于头条直播和西瓜直播是互通的，头条直播的内容会被投放到西瓜视频平台，因此当用户在今日头条官网点击“直播”按钮时，今日头条官网就会跳转到西瓜视频官网的直播页面，如图 5-1 所示。

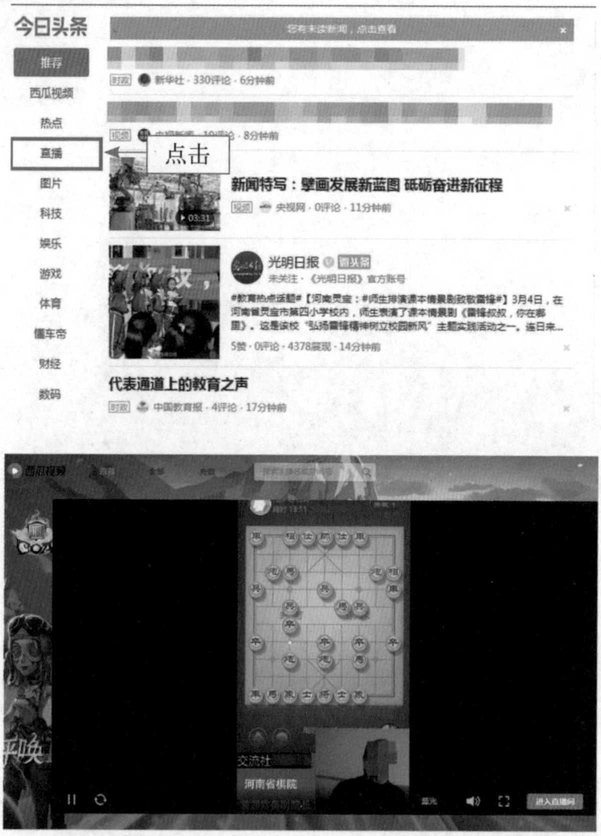

图 5-1　从今日头条官网跳转到西瓜视频官网

5.1.2 开播：头条直播的方法

了解了什么是头条直播后，那么主播又该如何进行直播呢？在本节笔者将分别介绍电脑直播和手机直播的方法。不过在讲具体的操作步骤前，先来讲解开始直播前要做的准备。

首先是设备的调试，一般直播设备的调试工作有以下几个方面，如图 5-2 所示。

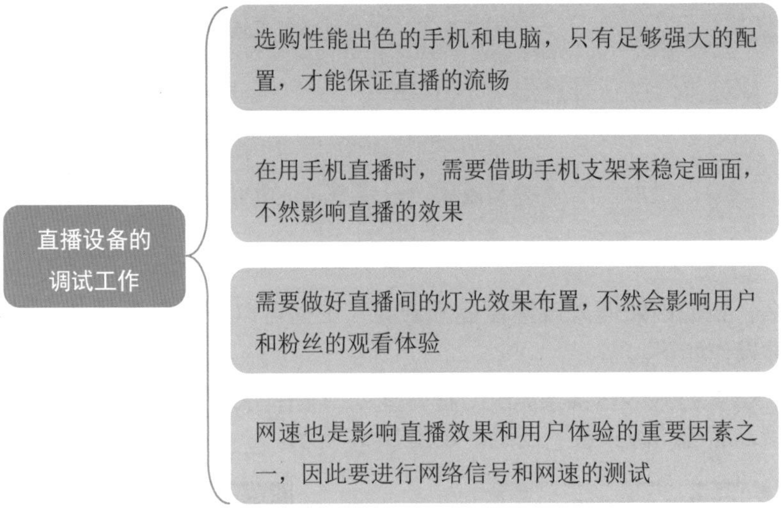

直播设备的调试工作
选购性能出色的手机和电脑，只有足够强大的配置，才能保证直播的流畅
在用手机直播时，需要借助手机支架来稳定画面，不然影响直播的效果
需要做好直播间的灯光效果布置，不然会影响用户和粉丝的观看体验
网速也是影响直播效果和用户体验的重要因素之一，因此要进行网络信号和网速的测试

图 5-2 直播设备的调试工作

其次是直播信息的填写，其内容包括以下 3 个方面，如图 5-3 所示。

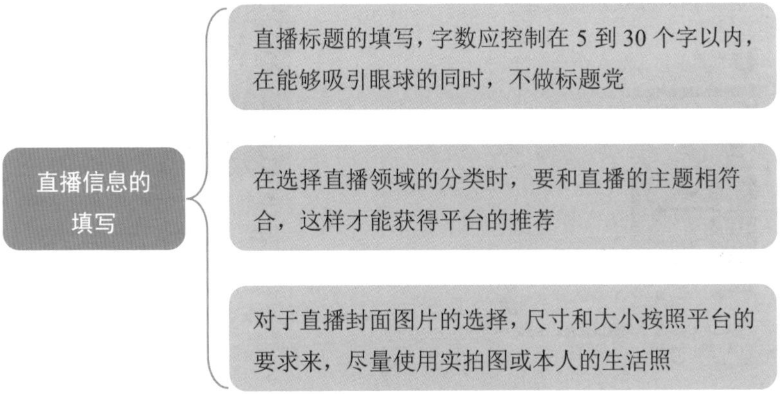

直播信息的填写
直播标题的填写，字数应控制在 5 到 30 个字以内，在能够吸引眼球的同时，不做标题党
在选择直播领域的分类时，要和直播的主题相符合，这样才能获得平台的推荐
对于直播封面图片的选择，尺寸和大小按照平台的要求来，尽量使用实拍图或本人的生活照

图 5-3 直播信息的填写

最后是直播预告的设置，直播预告的内容需要包含以下几个要点，具体内容

如图 5-4 所示。

直播预告的要点
- 明确直播的主题，准确地表达直播的内容，让观众一目了然
- 直播预告的时间要详细具体，最好具体到分钟
- 需要告诉用户观看直播会有什么收获，比如福利优惠等
- 直播预告的内容要抓住用户痛点，如为用户提供解决问题的办法，这样才能吸引用户观看

图 5-4　直播预告的要点

那么，我们该如何来设置直播预告呢？主播可以在今日头条 App 上进行设置，具体操作如下。

步骤 01 打开今日头条 App，在“首页”点击“发布”按钮，如图 5-5 所示。弹出弹窗，点击“微头条”按钮，如图 5-6 所示。

图 5-5　点击“发布”按钮

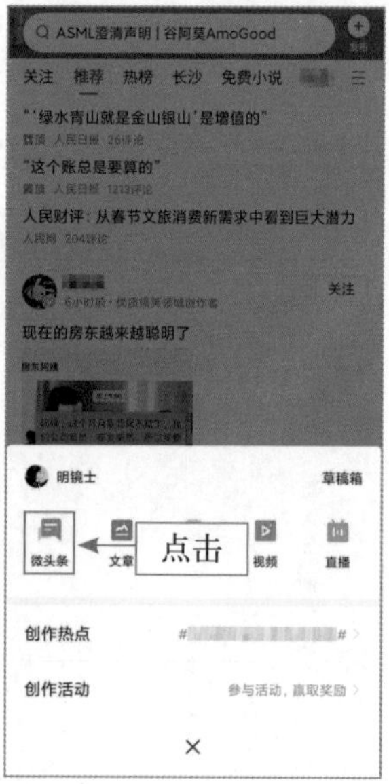

图 5-6　点击“微头条”按钮

步骤 02 进入到微头条的发布页面，点击⊕按钮，如图 5-7 所示。弹出列表，选择“直播预告”选项，如图 5-8 所示。

图 5-7 点击⊕按钮

图 5-8 选择“直播预告”选项

步骤 03 进入“直播预告”页面，填写直播标题，上传直播封面，选定开播时间后，点击“添加”按钮，如图 5-9 所示。跳转到之前的微头条发布页面，输入预告内容，点击“发布”按钮即可发布成功，如图 5-10 所示。

图 5-9 点击“添加”按钮

图 5-10 点击“发布”按钮

用户看到主播发布的直播预告，点击预约直播，就会在开播前收到直播提醒。同时，主播也可以将直播预告分享到其他平台，如微信、QQ 和微博等，这样有利于增加观看直播的人数。当然，直播预告发布之后需要审核通过才能进行分享。

1. 电脑直播

用电脑进行头条直播需要下载必备的软件，Windows 系统的电脑需要下载今日头条旗下的直播伴侣，苹果电脑则需要下载 OBS Studio 软件。图 5-11 所示为直播伴侣的官方下载页面；图 5-12 所示为 OBS Studio 软件的官网下载页面。

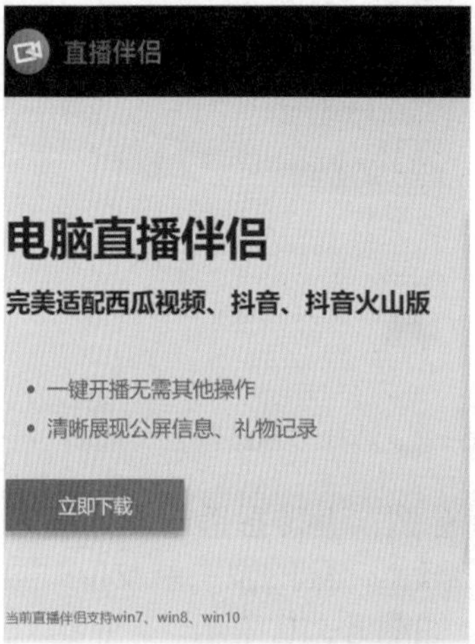

图 5-11　直播伴侣下载页面

图 5-12　OBS Studio 下载页面

使用 Windows 系统电脑的主播，在下载安装好直播伴侣后，打开软件，选择西瓜视频作为直播平台（因为头条直播内容的投放渠道就是西瓜视频），然后登录头条号账号即可进入主界面。直播伴侣的开播模式有横屏和竖屏两种，如图 5-13 所示。

至于使用苹果电脑的主播，则在 OBS Studio 软件的官网中下载安装对应的 macOS 版本。其软件的使用方法，主播可自行在官网查看，这里不再赘述。

2. 手机直播

在如今的互联网时代，智能手机的普及率要远远高于电脑。因此，更多的主播选择用手机进行直播，这是因为手机直播不仅比电脑直播的成本低，而且操作也十分简单方便。基于以上这些原因，下面将详细介绍手机直播的操作方法。

打开今日头条 App，在“首页”点击“发布”按钮，弹出弹窗，点击“直播”按钮，如图 5-14 所示。进入直播的准备页面，设置相应的直播信息，如标题、封面和分类，点击“开始视频直播”按钮即可开始直播，如图 5-15 所示。

图 5-13 直播伴侣的开播模式

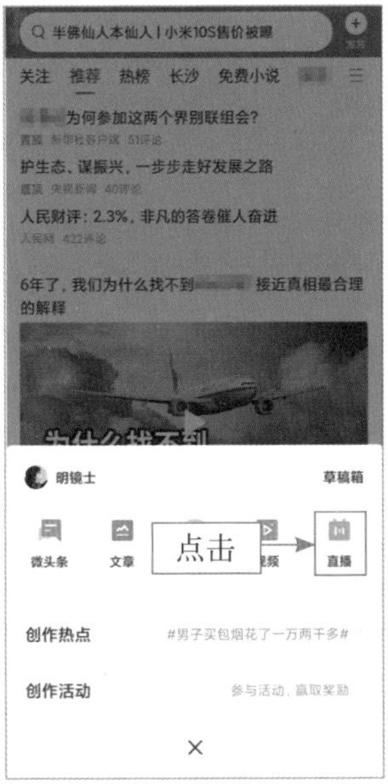

图 5-14 点击“直播”按钮

图 5-15 点击“开始视频直播”按钮

专家提醒

在上传封面图片时，需要注意的是，封面图片的最小分辨率要求为 1280×720，小于这个分辨率是无法上传的。

5.1.3 算法：头条直播的推荐

对于头条主播来说，还有一个重点是必须要了解的，那就是头条直播的推荐机制。今日头条是根据用户和观众对直播的满意程度来进行推荐的，而衡量用户满意度的维度主要有 3 个，具体内容如下。

(1) 直播间的点击率。

影响直播间点击率的因素有直播标题、封面、账号头像、昵称等。

(2) 观看时长。

用户的观看时长是衡量直播内容是否吸引人的重要依据。

(3) 互动率。

互动率包括用户评论、打赏和关注等方面，它是反映直播间人气高低、火热程度的重要标准，因此互动率越高，获得的推荐量就越多。

5.2 功能：头条直播的玩法介绍

为了更好地让主播进行直播，头条直播平台推出了许多有趣的功能和玩法，从而提升直播效果。

5.2.1 粉丝团：粉丝的聚集地

粉丝团是主播粉丝的聚集地，如果想要加入某主播的粉丝团，可以在直播间的主播头像右侧点击按钮（需要先关注主播），如图 5-16 所示。然后在底部弹出的弹窗中点击“加入 Ta 的粉丝团”按钮，支付一定数量的钻石（一种虚拟货币）即可，如图 5-17 所示。

> 专家提醒
>
> 需要注意的是，粉丝团的名字一旦创建并审核通过就不可再进行修改。而且，名字最好是二到三个汉字，不能含有数字符号。

那么，主播该如何创建粉丝团呢？在进行直播时，主播可以在自己头像的右侧点击按钮，如图 5-18 所示。然后弹出“设置粉丝团名称”弹窗，输入名字后，点击“提交审核”按钮即可，如图 5-19 所示。

粉丝团功能对主播和粉丝来说，都有作用和好处。图 5-20 所示为粉丝团功能的好处。

图 5-16 点击按钮

图 5-17 点击“加入 Ta 的粉丝团”按钮

图 5-18 点击按钮

图 5-19 点击“提交审核”按钮

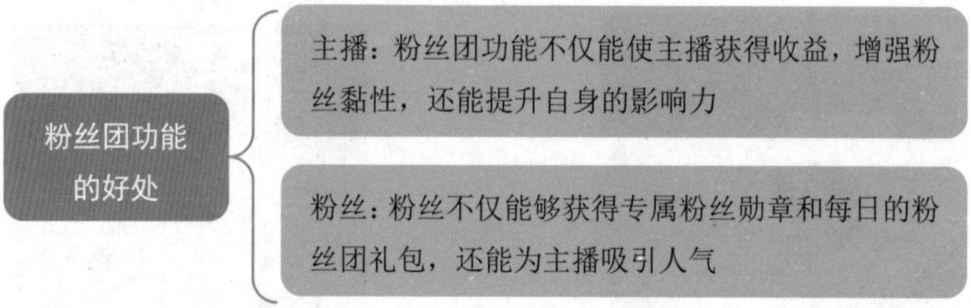

粉丝团功能的好处
主播：粉丝团功能不仅能使主播获得收益，增强粉丝黏性，还能提升自身的影响力
粉丝：粉丝不仅能够获得专属粉丝勋章和每日的粉丝团礼包，还能为主播吸引人气

图 5-20　粉丝团功能的好处

那么，该如何提升自己的粉丝团等级呢？粉丝可以通过增加亲密度来提升自己的等级，获取亲密度的具体方法如下。

(1) 观看直播每超过 5 分钟就能获取 5 点亲密度，在同一个粉丝团内，每天最多不超过 20 点。

(2) 每消费 1 钻石，就可以增加 1 点亲密度。

(3) 每评论一次能获得 2 点亲密度，同样在同一个粉丝团内，每天最多不超过 20 点。

(4) 每消费 100 西瓜币（虚拟货币），就会增加 1 点亲密度，在同一个粉丝团内，每天最多不超过 50 点。

5.2.2　贴纸：传达主播的信息

贴纸功能可以帮助主播巧妙地向用户传达信息，从而引导用户的行为，比如“求关注”等。用户看到贴纸上的信息后，就有可能按照主播的请求去做。那么，如何在直播间设置贴纸呢？主播在直播时点击按钮，如图 5-21 所示。在底部弹出的“装饰美化”弹窗中，点击“贴纸”按钮，如图 5-22 所示。然后会弹出各种文字贴纸和图片贴纸，选择其中一个贴纸，如图 5-23 所示。这时，用户就能看到主播设置的贴纸信息，如图 5-24 所示。

主播在进行直播带货时，贴纸功能的作用会更加显著，它能对商品、活动等重要的直播信息进行补充，如“限时秒杀”等。

> **专家提醒**
>
> 其中，文字贴纸可以支持自定义文字内容，但需要注意的是，每次直播的文字贴纸只能修改一次。因此，主播要提前确定好文字贴纸的内容。

图 5-21　点击按钮

图 5-22　点击“贴纸”按钮

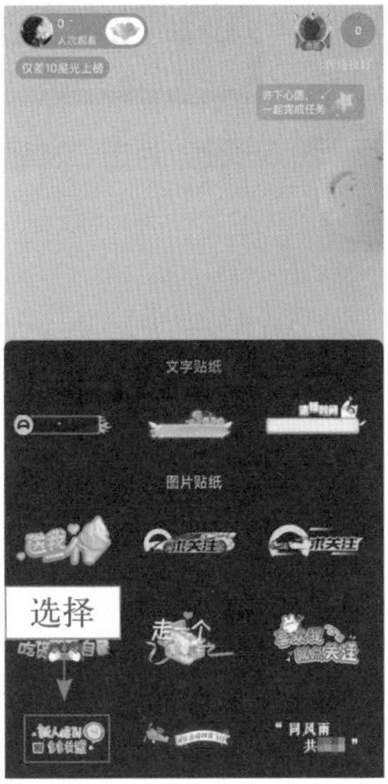

图 5-23　选择贴纸

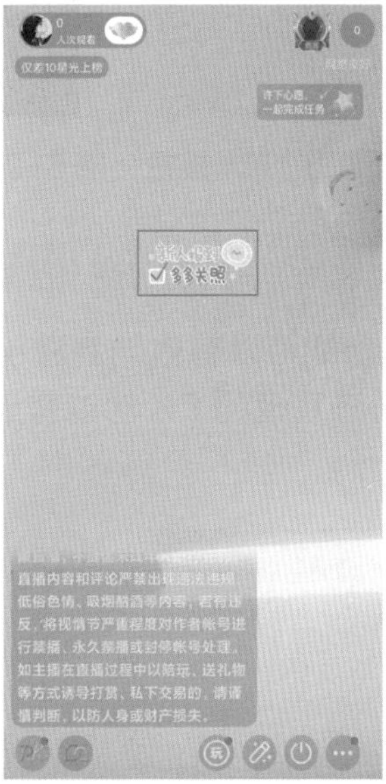

图 5-24　直播间的贴纸信息

5.2.3　抽奖：增强互动的氛围

抽奖功能能够激发用户和观众的参与积极性，增强直播间互动的氛围，从而达到吸粉和提升人气的效果。

那么抽奖功能该如何使用呢？主播在直播的过程中，点击“玩”按钮，如图 5-25 所示。然后在弹出的“互动玩法”弹窗中点击“福袋”按钮，如图 5-26 所示。接着弹出“钻石奖励”弹窗，设置好人均可领钻石、可中奖人数等信息以后，点击“发起福袋”按钮即可，如图 5-27 所示。

图 5-25　点击“玩”按钮

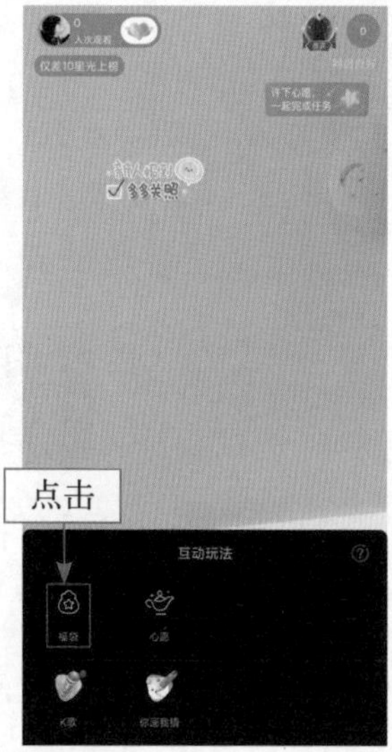

图 5-26　点击“福袋”按钮

图 5-27　点击“发起福袋”按钮

5.2.4　PK：刺激粉丝进行打赏

PK 功能可以有效地刺激粉丝给主播进行打赏，另外它还具有粉丝导流的作用。头条直播的 PK 功能有连线模式、积分对战和连屏对战 3 种模式，如图 5-28 所示。

图 5-28　PK 功能的 3 种模式

新人主播在刚开始直播时，可以多多关注其他主播，认识并和他们结交，然后邀请他们连线，借此慢慢积累自己的直播经验。

5.3 玩法：头条直播的运营技巧

介绍了头条直播的相关功能之后，本节讲解头条直播的一些运营技巧，帮助大家更好地进行直播。

5.3.1 爆款：打造优质的内容

要想打造爆款直播，成为热门的人气主播，就得打造优质的直播内容，那怎么来打造优质的直播内容呢？主播可以从标题封面、内容题材以及互动能力这 3 个方面来入手，其具体如下。

1. 标题封面

爆款直播一定要有吸睛的标题和封面，因此主播可以对直播间的标题和封面进行优化，以提升直播间的点击率和曝光率。图 5-29 所示为直播标题的优化技巧；图 5-30 所示为直播封面的优化技巧。

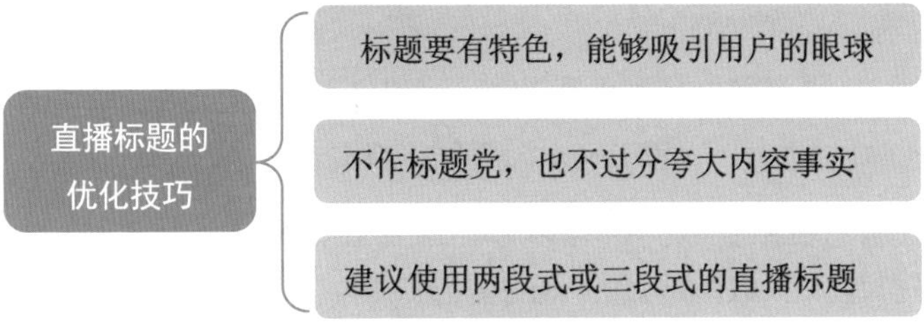
直播标题的优化技巧
标题要有特色，能够吸引用户的眼球
不作标题党，也不过分夸大内容事实
建议使用两段式或三段式的直播标题

图 5-29 直播标题的优化技巧

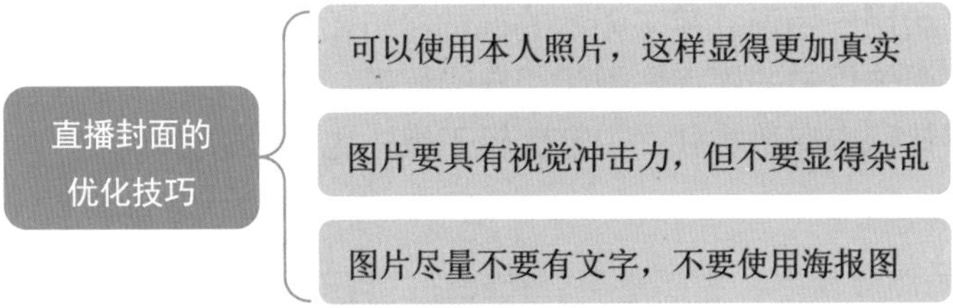
直播封面的优化技巧
可以使用本人照片，这样显得更加真实
图片要具有视觉冲击力，但不要显得杂乱
图片尽量不要有文字，不要使用海报图

图 5-30 直播封面的优化技巧

2. 内容题材

爆款直播的打造和内容题材的选择也脱不了关系，有很多新手主播不知道该选择什么领域作为直播内容的方向。就算选好了领域，也不知道有哪些方面可作为直播内容的素材。因此，笔者就给大家提供一些直播内容题材的参考，如图 5–31 所示。

品类	参考直播内容	品类	参考直播内容
三农	农村风俗：婚礼、拜年、杀年猪等 农村生活：赶集、干农活、学剪纸、放牧、打野等 农村活动：元宵晚会、花灯、广场舞大赛等 农村美食：特色美食、户外烧烤、家庭聚会等	美食	美食试吃、小食试吃、景点旅游、厨艺展示、美食吃播等
生活	魔术、小窍门、手工制作、花卉知识、玩具测评、生活技巧、垂钓等	科技	开箱测评、手机维修、数码问题解答、软件测评、产品发布会、科学小实验等
旅游	自然风光、古镇街道、景点景区、庆典活动、自驾游、罕见奇观等	文化	讲历史、讲国学、讲传统文化、练字、工匠精神、茶道、文学鉴赏等
情感	生活话题、职场话题、恋爱技巧、婚姻困惑、情感问题等	时尚	化妆、发型设计、护肤保养、服饰搭配、奢侈品鉴赏等
音乐	地方晚会、社区音乐会、室内唱歌、乐器表演、吉他教学等	健康	疾病防控（需要认证行医资质）、健康养护、养生、减肥等
搞笑	脱口秀、幽默笑话、拍摄现场等	汽车	汽车测评、试驾、养护、维修、选购、二手车等
体育	球类运动、晨练、健身、太极拳、棋牌类教学、广场舞、健身操、台球教学等	亲子	育儿知识、早教知识、妇幼保健、幼儿故事、绘画、幼儿营养美食等
财经	不得引入商业化	宠物	猫、狗、爬行动物、昆虫、鸟类等相关直播
影视	互动聊电影、影视类发布会等	教育	K12、奥数、高考、毕业论文等

图 5–31　直播内容题材参考

优质的直播内容或多或少都有以下这些特点，具体内容如下。

(1) 能够引起大多数用户和观众的情感共鸣。

(2) 和日常生活息息相关，或者具有地域性的内容。

(3) 能够激发用户和观众的好奇心和兴趣。

(4) 能够给用户和观众带来强烈的视觉冲击和感官刺激。

(5) 能够抓住用户的痛点，引起用户的欲望。

(6) 能够让用户有所收获，内容比较干货，比如知识分享。

3. 互动能力

要想打造爆款直播，主播需要具有超强的互动能力。只有具备这项能力，你才能充分调动用户和观众的参与积极性，提高直播间的活跃气氛和用户留存率，不至于陷入冷场的尴尬境地。

另外，优秀的互动能力还有利于塑造主播独特的风格，打造特色的直播内容，形成个人 IP。因此，主播要努力提升自己的互动能力。

对于新手主播而言，很大的问题之一就是自己直播时不知道做什么、说什么，以至于不仅吸引不了新的用户成为你的粉丝，还会流失已经进入直播间的用户。所以，主播要随时保持好的互动状态，尽可能地留住直播间的每一位用户。为此，主播可以从以下这些方法来提升自己的互动能力，如图 5-32 所示。

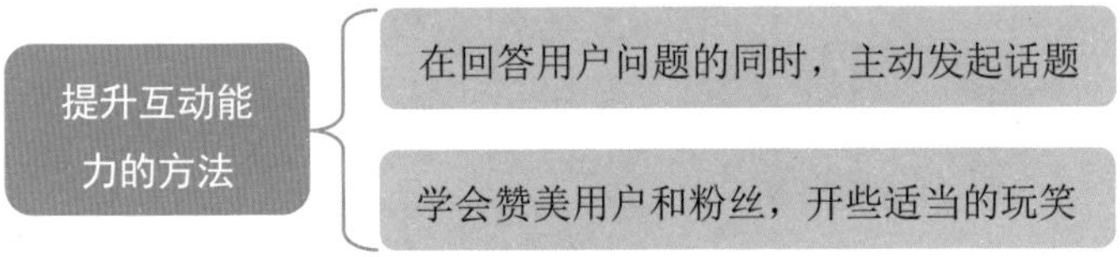
提升互动能力的方法
在回答用户问题的同时，主动发起话题
学会赞美用户和粉丝，开些适当的玩笑

图 5-32　提升互动能力的方法

关于话题的选择，主播可以将以下这些话题作为切入点，如图 5-33 所示。

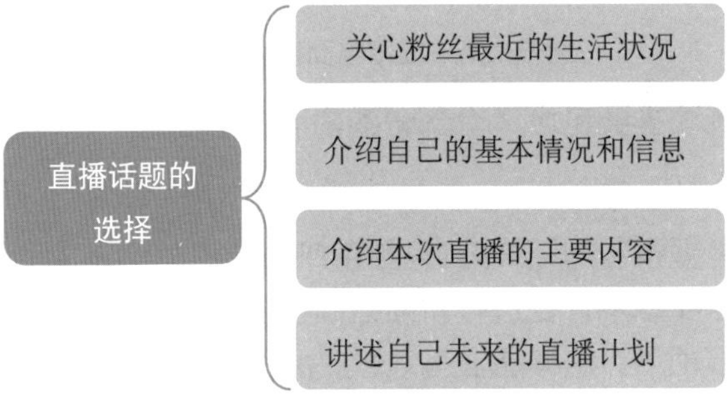
直播话题的选择
关心粉丝最近的生活状况
介绍自己的基本情况和信息
介绍本次直播的主要内容
讲述自己未来的直播计划

图 5-33　直播话题的选择

5.3.2　带货：电商直播的玩法

在头条直播中，主播除了可以给用户和观众提供精彩的直播内容之外，还可以进行直播带货，这就是电商和直播的结合。下面就来讲解电商直播的玩法。

在此之前，先来介绍一下电商直播的优势和爆款电商直播的特点。电商直播的优势主要有以下 4 点，具体内容如下。

(1) 互动性非常强，从而能对用户产生强烈的感染力。

(2) 产品介绍场景化，从而具有很强的真实性。

(3) 直播带货玩法多，从而能够促使用户下单购买。

(4) 用户粉丝黏性高，使得他们的消费欲望更加强烈。

一场爆款电商直播，应该具备以下几个特点，如图 5-34 所示。

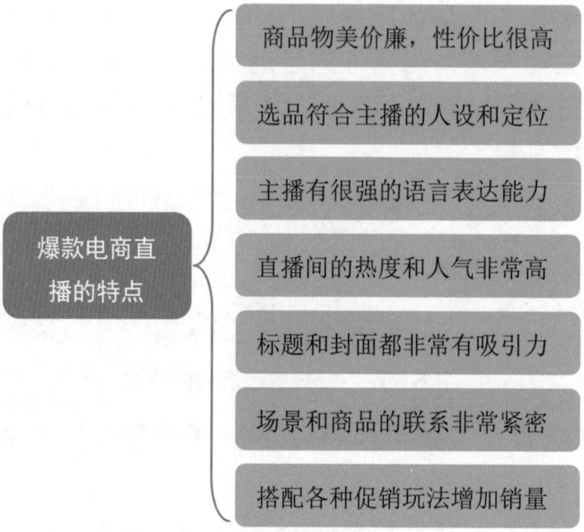
爆款电商直播的特点
商品物美价廉，性价比很高
选品符合主播的人设和定位
主播有很强的语言表达能力
直播间的热度和人气非常高
标题和封面都非常有吸引力
场景和商品的联系非常紧密
搭配各种促销玩法增加销量

图 5-34　爆款电商直播的特点

电商直播的玩法主要包含 7 个部分的内容，下面逐一来进行讲解。

1. 直播预热

前面介绍了直播预告的相关内容，接下来将要讲解的是电商直播的预热技巧。为了提高用户的购买意愿，在进行新品直播带货前，主播可以微头条发布直播预告，对新产品进行预热，这样能够有效地提高新产品的热度和销量。

这就好比那些手机厂商每次开新品直播发布会时，总会提前对新手机的一些产品亮点进行预热一样，是一个道理。

2. 借势营销

所谓借势营销，就是借助热点来营销产品。常见的借势营销手段有节日促销活动，如中秋节促销、国庆节促销和春节促销等。因此，主播可以通过节日来营造产品促销的氛围，以便增加产品的销量。

3. 全面引流

在为直播间进行吸粉和引流时，主播要充分利用所有的流量渠道，尽可能地增加直播间的用户和粉丝。这是因为直播带货的互动性非常强，其用户转化率要比其他的销售模式高。因此，主播要保持较高的直播带货频率，以保证出单量。

4. 营销节奏

主播在直播带货的同时，要把握好营销节奏。这里的营销节奏是指保持商品推广的频率。如果长期不进行商品推广，不仅没有充分利用流量资源，而且还容易导致粉丝黏性的降低。

因此，主播需要做到一个月内至少上新产品两三款，每周至少进行一次直播带货，每天至少发布一到两条带商品链接的微头条推广等，这样不仅能充分地利用流量资源，而且能保持商品的热度。

5. 增加多样性

这里的多样性指的是商品多样性，主播在直播带货的过程中，可以通过更新商品的款式、包装和规格，从而增加商品的销量和复购率。

6. 优惠促销

主播在进行直播带货时，可以通过发放优惠券和降价促销活动来提高用户的转化率，增加商品的订单量。在对商品定价时，要留一定的价格空间为后面的降价促销做准备。另外，优惠券的面额可以大一些，这样才能突出优惠的力度。

7. 推广技巧

在直播带货的过程中，主播要对主推商品进行推广，以求打造爆款。接下来就来给大家提供一些商品推广的技巧，如图 5-35 所示。

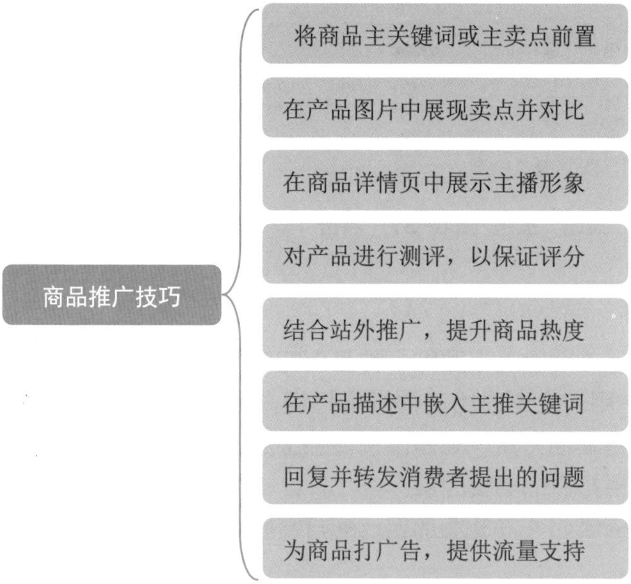

图 5-35　商品推广技巧

5.4　收益：头条直播的变现方式

讲完头条直播的运营技巧，接下来就来介绍头条直播的变现方式。目前，其变现方式主要有 4 种，即直播打赏、直播带货、直播带课和付费直播。在这之前，先来介绍头条直播的充值和提现操作。

主播要想进行充值和提现的操作，可以下载西瓜视频App，登录头条号，在“我的”页面点击“钱包”按钮，如图 5-36 所示。进入“钱包”页面，在这里可以查看钻石余额和可提现的收入。如果创作收入或直播收入大于 1 元，就可以点击右侧的“去提现”按钮进行提现。点击“去充值”按钮，如图 5-37 所示，进入到“充值”页面，即可选择合适的钻石数量进行充值，如图 5-38 所示。

图 5-36　点击“钱包”按钮　图 5-37　点击“去充值”按钮　图 5-38　“充值”页面

5.4.1　打赏：基础的变现方式

直播打赏是主播收入来源的一种基础的变现方式，头条直播平台主播的分成比例为 50%。用户之所以给主播进行打赏，是出于对主播的喜爱和认同。如果用户肯为主播持续地打赏，则是出于情感上的维系。除此之外，用户的荣誉感也是促使其为主播打赏的重要因素。

那么，主播该如何才能增加自己的打赏收入呢？可以从以下几个方面去做，具体内容如下。

(1) 了解平台礼物对应的现金价值，对进行打赏的粉丝表示感谢和关注。

(2) 及时回复用户的弹幕消息，减少用户流失，提高直播间的留存率。

(3) 了解粉丝的黏性程度，知道哪些是一般的粉丝，哪些是忠实粉丝。对此，主播可以根据直播间的互动情况和礼物排行榜来判断，重点维护忠实粉丝。

(4) 主播应该平等对待直播间的每一位用户，不要因为他们的等级不同就区别对待，以免厚此薄彼，导致用户流失。

(5) 主播要提供给用户一个为你打赏的理由，比如帮你冲榜等。

(6) 记住用户和粉丝的相关信息，关心他们最近的状况，让其产生强烈的归属感，增进彼此之间的感情和距离。

(7) 持续不断地生产和输出优质的直播内容，并积极进行互动，增加直播的频率和次数。

5.4.2 带货：火热的变现模式

直播带货是目前非常火热的一种直播变现模式。要想在今日头条上进行直播带货，主播先要开通商品卡功能，而要想申请商品卡功能，则需要满足 3 个申请条件，即加入创作者计划、粉丝数达到 1 万以上、信用分保持 100 分。

那么，商品卡功能的申请入口在哪里呢？打开今日头条 App，在“我的”页面点击“进入”按钮，进入创作者中心，如图 5-39 所示。然后在创作中心的页面点击“创作权益”按钮，如图 5-40 所示。进入“权益中心”页面，在“万粉权益”区域下即可找到商品卡功能的申请开通入口，如图 5-41 所示。

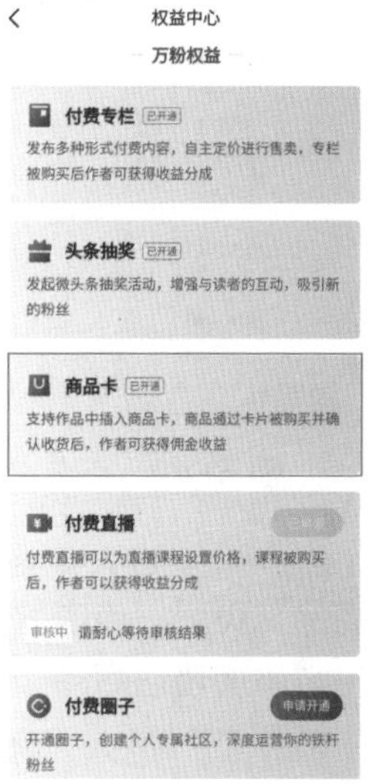

图 5-39 “我的”页面　图 5-40 点击“创作权益”按钮　图 5-41 “权益中心”页面

专家提醒

满足申请条件但未开通商品卡功能的头条号，其商品卡区域的右侧会显示“申请开通”的按钮。点击“申请开通”按钮且审核通过后，会显示“已开通”标签。未达到申请条件的头条号，其商品卡区域的颜色为白色，且右侧不会显示“申请开通”按钮。

开通了商品卡功能后，主播就可以进行直播带货了。下面就来讲解头条直播带货的操作步骤。

步骤 01 在创作者中心的页面点击“发布”按钮，在底部弹出的弹窗中点击“直播”按钮，如图 5-42 所示。接着会弹出免费直播和付费直播两个选项（未开通付费直播功能的头条号，则不会弹出这个弹窗，而直接进入免费直播的页面）。点击“免费直播”按钮，如图 5-43 所示。

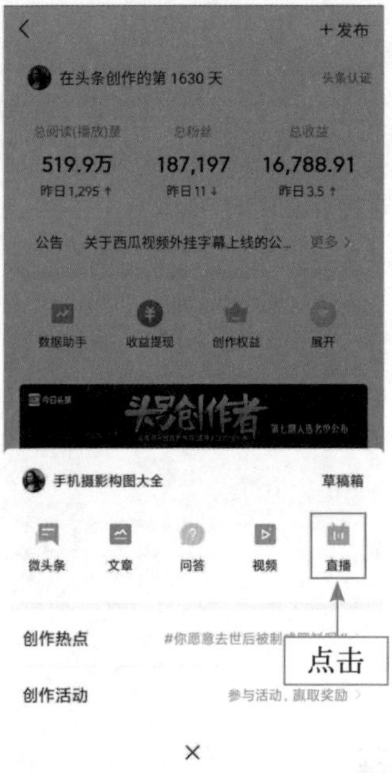

图 5-42 点击“直播”按钮

图 5-43 点击“免费直播”按钮

步骤 02 进入免费直播的页面，点击“商品”按钮，如图 5-44 所示。进入“直播商品”页面，点击“添加”按钮，如图 5-45 所示。弹出“添加商品”弹窗，点击“添加普通商品”按钮，如图 5-46 所示。

步骤 03 进入“添加商品”页面，在选择的商品右侧点击“添加”按钮，如图 5-47 所示。这时点击按钮就可以在“直播商品”页面中看到已添加的商品，如图 5-48 所示。添加完商品后回到免费直播的页面，点击“开始视频直播”按钮，如图 5-49 所示。

步骤 04 执行操作后，在已经开播的页面中点击按钮，如图 5-50 所示。弹出“直播商品”的弹窗，点击“讲解”按钮，如图 5-51 所示。

图 5-44　点击“商品”按钮

图 5-45　点击“添加”按钮

图 5-46　点击“添加普通商品”按钮

图 5-47　点击“添加”按钮

图 5-48　“直播商品”页面

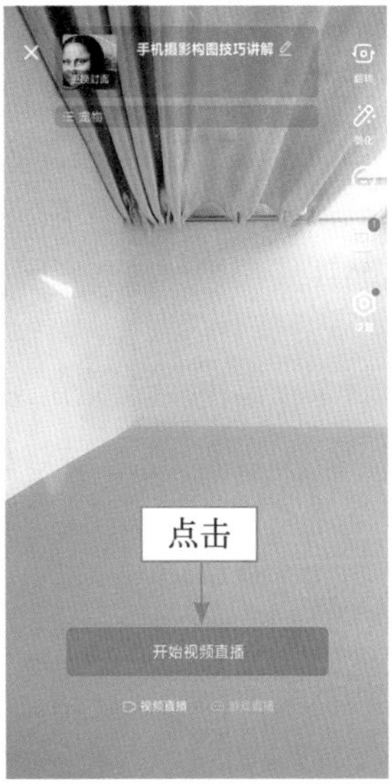

图 5-49　点击“开始视频直播”按钮

图 5-50　点击按钮

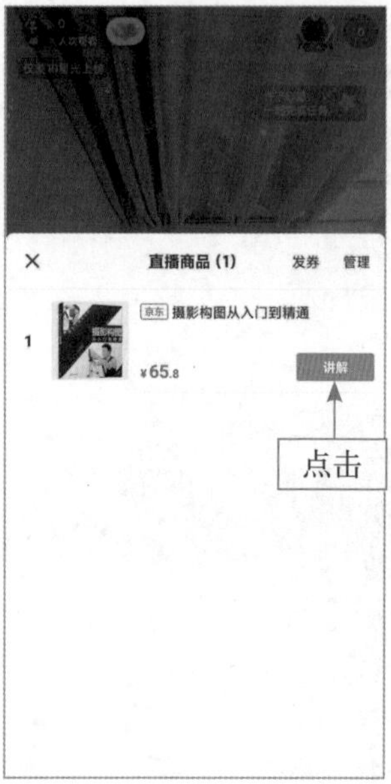

图 5-51　点击“讲解”按钮

步骤 05 执行操作后，主播就可以正式开始讲解和推荐商品了。同时，用户和观众在直播间也可以看到弹出的商品卡片。

5.4.3　带课：通过卖课程变现

在头条直播平台，主播除了可以卖货（普通商品）之外，还可以卖课程（知识付费商品），也就是所谓的直播带课。直播带课和直播带货的操作方法大致相同，前面几步都是一样的。因此笔者不再赘述，直接从进入“直播商品”页面开始介绍。

步骤 01 进入“直播商品”页面，点击“添加”按钮，在底部弹出的“添加商品”弹窗中，点击“添加知识付费商品”按钮。

步骤 02 进入“专栏”页面，在选择的课程右侧点击“添加”按钮，如图 5-52 所示。返回“直播商品”页面，这时就可以看到已添加的商品，如图 5-53 所示。

步骤 03 添加完商品后返回免费直播的页面，点击“开始视频直播”按钮，正式开始直播。

步骤 04 在已经开播的页面中点击按钮，弹出“直播商品”的弹窗，点击“讲解”按钮，如图 5-54 所示。

步骤 05 执行操作后，主播就可以正式开始讲解和推荐课程了。同样，用户和观众在直播间可以看到弹出的商品卡片。

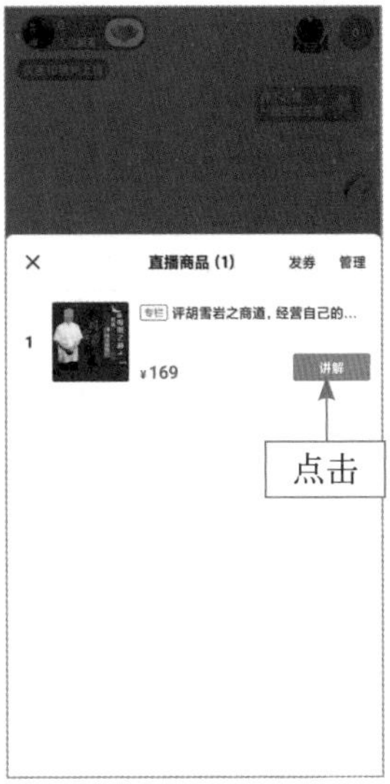

图 5-52　点击"添加"按钮　图 5-53　"直播商品"页面　图 5-54　点击"讲解"按钮

介绍完直播带课的操作步骤之后，为了提高主播直播带课的用户转化率，笔者给大家提供几个直播带课的技巧，如图 5-55 所示。

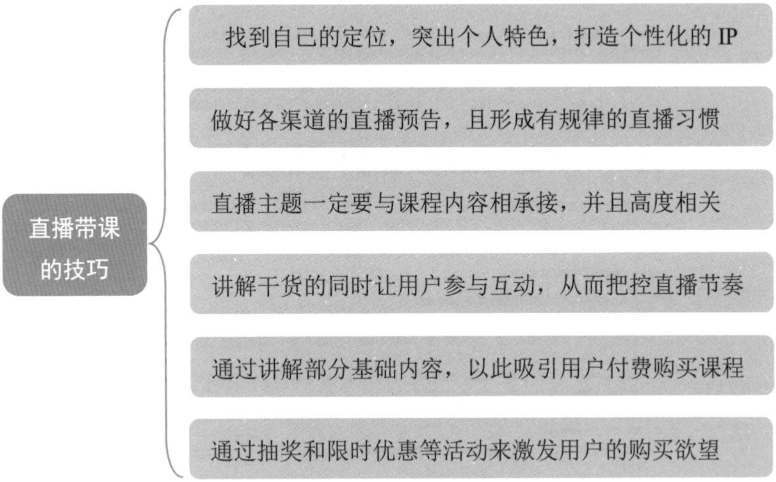

直播带课的技巧
找到自己的定位，突出个人特色，打造个性化的 IP
做好各渠道的直播预告，且形成有规律的直播习惯
直播主题一定要与课程内容相承接，并且高度相关
讲解干货的同时让用户参与互动，从而把控直播节奏
通过讲解部分基础内容，以此吸引用户付费购买课程
通过抽奖和限时优惠等活动来激发用户的购买欲望

图 5-55　直播带课的技巧

5.4.4　付费：花钱观看的直播

头条直播的付费直播功能，可以让主播通过生产优质的直播内容来获得变现，它也是直播常见的变现方式之一。主播利用该功能设置直播内容的价格后，用户

可以试看 3 分钟，然后需要付费才能观看完整的直播内容和回放。

付费直播功能主要有以下几个方面的特色，如图 5-56 所示。

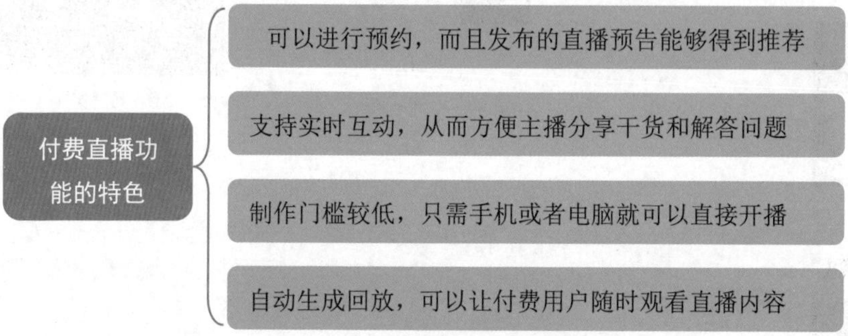

付费直播功能的特色
可以进行预约，而且发布的直播预告能够得到推荐
支持实时互动，从而方便主播分享干货和解答问题
制作门槛较低，只需手机或者电脑就可以直接开播
自动生成回放，可以让付费用户随时观看直播内容

图 5-56　付费直播功能的特色

在进行付费直播时，主播要遵守平台的相关规范，比如不能以任何方式向用户提供联系方式。此外，主播还需遵守付费直播的内容规范，这个主播可在平台规则的《付费直播创作者内容管理规范》中详细了解，如图 5-57 所示。

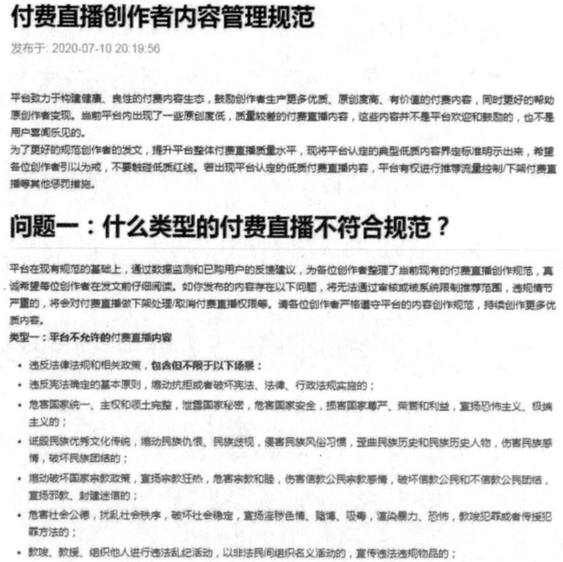

付费直播创作者内容管理规范

发布于: 2020-07-10 20:19:56

平台致力于构建健康、良性的付费内容生态，鼓励创作者生产更多优质、原创度高、有价值的付费内容，同时更好的帮助原创作者变现。当前平台内出现了一些原创度低，质量较差的付费直播内容，这些内容并不是平台欢迎和鼓励的，也不是用户喜闻乐见的。

为了更好的规范创作者的发文，提升平台整体付费直播质量水平，现将平台认定的典型低质内容界定标准明示出来，希望各位创作者引以为戒，不要触碰低质红线。若出现平台认定的低质付费直播内容，平台有权进行推荐流量控制/下架付费直播等其他惩罚措施。

问题一：什么类型的付费直播不符合规范？

平台在现有规范的基础上，通过数据监测和已购用户的反馈建议，为各位创作者整理了当前现有的付费直播创作规范，真诚希望每位创作者在发文前仔细阅读。如你发布的内容存在以下问题，将无法通过审核或被系统限制推荐范围，违规情节严重的，将会对付费直播做下架处理/取消付费直播权限等。请各位创作者严格遵守平台的内容创作规范，持续创作更多优质内容。

类型一：平台不允许的付费直播内容

- 违反法律法规和相关政策，**包含但不限于以下场景：**
- 违反宪法确定的基本原则，煽动抗拒或者破坏宪法、法律、行政法规实施的；
- 危害国家统一、主权和领土完整，泄露国家秘密，危害国家安全，损害国家尊严、荣誉和利益，宣扬恐怖主义、极端主义的；
- 诋毁民族优秀文化传统，煽动民族仇恨、民族歧视，侵害民族风俗习惯，歪曲民族历史和民族历史人物，伤害民族感情，破坏民族团结的；
- 煽动破坏国家宗教政策，宣扬宗教狂热，危害宗教和睦，伤害信教公民宗教感情，破坏信教公民和不信教公民团结，宣扬邪教、封建迷信的；
- 危害社会公德，扰乱社会秩序，破坏社会稳定，宣扬淫秽色情、赌博、吸毒，渲染暴力、恐怖，教唆犯罪或者传授犯罪方法的；
- 教唆、教授、组织他人进行违法乱纪活动，以非法民间组织名义活动的，宣传违法违规物品的；

图 5-57　《付费直播创作者内容管理规范》部分内容

主播要想进行付费直播，就需要先申请付费直播的权限。它和申请开通商品卡功能一样，付费直播也是在今日头条 App 的“我的→创作中心→创作权益→权益中心→万粉权益”页面申请开通。

开通付费直播功能的审核标准主要有以下 4 个，具体内容如下。

(1) 内容优质的头条号。

(2) 账号没有违规记录。

(3) 健康、财经领域需要有相关资质。

(4) 账号类型不是国家机构和其他组织。

付费直播的用户来源按照时间来划分，可分为 3 种类型，如图 5-58 所示。

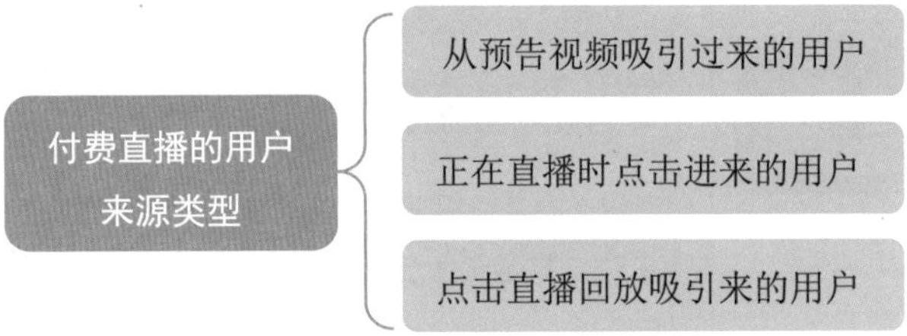

图 5-58　付费直播的用户来源类型

主播在创建好付费直播以后，会获得平台的流量推荐，其流量展位主要有以下这些，如图 5-59 所示。

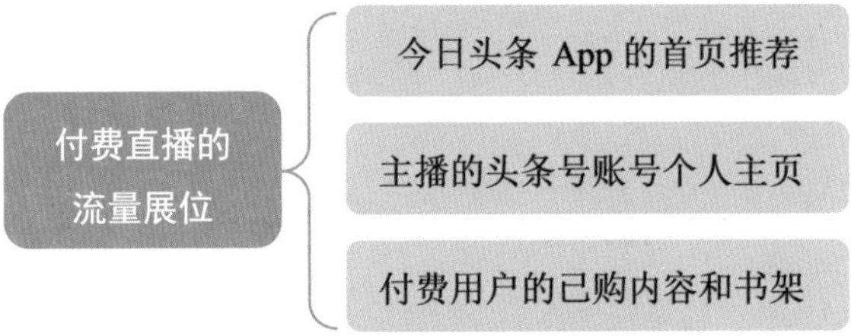

图 5-59　付费直播的流量展位

专家提醒

目前，付费直播不支持在今日头条（极速版）App 和西瓜视频 App 上展示。

在付费直播的推广引流中，预告视频非常重要，它决定了平台的流量推荐。因此，主播在创作和发布预告视频时，要做到以下几点，如图 5-60 所示。

除了在今日头条平台内部进行推广之外，主播还可以将预告视频分享到其他平台，如微信、QQ、微博等，从而吸引更多的流量。

说了这么多，那我们该如何来创建付费直播呢？主播可以登录电脑端的头条号后台，单击“进阶创作”模块下的“付费直播”按钮，如图 5-61 所示。然后在“付费直播”页面单击“创建课程”按钮，如图 5-62 所示。

接着进入“创建课程”页面，按照平台要求填写和设置好基本信息、价格与周期、课程介绍之后，单击“提交”按钮即可创建付费直播。图 5-63 所示为“创建课程”的部分页面。

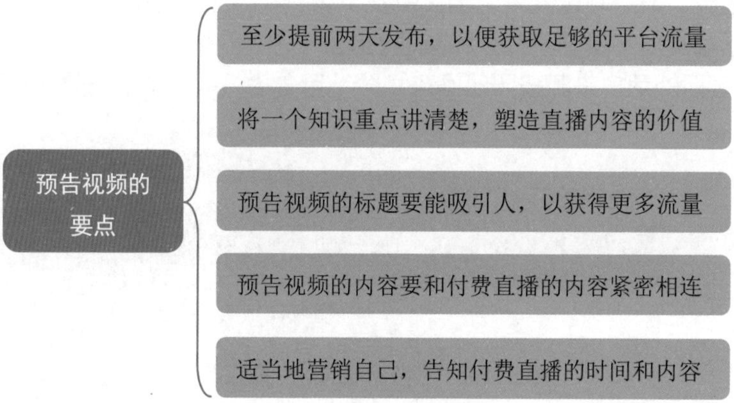

预告视频的要点
至少提前两天发布，以便获取足够的平台流量
将一个知识重点讲清楚，塑造直播内容的价值
预告视频的标题要能吸引人，以获得更多流量
预告视频的内容要和付费直播的内容紧密相连
适当地营销自己，告知付费直播的时间和内容

图 5-60　预告视频的要点

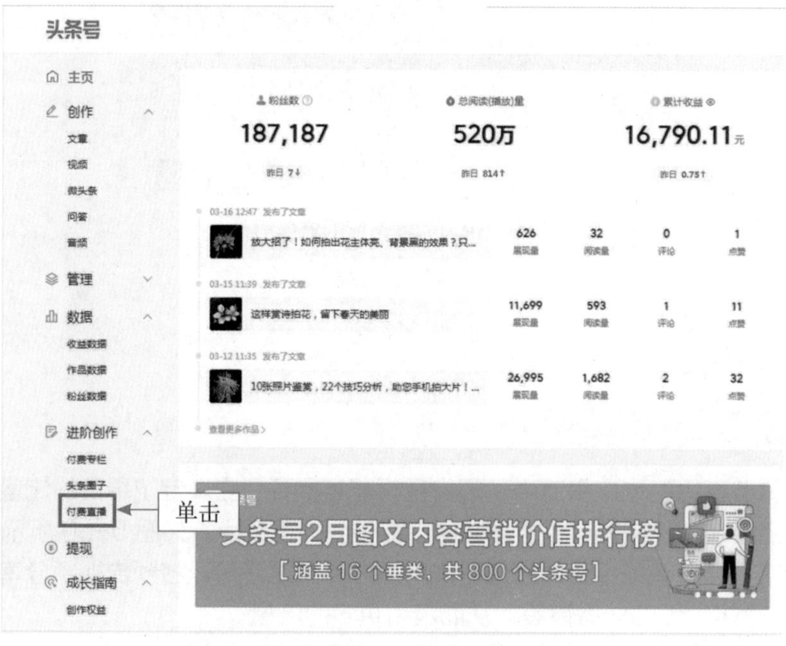

图 5-61　单击“付费直播”按钮

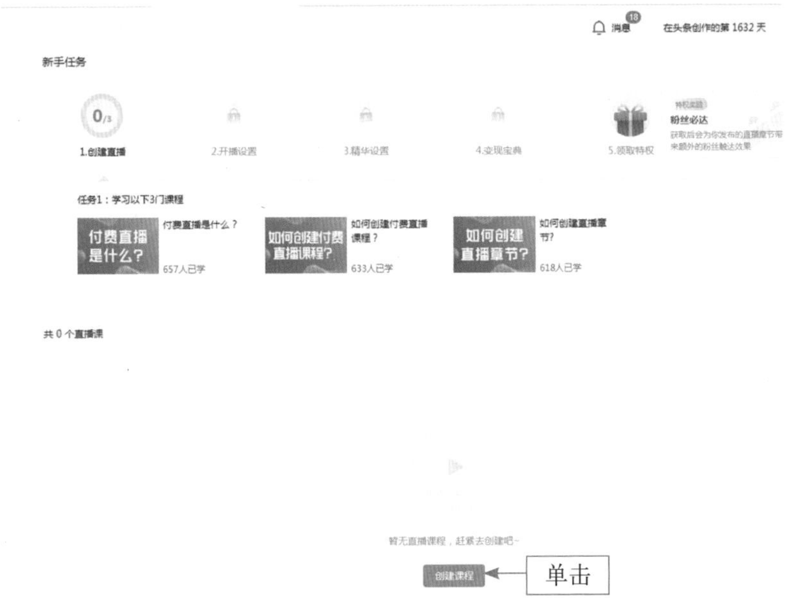

图 5-62　单击“创建课程”按钮

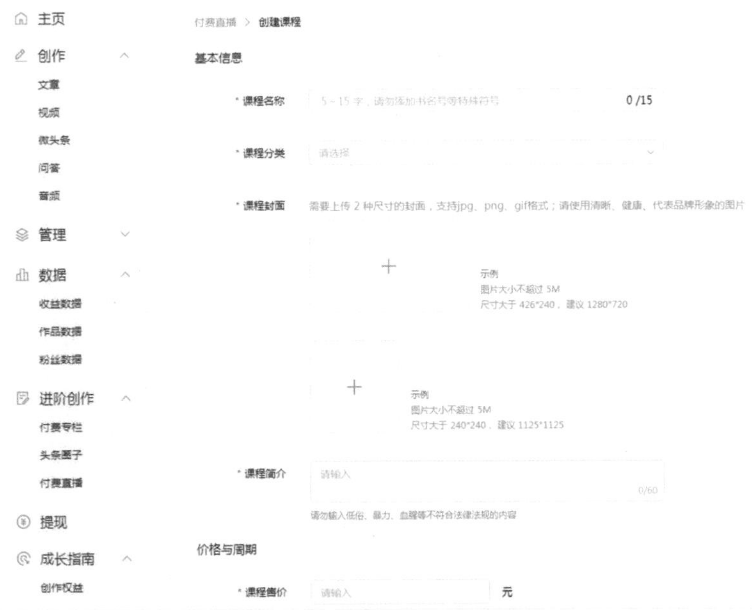

图 5-63　“创建课程”的部分页面

在创建付费直播时，主播需要注意以下几点，如图 5-64 所示。

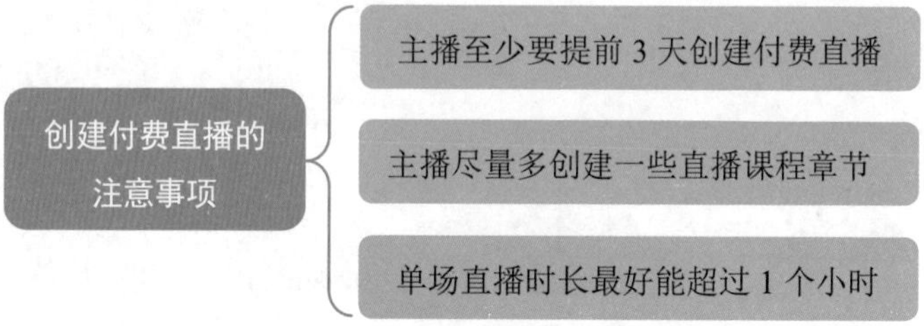

创建付费直播的注意事项
主播至少要提前 3 天创建付费直播
主播尽量多创建一些直播课程章节
单场直播时长最好能超过 1 个小时

图 5-64　创建付费直播的注意事项

在创建直播课程章节，编辑单场直播信息时，主播需要注意以下这些方面，具体内容如下。

(1) 主播至少要提前 2 天来创建直播课程章节。

(2) 付费直播课程章节不能添加其他形式的付费内容。

(3) 付费直播只能在直播开始时间的前 30 分钟后才能直播（例如直播的开始时间为晚上 8 点，则主播只能在 7 点半以后才能进行直播）。

(4) 付费直播只能在早上 8 点到晚上 12 点的时间段进行。

(5) 直播的章节（单场直播）只有通过审核之后，才能直播。

创建好付费直播之后，主播就可以在设定的直播时间内进行直播了。付费直播的操作步骤和免费直播基本一样，主播在弹出的弹窗中选择“付费直播”按钮（见图 5-43 所示的操作步骤），然后进入付费直播开始前的页面，选择开播内容（即创建付费直播时设置好的直播章节），点击“开始直播”按钮即可，如图 5-65 所示。

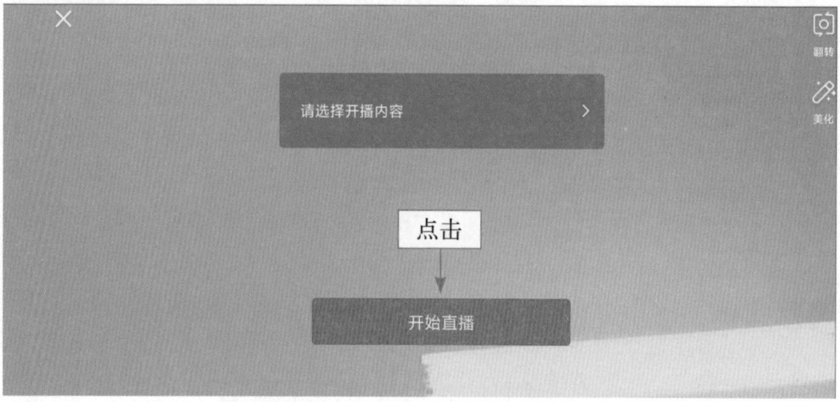

图 5-65　点击“开始直播”按钮

关于付费直播的内容要求，主播需要做到以下 3 点，具体内容如下。

(1) 付费直播的内容要专业有深度。

(2) 内容题材的选取范围尽量广泛。

(3) 内容对用户有用，能解决问题。

主播在进行付费直播的过程中，要尽量避免以下这些行为和情况发生，否则可能会导致断播、封禁付费直播权限和冻结课程收益，如图 5-66 所示。

发生以下情况可能导致断播：

- 直播中出现骂人、对喷现象；
- 直播穿着不得体，过于暴露；
- 长时间播放录制视频，全程无互动；
- 千术、风水、个股、个基推荐、迷信偏方类内容。

发生以下情况可能导致封禁付费直播权限并冻结课程收益：

- 直播涉及黄赌毒宣传和政治时事类内容；
- 调侃英雄人物、污蔑国家形象、恶意唱衰国家经济；
- 鼓吹传播违反法律、违背风序良俗的行为；
- 无故断更，且和官方沟通无果的情况。

图 5-66 直播过程中要避免的行为和情况

另外，主播还有以下两点需要注意，如图 5-67 所示。

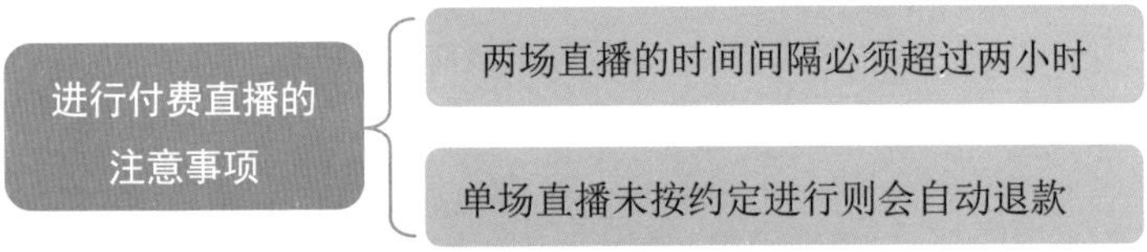
进行付费直播的注意事项
两场直播的时间间隔必须超过两小时
单场直播未按约定进行则会自动退款

图 5-67 进行付费直播的注意事项

为了增加付费直播的曝光量，吸引更多的流量，主播还可以使用平台的“精华功能”进行推广。图 5-68 所示为精华功能的特点。

精华功能是在付费直播中选取精彩的内容部分做成视频、图文或回放片段进行推广，而这样的内容也叫作精华素材。那么，什么样的精华素材才算优质呢?它有以下这些要求，如图 5-69 所示。

在制作精华素材时，主播要注意以下这几点，如图 5-70 所示。

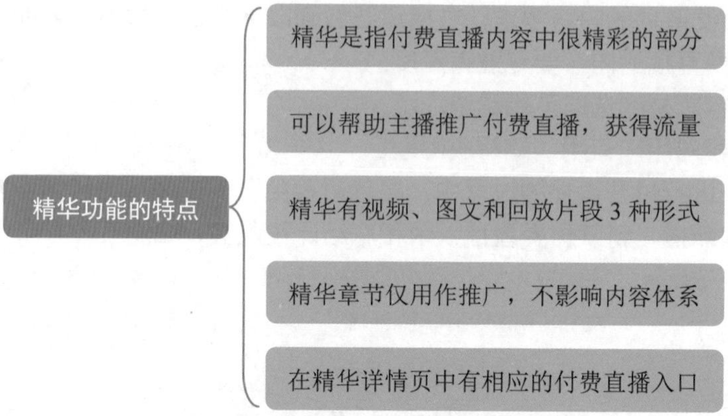

精华功能的特点
精华是指付费直播内容中很精彩的部分
可以帮助主播推广付费直播，获得流量
精华有视频、图文和回放片段 3 种形式
精华章节仅用作推广，不影响内容体系
在精华详情页中有相应的付费直播入口

图 5-68　精华功能的特点

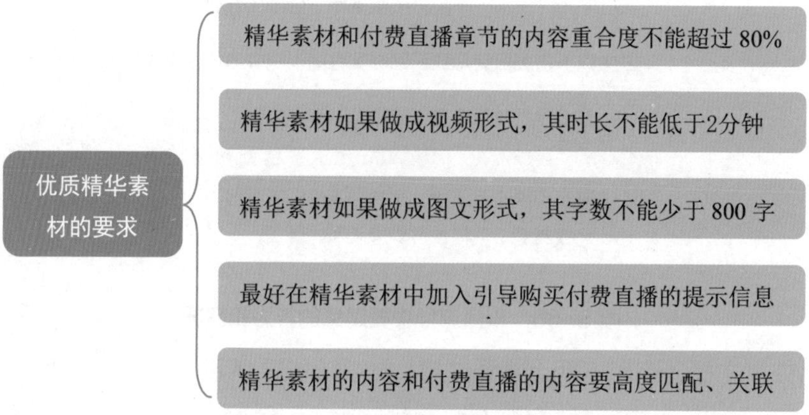

优质精华素材的要求
精华素材和付费直播章节的内容重合度不能超过 80%
精华素材如果做成视频形式，其时长不能低于2分钟
精华素材如果做成图文形式，其字数不能少于 800 字
最好在精华素材中加入引导购买付费直播的提示信息
精华素材的内容和付费直播的内容要高度匹配、关联

图 5-69　优质精华素材的要求

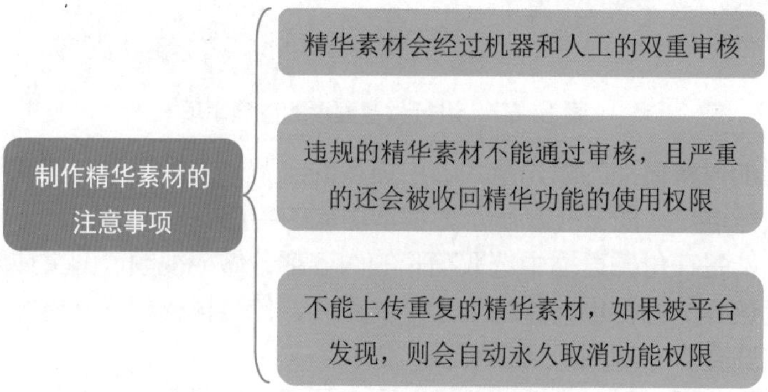

制作精华素材的注意事项
精华素材会经过机器和人工的双重审核
违规的精华素材不能通过审核，且严重的还会被收回精华功能的使用权限
不能上传重复的精华素材，如果被平台发现，则会自动永久取消功能权限

图 5-70　制作精华素材的注意事项

另外，笔者还要补充一点，主播在申请付费直播权限时，如果审核没有通过，

主播可以参考以下这些申请失败的原因，如图 5-71 所示。

申请失败原因	对应的审核要求	详细标准
提交的专业资质不符合平台规范	财经/健康账号需要满足付费内容资质要求	参考财经资质上传规范、健康资质上传规范
发文质量不够稳定	人工综合评审账号图文/视频发文优质	优质内容标准可参考：优质内容评定标准
内容暂不适合付费	账号已有内容适合付费直播	可参考内容管理规范
账号有违规记录	账号无抄袭、发布不雅内容、违反国家政策法规等违规记录	点击链接查看申诉方式，**所有违规申诉成功后，可重新申请权限**
发文存在版权风险	账号已有内容需为原创/获得授权	游戏/影视解读等内容不适合开通付费直播
账号名或简介不符合平台规范	账号名或简介需要符合平台要求	账号名字/简介出现不规范用语、竞品引流、私人电话等无法通过权限审核

图 5-71　申请付费直播权限失败的原因

5.5　帮助：联系官方的工作人员

当主播的头条直播运营发展到一定程度时，今日头条的官方工作人员就会主动联系你，并在某个领域为你提供帮助，他们会通过头条私信、短信和电话等方式和你取得联系。但是，主播需要注意的是，在收到这类消息之后，要先辨别消息的真伪，确定对方的身份，不要轻易相信对方，以免上当受骗。

主播在遇到不同问题时，需要咨询不同业务的工作人员。笔者总结了不同类型的问题对应的咨询对象，如图 5-72 所示。

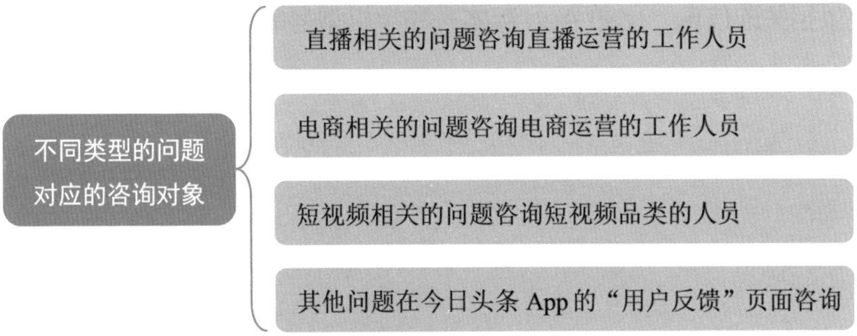

不同类型的问题对应的咨询对象
直播相关的问题咨询直播运营的工作人员
电商相关的问题咨询电商运营的工作人员
短视频相关的问题咨询短视频品类的人员
其他问题在今日头条 App 的“用户反馈”页面咨询

图 5-72　不同类型的问题对应的咨询对象

用户反馈的入口，笔者在第 1 章就已经讲过，这里不再赘述。在“用户反馈”页面的“问题分类”模块右侧点击“更多”按钮，就可以进入“问题分类”页面，如图 5-73 所示。还可以在“用户反馈”页面点击“在线咨询”按钮，进入头条在线客服的咨询页面进行咨询，如图 5-74 所示。

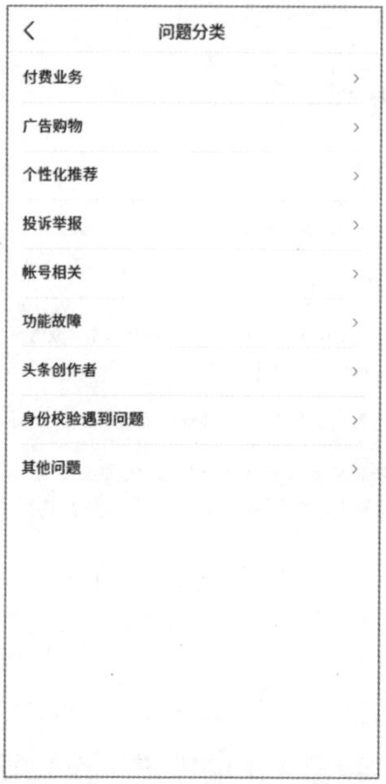

图 5-73　“问题分类”页面

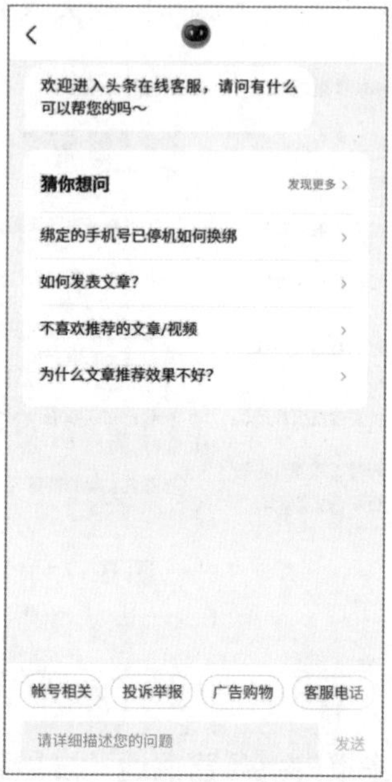

图 5-74　头条在线客服咨询页面

主播在和官方工作人员进行沟通、反馈问题时，要注意以下两个方面，从而实现高效沟通，更好地解决自己所遇到的问题，具体内容如下。

(1) 尽量用文字进行沟通，并且语言表达清楚。

(2) 遇到平台系统出现的技术问题，要详细地描述问题并提供相应的截图，还要提供相关的信息，比如 App 版本号和手机型号等。

第 6 章

图文：如何打造百万阅读的文章

头条运营者的内容创作方向主要有两个，一个是图文，另一个是短视频。今日头条的图文内容包括文章和微头条。本章就来介绍头条号文章和微头条内容的写作技巧，以及相关的注意事项，帮助大家打造百万阅读的文章内容。

6.1 图文：打造优质的爆文内容

在今日头条平台上，图文内容是其中的一种极为重要的内容形式，由于其发布简单，因此受到众多头条号作者和运营者的青睐。而要想吸引更多的用户，无论是从系统的审核还是从用户的阅读体验来说，都需要运营者创作出优质的内容。本节就从这一方面出发，介绍创作优质内容的注意事项和方法技巧。

6.1.1 规范：内容格式的注意事项

俗话说：“没有规矩不成方圆”，今日头条的内容推送也是如此，它是有着一定的规范的，不能任由账号管理者和运营者随意操作。只有符合平台规范的内容，才能保证其质量并推广开来；不符合规范的推送内容，是不能通过审核或被推荐的，甚至还可能因为严重违规而被封禁。

因此，运营者在今日头条平台上发文时，会发现图文编辑页面右上角有一个“发文规范”按钮。单击该按钮进入相应页面，在该页面说明了在平台上发文的格式和内容方面的规范，如图 6-1 所示。

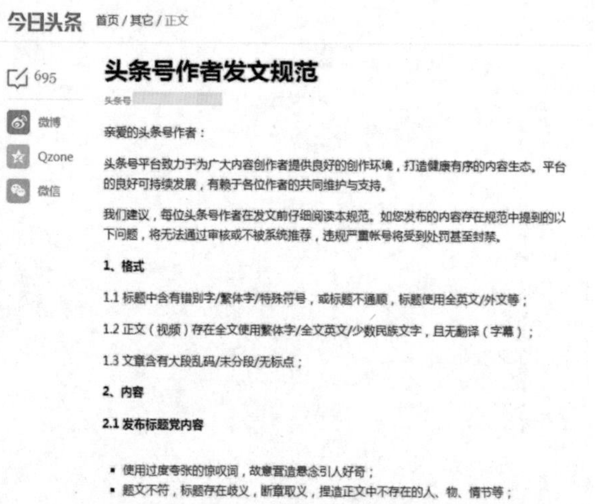
今日头条 首页 / 其它 / 正文

695
微博
Qzone
微信

头条号作者发文规范

头条号

亲爱的头条号作者：

头条号平台致力于为广大内容创作者提供良好的创作环境，打造健康有序的内容生态。平台的良好可持续发展，有赖于各位作者的共同维护与支持。

我们建议，每位头条号作者在发文前仔细阅读本规范。如您发布的内容存在规范中提到的以下问题，将无法通过审核或不被系统推荐，违规严重帐号将受到处罚甚至封禁。

1、格式

1.1 标题中含有错别字/繁体字/特殊符号，或标题不通顺，标题使用全英文/外文等；

1.2 正文（视频）存在全文使用繁体字/全文英文/少数民族文字，且无翻译（字幕）；

1.3 文章含有大段乱码/未分段/无标点；

2、内容

2.1 发布标题党内容

- 使用过度夸张的惊叹词，故意营造悬念引人好奇；
- 题文不符，标题存在歧义，断章取义，捏造正文中不存在的人、物、情节等；

图 6-1 头条号作者发文规范（部分）

由图 6-1 可知，发布头条号内容应该注意两个方面的规范，具体内容如下。

1. 内容格式

运营者在今日头条平台上发文，注意格式的正确性非常重要，尤其是在移动互联网时代，平台后台排版最初的效果与显示在手机终端屏幕上的效果是完全不同的。在这样的情况下，如果在格式不正确的情况下推送出去，例如段落划分不明确、缺少标点等，就有可能完全改变了文章布局。

(1) 标题格式。

人们常说，“眼睛是心灵的窗户”，标题就如同文章的眼睛。通过标题，用户可以清楚地感知文章的内涵和运营者所要表达的意思，因此在撰写标题时要格外注意。当然，这里说的是基本格式上的问题，而不是说标题应该如何出彩。从格式上来说，今日头条平台上推送内容的标题，应该注意以下 5 个问题，如图 6-2 所示。

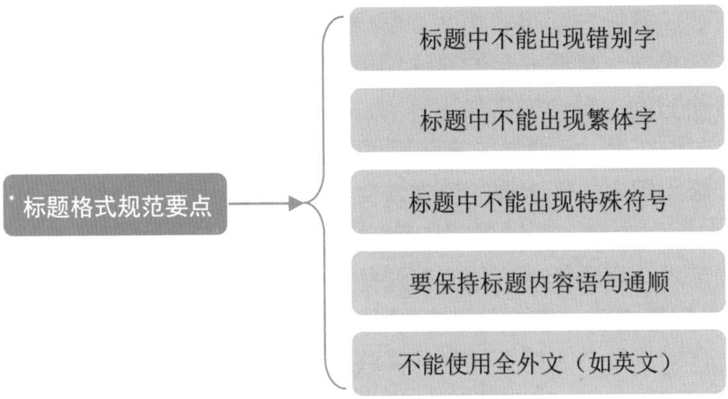
标题格式规范要点
标题中不能出现错别字
标题中不能出现繁体字
标题中不能出现特殊符号
要保持标题内容语句通顺
不能使用全外文（如英文）

图 6-2　标题格式规范要点

(2) 正文段落格式。

运营者在发布文章的过程中，要注意今日头条发文的段落格式。这里主要介绍 3 种不能出现的情况，具体如图 6-3 所示。

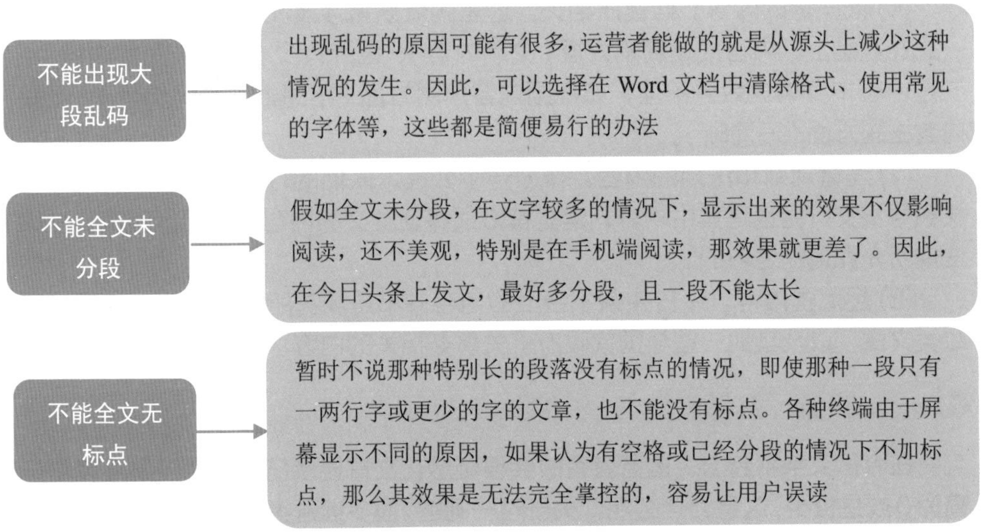
不能出现大段乱码
出现乱码的原因可能有很多，运营者能做的就是从源头上减少这种情况的发生。因此，可以选择在 Word 文档中清除格式、使用常见的字体等，这些都是简便易行的办法
不能全文未分段
假如全文未分段，在文字较多的情况下，显示出来的效果不仅影响阅读，还不美观，特别是在手机端阅读，那效果就更差了。因此，在今日头条上发文，最好多分段，且一段不能太长
不能全文无标点
暂时不说那种特别长的段落没有标点的情况，即使那种一段只有一两行字或更少的字的文章，也不能没有标点。各种终端由于屏幕显示不同的原因，如果认为有空格或已经分段的情况下不加标点，那么其效果是无法完全掌控的，容易让用户误读

图 6-3　今日头条发文的段落格式要注意的问题

(3) 正文文字格式。

在正文文字格式方面，与标题中的部分内容相似，如全部内容使用繁体字、外语（如英语）和少数民族文字等，这种情况是不允许的。当然，这里的内容包括视频内容，且在视频内容中，除了上述情况外，还不能出现没有翻译成汉字的字幕。

2. 发文内容规范

运营者在保证格式正确的情况下，还要保证推送内容上的规范。相较于格式而言，内容要注意的方面明显更多。要想把这些规范熟练掌握，并在运营中能得心应手地进行操作，掌握一定的方法和更加具体的内容是必要的。发文内容规范主要包括 8 个方面，具体内容如下。

(1) 标题党内容。标题党内容包括两种，一是题文不符，二是过度夸张，它们都是为了吸引用户，而出现的违规发文行为。

(2) 色情低俗内容。通过各式内容对性部位和性行为进行表述、展示，或者低俗下流的艺术、声乐作品，都应该避免在内容中出现、涉及。

(3) 广告信息内容。在今日头条平台上，发布广告信息是正文内容要避开的一大行为，特别是与个人相关的各种关联账号信息、商品信息等。

(4) 过时重复内容。如果运营者发布的是具有时效性的内容，即使那些内容还具有一定意义，其发布方式也不能随意选择，最主要的是不能把它当作新近发生的内容来写。

(5) 不真实的内容。这里的不真实不单是指那些与现实生活的事实不符的，还包括那些没有发生过的、随意捏造的内容，这也是头条号作者要注意规避的。

(6) 低质量的内容。与优质相关，这里的低质量涉及文章、视频和图片等。一是在数量上，内容或是篇幅太短（文字内容）、图片太少（图片或图集内容）；二是内容本身表达效果不佳，如视频内容声画方面（不清晰、不同步等）、图集内容主题方面（不清晰）。

(7) 违背规则和法规的内容。作为一个公民，人们的行为应该合理合法，而头条号发文行为也是其中一种，运营者必须保证发文的内容是在现行政策、法律法规所允许范围之内的。

(8) 超范围内容。今日头条平台上的内容并不是涵盖所有领域的，如评论时政类文章，以及其他一些与国家政府机关事务相关的内容。

6.1.2 限流：推荐量为 0 的情况

在今日头条平台上，运营者有时会很疑惑：文章显示已发表，但是推荐量一直为 0 或是极少，这是为什么呢？关于这一问题，很多运营者可能都会遇到。其实，归根结底，还是因为推送的内容与上面讲述的众多规范存在相抵触的地方。下面，笔者就为大家展示其中 10 种比较常见的原因，具体内容如下。

(1) 标题。可能使用了明显夸张、太绝对化的词汇，如“惊现”“100%”等。

(2) 抄袭。文章不是原创，而是直接复制粘贴的，所以没有推荐量。

(3) 图片数量。图片的数量太多，也会影响推荐量。特别是一些与摄影相关的头条号，因此要将图片控制在一定数量范围内。

(4) 文章字数。以文字为主体的文章，当字数少于 200 时（诗歌、短新闻除外），考虑到提供的有效价值可能太少，推荐量也可能为 0。

(5) 错别字。用户如果看到一篇错字连篇的文章，那一定是没有什么好感的。同时，错别字太多也会影响机器判断，因而也可能导致推荐量为 0。

(6) 敏感词汇。今日头条中的敏感词汇是指有关政治、军事和色情等方面的词汇，一旦出现，推荐量也会为 0。

(7) 广告。头条号文章是要求不能出现明显的广告推广信息的，因此一旦植入这样的信息，推荐量同样会为 0。

(8) 图片水印。水印一般是运营者为推广自身账号或产品而打上的标签，因此图片上的水印如果与头条号无关的话，也是会影响推荐量的。

(9) 图片重复。如果插入的图片是从网络上下载的，那么所选择的图片有可能已经被重复使用了多次，难以规避机器的检测，使得推荐量结果为 0。

(10) 图片连成一片。有些文章可能全部是由图片组成的，这样的话，在没有设置好间距的情形下，展示出来的效果就会连成一片长图。考虑到用户的阅读体验，所以系统会将该文章限流，不予推荐。

6.1.3 情感：表达出内容感染力

在今日头条号中，如果作者撰写的内容只是对一些要素的苍白无力的罗列，可想而知其内容在推广和宣传效果上必然是失败的，原因就在于缺乏感染力。

所谓“感染力”，简单地说，就是内容中所蕴含的能引起别人共鸣和产生激励作用的能力。可见，从感染力方面来讲，其中最重要的是情感方面的感染和延伸。通俗地说，运营者可以对用户打感情牌。

当然，社会生活中最具感染力的感情无非是亲情、友情和爱情，它们是人们意识世界里最重要的 3 个情感话题。运营者恰好可以从这 3 个话题中任选一个进行切入，其内容的感染力自然就会随着提升。

要最大限度地表达出内容的感染力，运营者应该注意以下 3 个方面的问题，如图 6-4 所示。

除了图 6-4 中提及的注意事项外，运营者还可以通过遣词造句来增强头条文章的感染力。而精彩的文章内容就是通过一字一句的仔细斟酌和推敲构成的，特别是对常见的 3 种词类，更是要力求贴合表达对象，具体如下。

- 名词：正确地描述产品和事物名称。
- 动词：形象生动地描述动作的发生。
- 形容词：鲜明地描述目标物的性质。

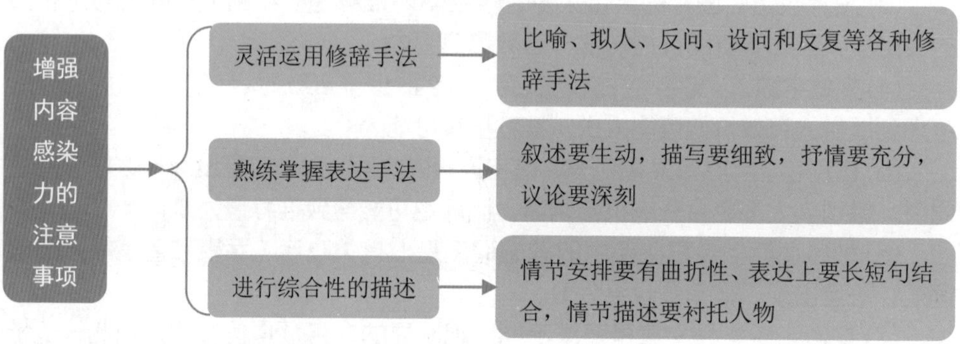
增强内容感染力的注意事项
灵活运用修辞手法
比喻、拟人、反问、设问和反复等各种修辞手法
熟练掌握表达手法
叙述要生动，描写要细致，抒情要充分，议论要深刻
进行综合性的描述
情节安排要有曲折性、表达上要长短句结合，情节描述要衬托人物
图 6-4　增强内容感染力的注意事项

6.1.4　场景：场面描写的方法

在撰写内容时，仅仅是具有了感染力还是不够的，它在表述时还要有场景感。也就是说，在场面描写方面，要求呈现给用户的是一个在阅读时能完整地浮现在用户脑海中生动而真实的场景。

所谓“场面描写”，即处在特定时间和环境中的人和物，在各种因素的作用下所形成的相互之间的关系和生活、运动状态。在今日头条平台上，运营者应该熟练掌握场面描写的相关知识，具体内容如下。

1. 两种场面描写方法

运营者要想充分而真实地展现某一场景画面，可以采用鸟瞰和特写这两种方法来进行描写。

(1) 鸟瞰式。这是一种从高处往低处看的观看方式，在描写上体现为具有全局和整体观念，具体介绍如图 6-5 所示。

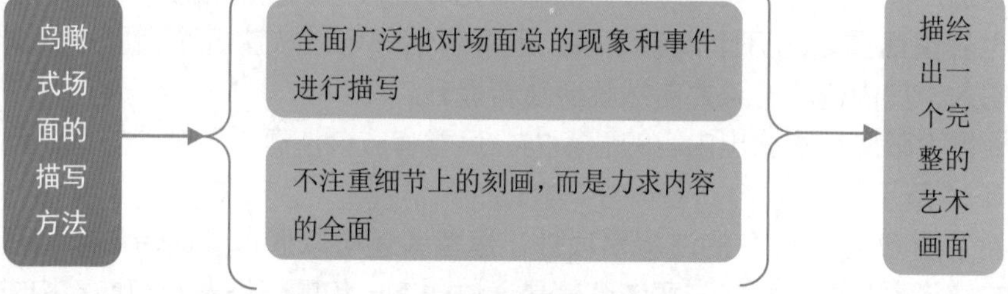
鸟瞰式场面的描写方法
全面广泛地对场面总的现象和事件进行描写
不注重细节上的刻画，而是力求内容的全面
描绘出一个完整的艺术画面
图 6-5　鸟瞰式场面的描写方法

(2) 特写式。这是一种与鸟瞰式截然相反的场面描写方法。它更注重对部分场景进行放大而细致的描述，特别是对其中具有代表性的场景，更是要进行重点突出式的描写。

2. 两大角度提升体验

内容的场面描写，还应该考虑其在用户阅读体验方面的影响。如果想要既实现清晰的场面描写又能让用户阅读更方便，就需要创作者在以下两个方面高度重视。

(1) 细节丰富。在撰写过程中尽可能进行详细丰富的描写，而不是让用户去慢慢猜测，即使是鸟瞰式，也应该对整体的细节有一个大致的呈现。

(2) 配图多。对于场面描写来说，利用图片可以让用户更真实和清楚地感受到其中的关系和氛围，且这种方式还能提供给用户更丰富的图片信息。因此，它是提升用户阅读体验的关键途径之一。

6.1.5 价值：内容对用户的作用

优质的内容除了要提及需要宣传的内容外，还要充分体现以下 4 个价值，才能起到宣传的作用和增加其阅读性，从而让用户在阅读文章时感到愉悦。

1. 新闻价值

内容的新闻价值指把需要宣传的点附着在某个新闻内容中，能让用户阅读内容时了解其中的宣传点或表达的寓意。这样的文章，用户乐于阅读，内容转化率也高，而且很容易被搜索引擎收录，从而增加曝光量，如图 6-6 所示。

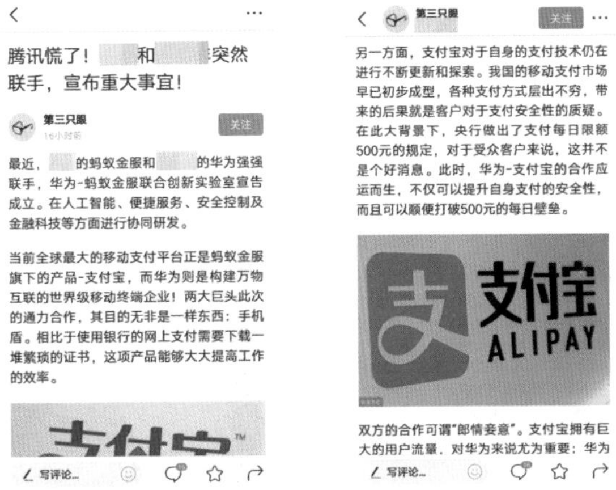
腾讯慌了！和突然联手，宣布重大事宜！
第三只眼
关注
最近，的蚂蚁金服和的华为强强联手，华为-蚂蚁金服联合创新实验室宣告成立。在人工智能、便捷服务、安全控制及金融科技等方面进行协同研发。
当前全球最大的移动支付平台正是蚂蚁金服旗下的产品-支付宝，而华为则是构建万物互联的世界级移动终端企业！两大巨头此次的通力合作，其目的无非是一样东西：手机盾。相比于使用银行的网上支付需要下载一堆繁琐的证书，这项产品能够大大提高工作的效率。
写评论...
第三只眼
关注
另一方面，支付宝对于自身的支付技术仍在进行不断更新和探索。我国的移动支付市场早已初步成型，各种支付方式层出不穷，带来的后果就是客户对于支付安全性的质疑。在此大背景下，央行做出了支付每日限额500元的规定，对于受众客户来说，这并不是个好消息。此时，华为-支付宝的合作应运而生，不仅可以提升自身支付的安全性，而且可以顺便打破500元的每日壁垒。
支付宝
ALIPAY
双方的合作可谓"郎情妾意"。支付宝拥有巨大的用户流量，对华为来说尤为重要：华为
写评论...

图 6-6　具有新闻价值的内容

2. 学习价值

内容的学习价值是指要宣传的点是附着于某个知识点或知识体系上的，能够

让用户阅读文章时获得知识。这样的文章，针对的知识面比较狭窄，对于不需要此类知识的用户就会缺少吸引力。不过一旦用户正好是需要这类知识的，那么文章的宣传效果就会大大提升。

图 6-7 所示为“手机摄影构图大全”头条号发布的关于摄影构图的文章。在其中，用户可以学习到拍摄人像的许多技巧。

摄影教程：20个人像摄影构图技巧免费分享，别错过！
手机摄影构图大全
4月21日
这期文章，原本之前写的。今天发出，刚好周末，大家可以野外试拍下。
其中有一种构图，在与各种构图结合中，使用频率非常高，大家用心看一下，是哪一种？
构图君（V：手机摄影构图大全）曾无数次给大家推荐过，可谓万能构图之一，拍出的片子能给人惊喜。
每张图片都有各自的亮点，这次从亮点出发，我们就可以剖析出其中的构图方式，并加以学习利用。
写评论...
手机摄影构图大全
8.8万粉丝
1、逆光+倒影+仰拍
【最大亮点】：
（1）采用了逆光拍摄，暗部比例增大，细节部分被阴影遮盖，被摄体以简洁的线条凸显在画面中。
（2）倒影的运用还使得人物与环境相呼应，视觉上因为错觉的原因也变得更为壮阔，空间更宽阔。
（3）再利用仰拍的拍摄角度，从下往上拍
写评论...
手机摄影构图大全
8.8万粉丝
4、俯拍+色调+斜线
【最大亮点】：
（1）非常直观的一个大俯拍，俯拍可以使人物看起来更加娇小可爱。而且这是非常显瘦的一个拍摄角度哦！微胖的妹子也不用担心上镜不好看啦！
（2）图片中枯黄的落叶和被摄者的衣服、头发色调相似，使观赏者在欣赏照片时感到很舒服，色调不会显得突兀。
写评论...

图 6-7　具有学习价值的文章

3. 实用价值

内容的实用价值是指用户看过文章之后，能够改善用户生活的某一方面或者能给用户带来某些实际用处，如图 6-8 所示。

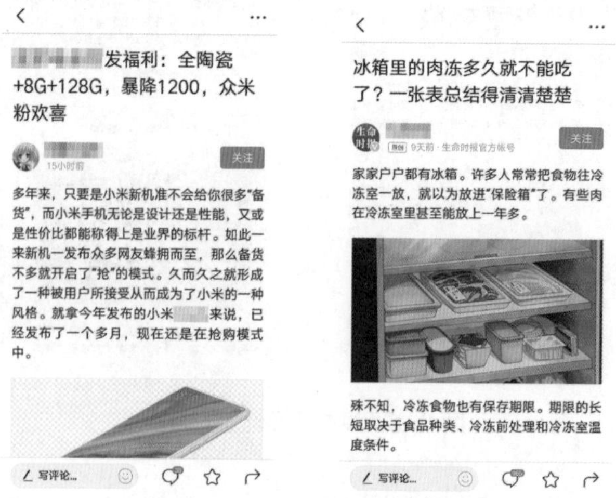
发福利：全陶瓷+8G+128G，暴降1200，众米粉欢喜
15小时前
关注
多年来，只要是小米新机准不会给你很多“备货”，而小米手机无论是设计还是性能，又或是性价比都能称得上是业界的标杆。如此一来新机一发布众多网友蜂拥而至，那么备货不多就开启了“抢”的模式。久而久之就形成了一种被用户所接受从而成为了小米的一种风格。就拿今年发布的小米　来说，已经发布了一个多月，现在还是在抢购模式中。
写评论...
冰箱里的肉冻多久就不能吃了？一张表总结得清清楚楚
9天前 · 生命时报官方帐号
关注
家家户户都有冰箱。许多人常常把食物往冷冻室一放，就以为放进“保险箱”了。有些肉在冷冻室里甚至能放上一年多。
殊不知，冷冻食物也有保存期限。期限的长短取决于食品种类、冷冻前处理和冷冻室温度条件。
写评论...

图 6-8　具有实用价值的文章

这样的内容转化率极高，用户往往对文章中提到的内容比较重视，愿意通过搜索引擎搜索相应的关键词了解相关信息。

4. 娱乐价值

内容的娱乐价值是指把某个娱乐点或者搞笑点加入到文章中，能够让用户在娱乐中不知不觉地接受宣传。当然，相对于具有其他价值的文章来说，其宣传效果可能会差一些，用户往往不会太在意。

6.1.6 定位：从不同角度来描述

对于企业而言，在进行内容推广的过程中，可以从“定位到使用情景”来撰写文章，从而更好地被用户所理解。因为面对产品，可以从以下3种角度来描述。

- 当被要求描述一款产品时，大部分人首先会想到，“这一个××”（定位到产品属性）。
- 然后会想到，“这是一款专门为××人群设计的产品！”（定位到人群）。
- 最后会想到，“这是一款可以帮你做××的产品”（定位到使用情景）。

实际上，针对互联网产品的特点（品类复杂、人群分散），企业应该更多地把产品定位到使用情景上。

比如企业描述一款产品为“这是一款智能无线路由器！”（产品类别），用户不一定会知道这具体是做什么的。但是如果企业描述说，“你可以在上班时用手机控制家里路由器自动下片”（使用情景），很明显有需求的用户就容易心动。

所以，在此，最重要的并不是“我是谁”的问题，而是“我的消费者用我来做什么？”的问题。可见，用“定位到使用情景”的方式来撰写文章，是非常有必要的，且效果非常显著。

6.1.7 借鉴：通过竞争来做宣传

沙丁鱼性喜密集群栖，而且有不爱动的惰性，当它们被捕捞上船之后，常常因为挨得太紧而窒息。由于渔船每次出海的时间都比较长，少则两三天，多则六七天，所以等到归来时，大多数沙丁鱼早已经死了，而死的沙丁鱼价格要低很多。渔民们想了无数的办法，但都失败了。

然而，令人奇怪的是，有一条渔船总能带回来比别人更多的活鱼上岸，由于活鱼比死鱼贵出好几倍，这条渔船自然大赚其钱。人们纷纷猜测：原因何在？这条渔船的内部有什么秘密吗？可是对这个问题，渔船的船长却一直三缄其口，人们也始终百思不得其解。

直到这位船长去世之后，人们才终于发现了他成功的秘密。他们打开渔船上的鱼槽，发现与其他渔船上的鱼槽不同的是，里面多了几条大鲶鱼。原来，鲶鱼来到一个陌生的环境之后，会四处游动，到处挑起摩擦。而习惯群栖的沙丁鱼受到这个“异类”的冲击，自然也会变得紧张起来，四处游动，这样就大大提高了捕捞上来的沙丁鱼的成活率。

后来，人们就从这个故事里总结出了一条规律，这就是“鲶鱼效应”：通过引入外界的竞争者，往往能激发内部的活力。今日头条的内容创作也是一样，从竞争对手那里获得灵感，也是撰写优质内容的招数之一。

从消费者的角度来说，他们总是喜欢拿不同的产品进行比较，因此企业在利用内容宣传时，需要明确两个问题：

- “消费者会拿产品跟什么对比？”
- “我的竞争对手到底都有谁？”

在无数的行业创新产品的时候，都会涉及这样的竞争对手比较，企业只要运用得当，就能很好地进行内容营销。

由此可见，企业构思好的内容，实现好的宣传，先找到企业产品真正的竞争对手，才能成功地运营内容。那么，企业应该怎么做呢?

(1) 访问对手头条号和其他网站。所谓知己知彼，百战不殆，经常访问对手可以时刻了解其动向，然后结合自身情况，做出运营调整。

(2) 对比双方产品。企业可以将同行业产品放在一起进行对比，突出自己产品的优势，无形中推荐自己的产品。

6.2 微头条：打造爆款的短内容

在日常生活和工作中，大家可能都会遇到这样的情况：一篇几百或上千字数的文章，可能感兴趣的就只是其中的几句话或部分图片而已。同样，用户在今日头条上阅读文章也是如此。从这一方面出发，今日头条在算法推荐之外建立起了对短内容关注的分发逻辑，于是微头条应运而生。

那么，什么是微头条呢? 其实，微头条就是今日头条平台推出的一款 UGC(User Generated Content：用户原创内容) 产品。通过微头条功能，运营者可以发布短内容，与用户进行互动，并且它不再只是一个文章页的结合，而是通过微头条这一窗口可以建立起与用户的关系。

本节就针对微头条这一内容形式进行具体介绍，以期利用微头条这一短内容形式实现爆款打造。

6.2.1 分发：3 种渠道进行传播

在今日头条平台上，通过微头条发布的内容有文字和图片，且篇幅限制在 2000 字以内。当然，微头条作为短内容的一种，笔者认为还是篇幅短一些为好，最好控制在 300 ～ 500 字之间。

其实，头条号运营者不仅是内容创作者，同时还是内容消费者，而头条平台一般通过 3 种渠道把这些创作的短内容分发给用户，从而完成内容创作、内容传播和分享、内容消费的全过程。图 6-9 所示为微头条内容的 3 种分发渠道。

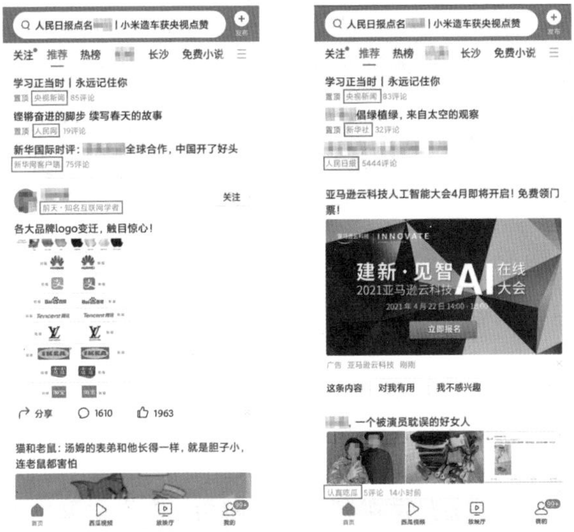

图 6-9　微头条内容的 3 种分发渠道

(1) 微头条频道：在今日头条 App 首页上方的领域频道里面，默认是没有的，需要手动添加。

(2) 关注频道：同样在今日头条 App 首页，打开即可看到。

(3) 推荐频道：在关注频道的右侧，也就是领域频道里的第二个频道。

6.2.2　品牌：提升用户的认知

在微头条出现之前，今日头条号更多的是使用基于机器的推荐算法，呈现给用户的也是在这一算法下的各种内容。在这样的情况下，个人品牌（即头条名称）是放置在不显眼的位置的，以小号的字显示在标题下方，与阅读数、评论数和点赞数等并列，如图 6-9 所示。

当微头条出现之后，在微头条账号与头条号互通的情况下，个人品牌得到了凸显——在微头条内容上方会显示账号，还可以在这一位置直接关注账号，如图 6-10 所示，以便用户接收后续更新的内容。

因此，运营者如果要想打造爆款微头条内容，那么首先应该提升用户对微头条品牌的认知。打造一个强品牌，这样用户的关注也就来了，只要内容质量有保证，那么爆款内容也就在眼前了。

微头条
思想聚焦
05-10 13:22 · 知名文化自媒体
关注
整个教室最认真听讲的同学
175
243
6970
首页
西瓜视频
微头条
小视频
微头条
旅游约吗
05-11 10:43 · 旅行作家 旅行摄影师
关注
吃到一个金字塔甜点！觉得把风景做成甜点很有趣#头条旅行季#
5
5
42
首页
西瓜视频
微头条
小视频

图 6-10　微头条显示的个人品牌位置

6.2.3　创作力：打造爆款的优势

上面说到了强品牌对打造爆款微头条内容的作用。也许有人会问：自身不具备强品牌优势，难道就不能打造爆款微头条内容了吗？其实，方法是有的。相对于一般的头条号而言，强品牌所产生的作用是建立在长期发展和运营的基础上的，它是不能一步到位的。

接下来要说的是两种爆款内容打造方式，它们不受这种限制，它们能通过头条号运营的合理安排来快速实现目标。

在没有足够品牌优势的前提下，运营者可以借助对平台用户的了解和涨粉技巧，在微头条创作力优势的支撑下实现打造爆款目标。这里所说的创作力优势，除了头条号运营者在各种内容形式方面具有高超的水平外，还包括微头条账号本身在创作力方面表现的 4 个优势，具体内容如图 6-11 所示。

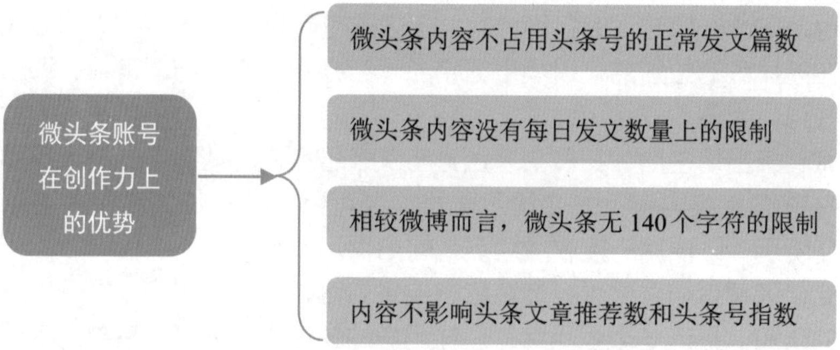
微头条账号在创作力上的优势
微头条内容不占用头条号的正常发文篇数
微头条内容没有每日发文数量上的限制
相较微博而言，微头条无 140 个字符的限制
内容不影响头条文章推荐数和头条号指数

图 6-11　微头条账号在创作力上的优势

6.2.4 人格化：树立起品牌形象

对个人头条号而言，品牌的作用固然重要，然而前面提到的创作力优势和接下来要介绍的人格化特征更是不容小觑。特别是人格化特征，它能吸引用户关注，并让用户加深对个人微头条账号的认知。

例如，一个名为“手机摄影构图大全”的头条号，经常分享一些有关摄影方面的技巧和知识，特别是在手机摄影和构图细分方面，足可称得上大师级别了。因而，用户一看到该头条号，第一反应就是其极具人格化的标签——“手机摄影”和“构图细分”，而其内容也很好地印证了这一人格化特征。

如果，该头条号的运营者把这一人格化标签发展到微头条平台上，那么运营者就可以通过短内容和平时的互动内容，更好地树立起微头条账号及其所代表的品牌的形象，同时提升整体的头条号价值，最终为打造爆款微头条内容奠定品牌基础。

第 7 章

视频：如何打造热门爆款短视频

视频内容的创作是头条号运营的另一大重要方向，在短视频如此火爆的今天，头条运营者应该抓住这个时代的风口。本章主要讲解西瓜视频和头条小视频的创作技巧，以及教大家如何打造爆款的短视频。

7.1 操作：西瓜视频的创作技巧

头条号的视频创作其实就是西瓜视频的内容创作，因为笔者在前面讲过头条视频就是西瓜视频。本节就来为大家讲解西瓜视频的创作技巧。

7.1.1 步骤：西瓜视频的上传方法

想要发布头条短视频内容（横版视频），有两种方法，一种是在电脑端头条号后台发布，另一种是通过电脑端西瓜创作平台发布。两种方法的操作步骤都一样，所以这里仅介绍西瓜创作平台的视频发布方法。

步骤 01 在电脑上搜索西瓜创作平台官网，登录头条账号并进入后台页面，单击“发布视频”按钮，如图 7-1 所示。

图 7-1　单击“发布视频”按钮

步骤 02 进入发布视频的页面，单击上传视频文件的区域，如图 7-2 所示。在弹出的“打开”对话框中选择要上传的视频文件，单击“打开”按钮，如图 7-3 所示。当然，也可以直接将视频拖入该区域中。

步骤 03 执行操作后，等待视频上传成功，并填写和设置视频的相关信息，单击“发布”按钮即可，如图 7-4 所示。

另外，除了在电脑端西瓜创作平台和头条号后台上传视频以外，还可以在西瓜视频 App 中上传。

图 7-2　单击上传视频文件的区域

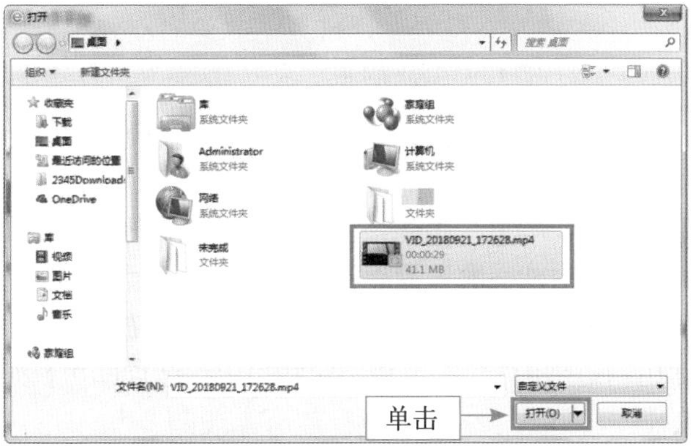

图 7-3　单击“打开”按钮

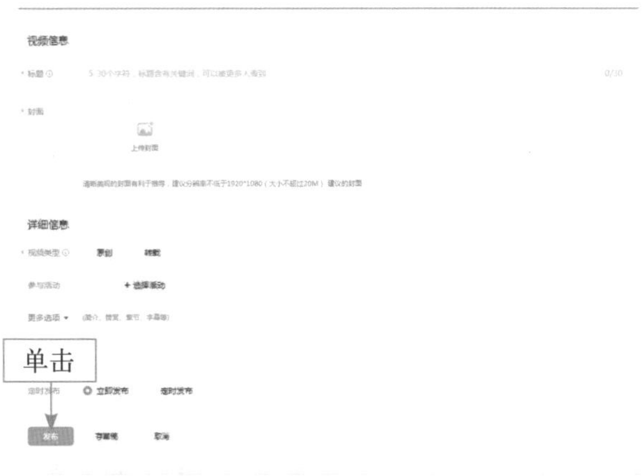

图 7-4　单击“发布”按钮

7.1.2　标准：西瓜视频的格式要求

运营者在创作和上传视频时，是有一定的格式要求的，如比例、时长和大小等，其具体内容如图 7-5 所示。

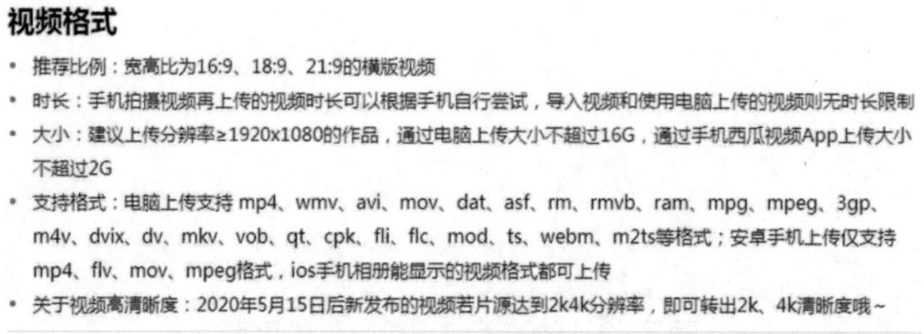

视频格式

- 推荐比例：宽高比为16:9、18:9、21:9的横版视频
- 时长：手机拍摄视频再上传的视频时长可以根据手机自行尝试，导入视频和使用电脑上传的视频则无时长限制
- 大小：建议上传分辨率≥1920x1080的作品，通过电脑上传大小不超过16G，通过手机西瓜视频App上传大小不超过2G
- 支持格式：电脑上传支持 mp4、wmv、avi、mov、dat、asf、rm、rmvb、ram、mpg、mpeg、3gp、m4v、dvix、dv、mkv、vob、qt、cpk、fli、flc、mod、ts、webm、m2ts等格式；安卓手机上传仅支持mp4、flv、mov、mpeg格式，ios手机相册能显示的视频格式都可上传
- 关于视频高清晰度：2020年5月15日后新发布的视频若片源达到2k4k分辨率，即可转出2k、4k清晰度哦～

图 7-5　视频格式要求

7.1.3　技巧：西瓜视频的其他操作

讲完西瓜视频的上传方法和格式要求之后，接下来笔者再给大家介绍一些短视频创作的其他操作和玩法。

西瓜视频有个“仅我可见”功能，它可以将发布的短视频设置成只有运营者本人可以观看。那么该功能在哪设置呢？运营者可以在西瓜创作平台的“内容管理”页面，将鼠标放在要设置的短视频作品上，这时在右侧就会出现一排按钮，单击“更多”按钮，在下拉列表中选择“仅我可见”选项即可，如图 7-6 所示。

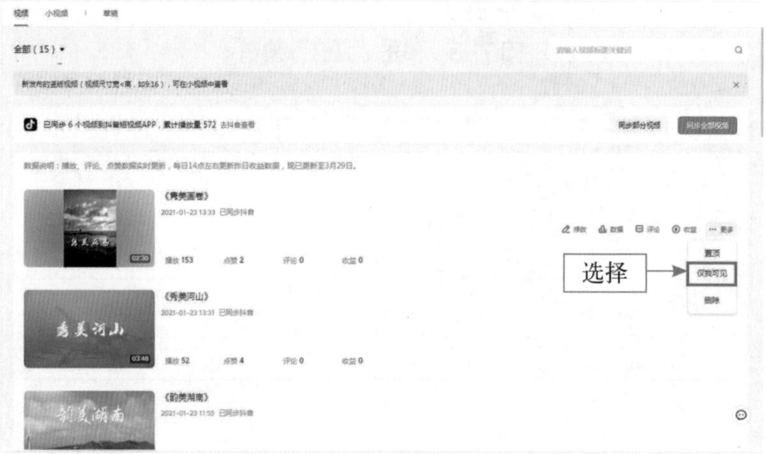

图 7-6　选择“仅我可见”选项

除了“仅我可见”功能，还有“定时发表”功能，该功能可以让运营者自由选择未来一定的时间范围内发布视频，时间范围为 2 小时至 7 天内。

如果运营者想要利用视频内容进行推广引流，还可以通过西瓜视频的扩展链接功能来实现。扩展链接功能是通过在图文和视频的详情页中插入外部链接来引流。运营者在电脑端头条号后台上传视频后，就可以在“高级模块→扩展链接”页面的右侧选中“在今日头条 App 的固定位置插入链接”复选框，然后输入链接地址即可，如图 7-7 所示。

图 7-7　插入扩展链接

此外，运营者还可以通过参加平台活动来提高短视频的热度，增加作品内容的曝光量。同时，运营者也有机会获得活动奖金。运营者可以在西瓜创作平台选择参与活动，也可以在西瓜视频 App 中找到参与活动的入口。

那么，西瓜视频 App 参与活动的入口在哪呢？运营者可以在“我的”页面点击“创作中心”按钮，如图 7-8 所示。然后进入“创作中心”页面，点击“活动广场”按钮，如图 7-9 所示。

图 7-8　点击“创作中心”按钮

图 7-9　点击“活动广场”按钮

接着进入“活动广场”页面，在这里可以看到各种平台活动，选择自己想要参与的活动，如图 7-10 所示。进入活动详情页，点击“立即投稿”按钮，如图 7-11 所示，上传或拍摄短视频即可。

图 7-10　选择要参与的活动

图 7-11　点击“立即投稿”按钮

7.2　小视频：竖版视频创作技巧

在电脑端头条号后台发布的短视频是横版视频，而小视频指的是在今日头条 App 发布的竖版视频。小视频是今日头条推出的社交互动内容产品，用户可以拍摄最长两分钟的短视频。

7.2.1　入口：小视频的发布和展示

运营者要想发布短视频，可以在今日头条 App 首页右上角点击“发布”按钮，然后在底部弹出的弹窗中点击“视频”按钮，即可进入小视频的上传和拍摄页面。图 7-12 所示为小视频的发布入口。

发布后的小视频可以在今日头条 App 首页的“小视频”频道页面中观看，如图 7-13 所示。

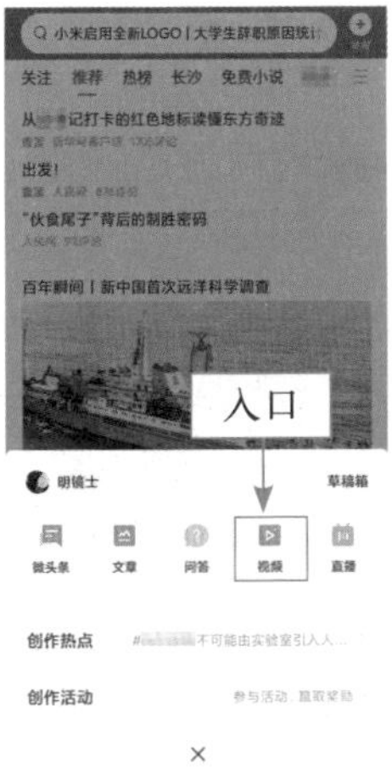

图 7-12　小视频的发布入口

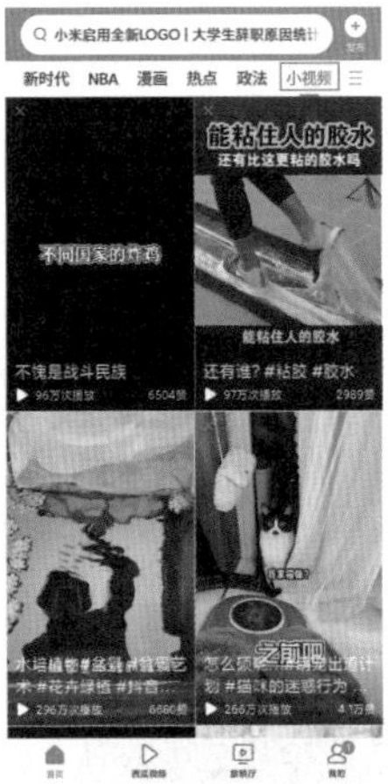

图 7-13　“小视频”频道页面

7.2.2　同步：增加小视频的曝光量

运营者可以把其他平台发布的短视频（小视频）同步发表到今日头条平台，如抖音、抖音火山版、懂车帝和图虫（因为它们都是今日头条旗下产品）。

下面就以抖音 App 为例，为大家介绍将抖音短视频同步至今日头条平台的设置方法。

步骤 01　打开抖音 App，在“我”页面点击☰按钮，如图 7-14 所示。在右侧弹出的菜单列表中，点击“设置”按钮，如图 7-15 所示。

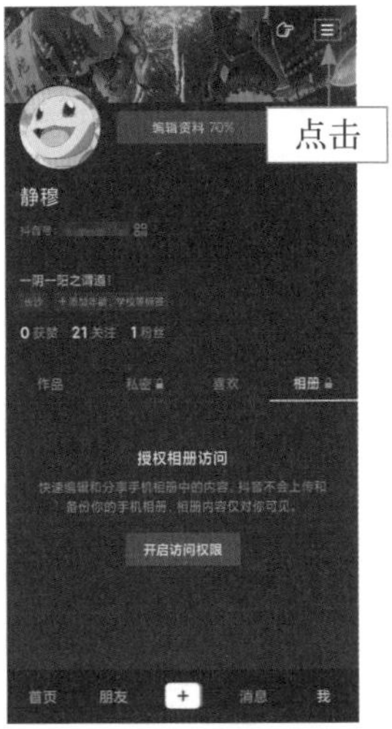

图 7-14　点击☰按钮

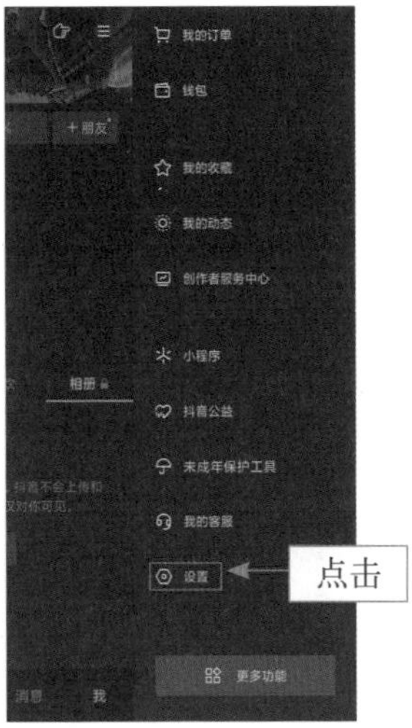

图 7-15　点击“设置”按钮

步骤 02 进入“设置”页面，点击“账号与安全”按钮，如图 7-16 所示。进入“账号与安全”页面，点击“第三方账号绑定”按钮，如图 7-17 所示。进入“第三方账号绑定”页面，点击“同步作品及粉丝数量”栏右侧的开关按钮即可，如图 7-18 所示。

图 7-16　点击“账号与安全”按钮

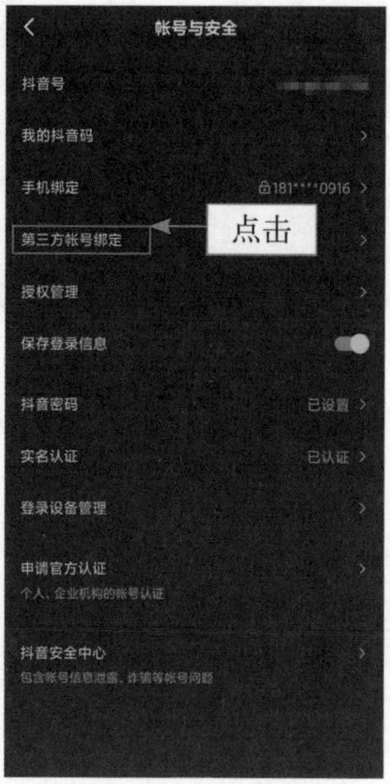

图 7-17　点击“第三方账号绑定”按钮

图 7-18　点击开关按钮

7.2.3　方法：小视频的内容和运营

运营者在进行小视频的内容创作时，可从以下这些技巧来提升内容质量，如图 7-19 所示。

内容提升技巧

- 选择精彩的内容素材，制作优质内容，时间最好在20～30秒之间。
- 选择一个适合的剪辑软件（简单便利选手机app，专业逼格选各种工程软件），通过剪辑，将视频节奏变得紧凑有亮点。
- 取一个引人注目的标题。
- 找出或者制作一张吸引人的封面。
- 选择参加一个适合视频内容、风格的话题活动。
- 可以选择@一个用户做互动，如头条小视频。

图 7-19　小视频的内容提升技巧

运营者要想做好小视频，除了要学会如何提升自己内容质量外，还应该掌握一定的账号运营技巧，如图 7-20 所示。

账号运营技巧

1.回复评论和留言等有效的互动，不仅可以快速涨粉还能增加粉丝黏性，收获更多“铁粉”。

2.从长远看，对帐号内容做数据分析，不断优化内容选题、小视频拍摄手法等等，多方面提升小视频质量。

3.关注官方头条号“头条小视频”，第一时间获取各种小视频活动、培训等一手消息。

4.参加话题活动：

- 打开今日头条App，点击“小视频 - 活动”，查看所有的话题活动，或者直接关注“头条小视频”官方账号，了解最新话题活动；
- 选择感兴趣的、与小视频内容相符的活动参与即可。

图 7-20　小视频的运营技巧

7.3　爆款：打造火热短视频内容

短视频创作是今日头条内容运营中非常重要的一部分，其重要性从今日头条 App 中就可以看出来。打开今日头条 App，就可以看到它有一个专门用来展示短视频内容的“西瓜视频”页面，如图 7-21 所示。

图 7-21　“西瓜视频”页面

本节讲解打造爆款短视频的一些方法和技巧，以便帮助大家做好头条短视频的创作。

7.3.1 选题：打造爆款内容的基础

在头条号上发布视频，首先需要确定一个好的题材，这是打造爆款短视频内容的重要基础。如果运营者不结合周围环境和自身条件来确定选题，而只是纯粹为了创作视频，那么，即使这个视频内容再优质、画面再完美，想要将其打造成爆款视频也不是一件容易的事。因此，对于头条运营者而言，短视频的题材选择很重要。要做好视频选题，需要从两个方面加以努力，具体如下。

1. 建立选题库

在今日头条内容的创作过程中，平台鼓励运营者创作出优质的原创内容。要想拥有源源不断的原创内容，平时的积累非常重要，特别是视频内容，它是基于一定现实场景和现实生活而创作的。不同于图文内容可以用文字和图片来快速进行创作，短视频的内容创作需要运营者在平时的工作和生活中收集选题和素材，并时刻为接下来的视频内容创作做准备，具体策略如图 7-22 所示。

关注热点 → 热点不仅是网友比较青睐的，同时也是运营者可以利用的。头条号视频内容的选题内容也可从热点出发，多关注各网站中的热门榜单、热门话题、热门评论，把它们收集起来，看看是否有可能从中发掘更多的题材和故事

关注竞争者 → 所谓“知己知彼，百战不殆”，这句话用在头条号运营中，可以理解为：既然是同行，那么目标用户是有着相同的用户特征和属性的。当知道竞争者是通过哪些内容来赢得更多用户关注时，运营者就可以从这一角度出发收集选题和内容，然后再寻找新的可以切入的角度，这样就有可能筛选出好的题材

关注时间节点 → 关于热点，除了事件本身以外，还可以从时间角度来关注，这也是制造热点的重要方法。因此，运营者可以在某些节日来临前就进行准备，看看各大网站有哪些可以利用的热点题材，多积累，多思考和分析，这样就不用担心到时不知道要做什么样的视频内容了

图 7-22 建立视频选题库的方法

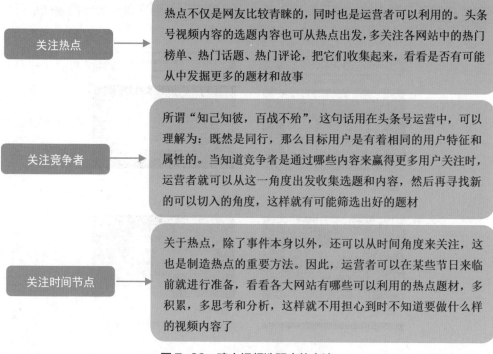

2. 筛选选题

有了选题库中平时积累的众多选题，运营者接下来要做的是进行选题筛选，选择一个有可能打造爆款内容的选题。在选择时，运营者还需要对两个方面进行考虑，一是根据用户的心理确定内容方向，二是判断该内容方向的视频选题是否可行。

首先，从内容方向上来说，要求运营者根据用户的心理需求来安排内容，即选择什么内容和选择以何种方式表达内容。

就以一个摄影类头条号来说，如果该头条号用户是那些喜欢摄影的人们，且致力于怎么更好地拍好照片，那么运营者就应该安排展现摄影技巧的短视频内容，并把这些摄影技巧进行深入讲解。如果该头条号用户纯粹是爱好旅游、摄影并且只是停留在欣赏层面，那么运营者就应该安排一些展示众多美景的短视频内容。

其次，从选题可行性方面来说，运营者需要对完成视频选题的 4 个方面作出判断，如图 7-23 所示。

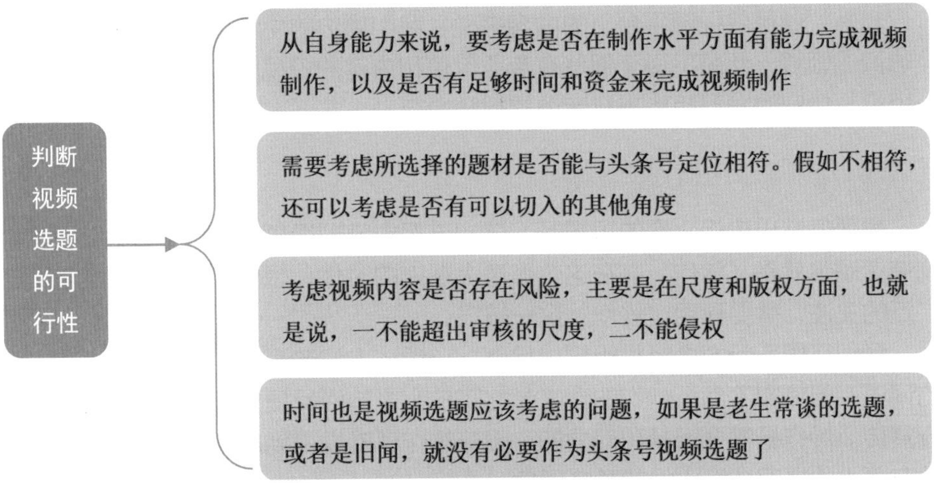
判断视频选题的可行性
从自身能力来说，要考虑是否在制作水平方面有能力完成视频制作，以及是否有足够时间和资金来完成视频制作
需要考虑所选择的题材是否能与头条号定位相符。假如不相符，还可以考虑是否有可以切入的其他角度
考虑视频内容是否存在风险，主要是在尺度和版权方面，也就是说，一不能超出审核的尺度，二不能侵权
时间也是视频选题应该考虑的问题，如果是老生常谈的选题，或者是旧闻，就没有必要作为头条号视频选题了

图 7-23　判断视频选题的可行性

7.3.2　领域：从日常生活点滴着手

在如今的视频内容中，很多短视频都是来源于日常生活中某一个我们经常看到的但远远没有把它放在心里的细节或场景。图 7-24 所示为今日头条平台上的叠衣服的短视频。

其实，用户是处于社会中的群众，因而对于日常生活中的某些有价值的、有趣的生活场景，都比较有兴趣去关注。因此，在打造爆款视频内容时，运营者就可从这一方面出发，从我们身边的场景出发，特别是与衣食住行相关的各个方面，都可作为视频的内容，从而打造一个独属于运营者的热门领域。

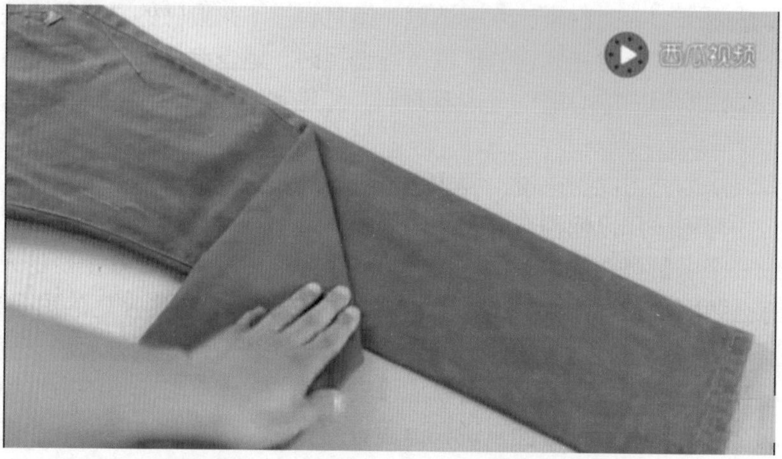

图 7-24　展现生活细节和场景的爆款短视频

当然，就目前视频平台上的内容来说，我们周边的生活视频已经成为一个比较热门的领域，丝毫不逊于那些有专业价值和内容的短视频，运营者可以抓住这一短视频内容的发展趋势来打造爆款视频内容。

7.3.3　炒作：制造话题以提升关注

想要打造出热门火爆的短视频，就应该努力为短视频造势，学会制造话题。制造话题也就是“炒作”。在这个信息大爆炸的时代，想要让你发布的内容得到广泛的关注，需要利用“炒作”这一技巧。

我们在娱乐新闻中经常听到“炒作”一词，人们普遍认为这是一个带有贬义的词语，但其实不然。炒作的含义是为了扩大影响而反复持续地通过各种方法进行宣传。炒作是需要智慧和毅力的，没有炒作就难以得到广泛的关注，有了炒作才有更大的概率成为火爆的关注对象。

那么，炒作的要点有哪些呢？具体技巧如图 7-25 所示。

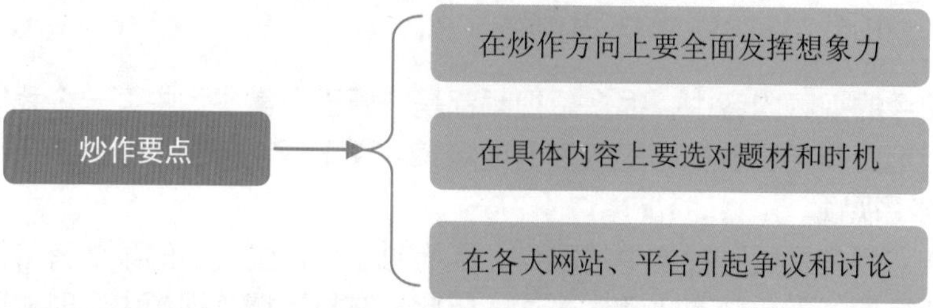
炒作要点
在炒作方向上要全面发挥想象力
在具体内容上要选对题材和时机
在各大网站、平台引起争议和讨论

图 7-25　炒作的要点

实际上，炒作与事件营销有异曲同工之妙，目的都是一致的。不可否认，炒作带来的传播效果确实要比一般的宣传方法显著得多。不管是电视剧、电影，还是电视节目，都需要通过炒作来获得关注，提高曝光度，从而实现良好的传播效果。因此，短视频也是如此。

7.3.4 造势：利用热点来增加人气

无论什么短视频，都需要借助热点来给自己增加人气。因为大多数人都是喜欢追逐潮流的，同时也爱关注热点。看看微博上各种热门话题就可以知道人们对热点的关注度之高，如图 7-26 所示。

图 7-26 微博上的热门话题

从图 7-26 可以看出，热门话题的谈论量相当大，少则上百万，多则上亿，而且热点还会每十分钟更新一次，可见热点的作用之大。那么，短视频应该如何借助热点来变得更加火爆呢？笔者将技巧总结为以下几点，如图 7-27 所示。

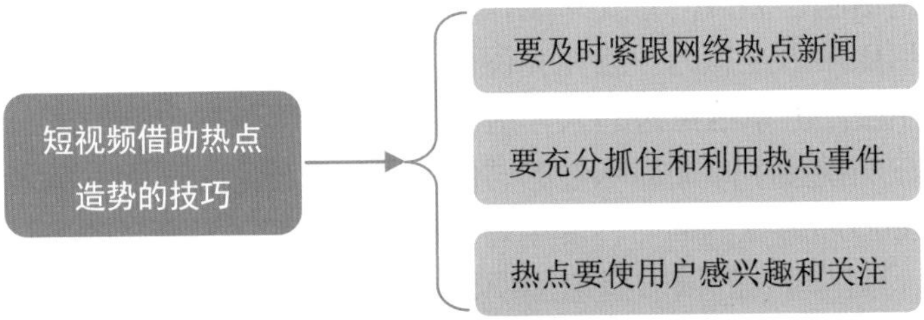

图 7-27 短视频借助热点造势的技巧

人都是充满好奇心的，对很多热点和隐秘的事件都有一探究竟的想法。因此，借助热点来打造短视频自然能得到广大观众的追捧和喜爱。

比如，在今日头条平台上，某头条运营者在刚进入夏天，蚊虫渐多之时，发布了一个关于解决被蚊子咬了后发痒问题的视频，不仅吸引了大量的用户浏览，而且还赢得了不少粉丝的支持和赞赏。图 7-28 所示为该头条号推出的与当前人们关注热点相关的短视频，赢得了 189 万多的点击率。

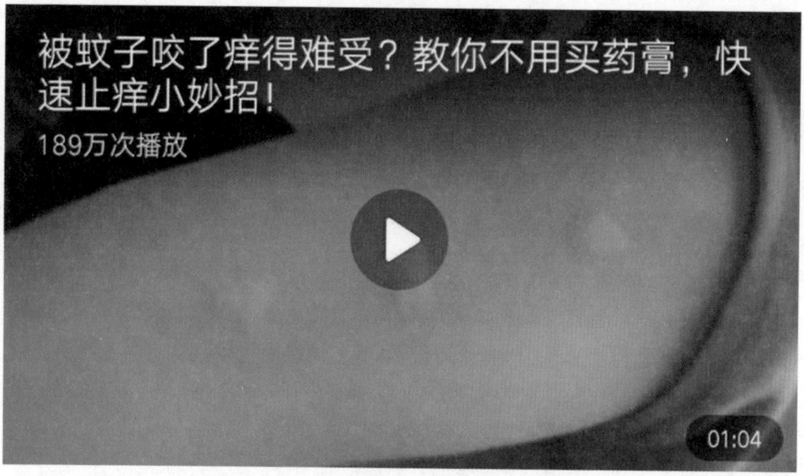

图 7-28　某头条运营者的热点短视频

> 专家提醒
>
> 当然，打造热门短视频也要注意：不是什么样的内容的热点都可以借助，因为有些热点并不是那么积极向上、正能量，或者没有什么价值。因此，在借助热点的时候，也要选择正确的、导向好的热点。

7.3.5　有趣：增加短视频的趣味性

除了利用话题、热点的方式来制作短视频以外，还可以在创作时添加一些趣味性，以吸引用户的注意力。因为光保证视频的质量还不够，重要的是让用户在观看了视频后主动分享给身边的人，这样才会达到更好的传播效果。

那么，在向视频中添加趣味性的时候，具体应该怎么做呢？笔者将其技巧总结为 3 点，即添加趣味的情节、使用有趣的解说词和探索新颖的表现形式。在这 3 个技巧中，添加趣味的情节是增加视频趣味性的主要方法，在此就以它为例进行具体介绍。

短视频想要变得有趣，吸引用户的注意力，就得抓住广大用户的心理需求。一般来说，可以从 3 个方面来做，具体如图 7-29 所示。

- 添加独特创意 → 变得有趣的诀窍之一就是给视频加入创意。很多视频打着相差无几的旗号，拥有类似的情节和内容，很难吸引用户的兴趣，尤其是在短视频发展快速的情况下更是如此。因此，需要运营者花费一定心血，在保证内容质量的前提下加入创意
- 添加怀旧元素 → 人们长大成人，承担着生活的压力和琐碎的烦恼，自然会对过去的事情产生一种怀念之情。因此，添加怀旧元素也是打造爆款短视频的一种方法，值得尝试
- 添加搞笑元素 → 有趣的情节还离不开幽默元素的点缀。人们在生活中为了放松身心，舒缓压力，往往都会观看幽默搞笑的视频。因此，为了让短视频更加吸引人，更加有趣，就应该植入幽默搞笑的元素，让用户在观看短视频的同时得到全身心的放松

图 7-29　增加短视频趣味性的 3 个方面

总的来说，想要实现情节的有趣就需要从这 3 个方面来努力，当然还有一些技巧也可以使用。总之，运营者需要重点把握观众的心理需求，时刻关注他们的情感动向，从而达到短视频的营销效果。

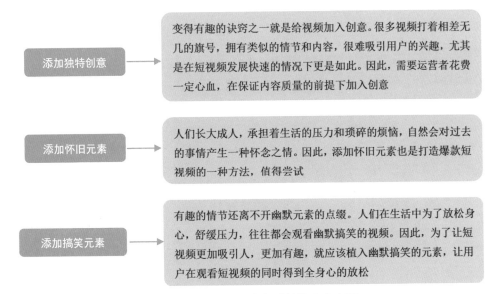

第 8 章

问答：如何成为专业的意见领袖

悟空问答作为一个能在很大程度上激发用户兴趣和关注的内容产品，它迎合了时代信息碎片化的发展趋势，因而也大大提升用户的黏性。因此，许多运营者开始寻求通过悟空问答来实现吸粉和变现。本章针对如何让大家快速成为悟空问答达人进行阐述。

8.1 方法：悟空问答的运营技巧

和文章、视频、微头条一样，问答也是头条创作的内容形式之一。本节就来讲解悟空问答的相关操作和运营技巧。

8.1.1 提问：寻求解决问题的办法

悟空问答的操作包含两个方面，一个是提问，另一个是回答，因此笔者先来介绍悟空问答的提问操作。

对于用户而言，要想进行提问，可以在今日头条 App 和电脑端悟空问答官网操作，那么它们的入口分别在哪呢？在今日头条 App 中，用户可以点击首页右上角的“发布”按钮，在底部弹出的弹窗中点击“问答”按钮，如图 8-1 所示。进入“推荐”页面，点击“提问”按钮即可，如图 8-2 所示。

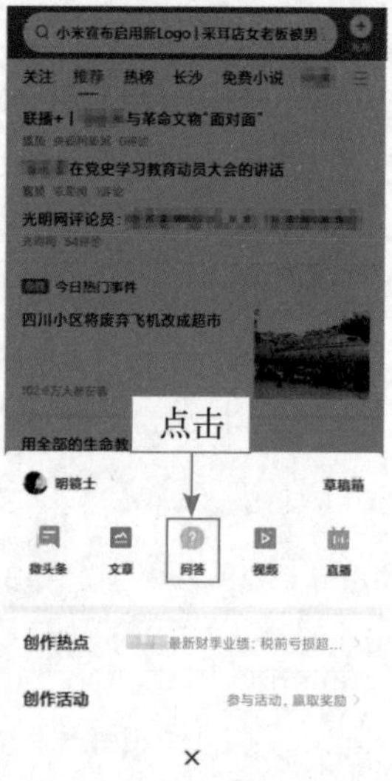

图 8-1 点击“问答”按钮

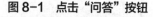

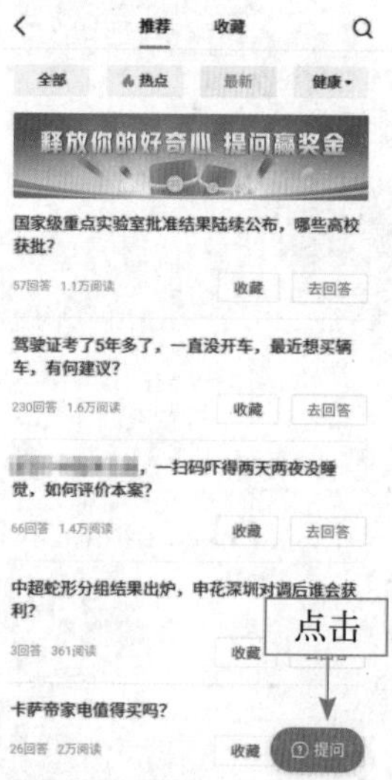

图 8-2 点击“提问”按钮

至于电脑端悟空问答官网的提问入口，进入悟空问答官网，在首页上方就可以看到，如图 8-3 所示。

用户在提问成功以后，可以通过“邀请回答”功能，邀请更多的人回答问题，从而集思广益，获得更加全面的信息。那么具体该怎么做呢？用户可以在今日头条 App 首页的领域频道中找到“问答”频道（需要手动添加），然后点击账号右侧的“我的问答”按钮，如图 8-4 所示。

进入“提问”页面，点击“我的提问”栏下方的问题，如图 8-5 所示。接着进入问题详情页，在系统推荐的头条作者列表中，选择一位头条作者，并点击其右侧的“邀请”按钮即可，如图 8-6 所示。当然，用户也可以邀请好友（已关注的头条作者）进行回答。

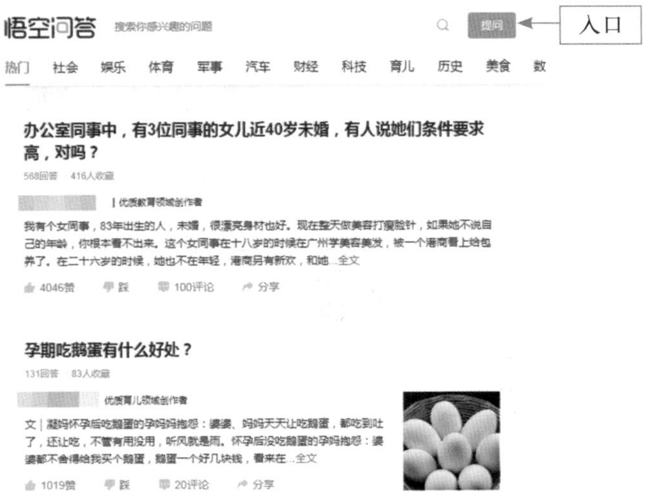

图 8-3　悟空问答官网的提问入口

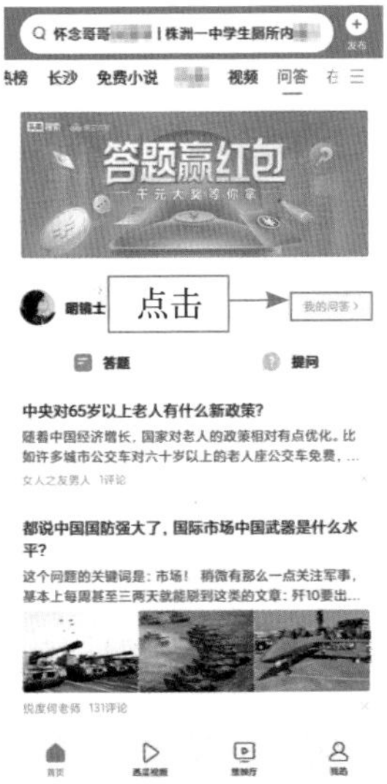

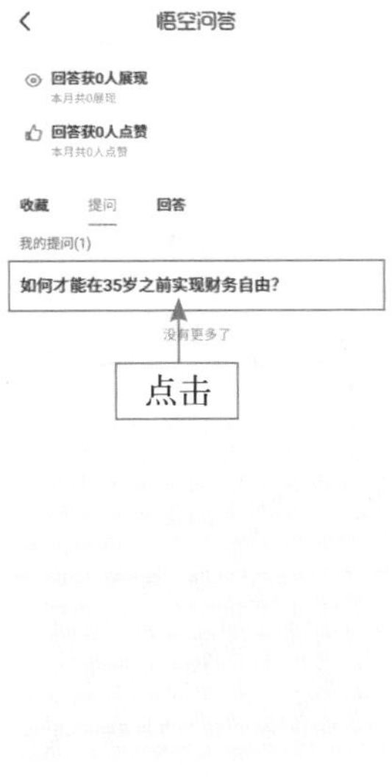

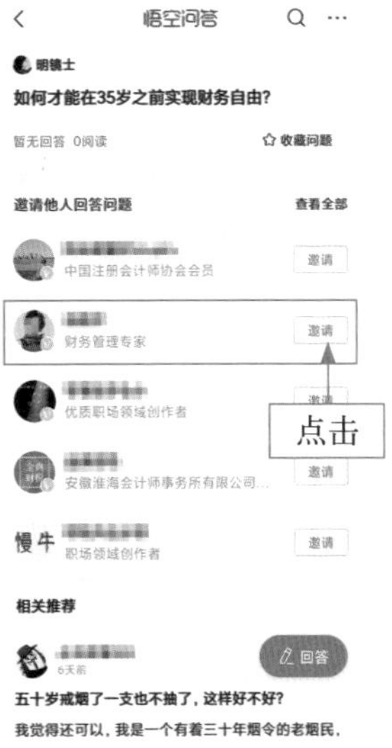

图 8-4　点击“我的问答”按钮　　图 8-5　点击问题　　图 8-6　点击“邀请”按钮

8.1.2　回答：为用户解决问题困惑

对于头条运营者来讲，回答问题不仅可以吸引大批粉丝，成为悟空问答达人、专业领域的意见领袖，还可以获得收入。进行回答同样可以在手机和电脑上操作。电脑端的回答入口在悟空问答官网的首页右侧，如图 8-7 所示。当然，运营者也可以在电脑端头条号后台的“发布问答”页面回答用户提问。

图 8-7　悟空问答官网的回答入口

至于手机端的回答入口，在图 8-2 所示的页面中，点击对应问题下方的“去回答”按钮即可。

如果运营者觉得自己回答的内容不够好，或者不够全面，也可以在电脑和手机上进行修改。电脑端修改回答内容的入口在头条号后台的“管理→作品管理→问答”页面，如图 8-8 所示。

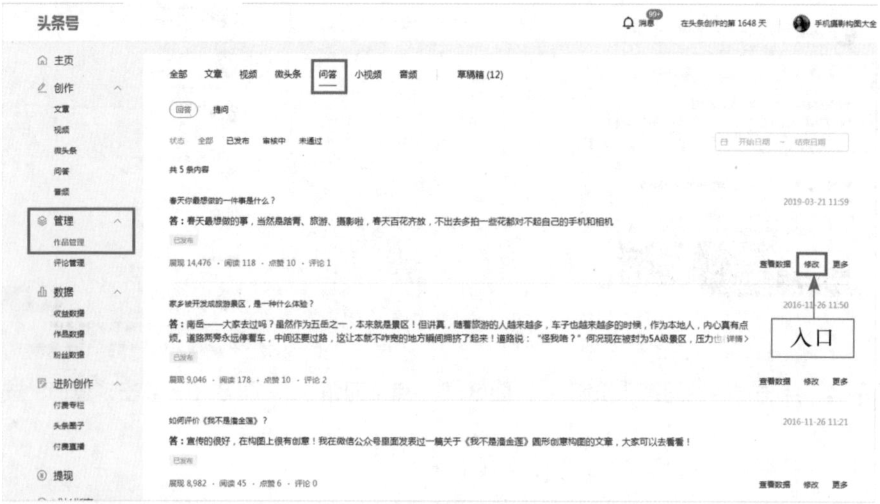

图 8-8　悟空问答官网的“修改”入口

手机端的回答内容修改入口在今日头条 App 的“我的→创作中心→问答”页面，点击对应回答的⋯按钮，如图 8-9 所示。然后在底部弹出的弹窗中点击“修改”按钮即可，如图 8-10 所示。

图 8-9 点击⋯按钮

图 8-10 点击“修改”按钮

专家提醒

每篇回答最多只能修改 5 次，如果回答内容违反了平台规则和法律法规，则不能进行修改。

8.1.3 技巧：快速成为问答小能手

接下来，笔者将从提升内容质量、树立个人品牌和获得流量推荐来讲述悟空问答的运营技巧，从而帮助大家快速成为问答小能手。

1. 提升内容质量

运营者要想提升回答的内容质量，可以从这些方面入手，具体内容如下。

(1) 合理地使用配图和视频，增加回答内容的趣味性。

(2) 设置段落标题，增强内容的系统性和层次感。

(3) 引用格式，增加阅读体验感。

(4) 加粗关键的内容，突出重点。

2. 树立个人品牌

运营者可以通过悟空问答来树立自己的个人品牌，具体可以从以下 4 个方面入手，如图 8-11 所示。

树立个人品牌的方法

- 找准自己的个人定位，可以从兴趣爱好、擅长领域以及工作行业来考虑
- 打造专属的个性风格，可以从培养自己的特色语言风格来着手
- 多与用户进行互动，增强其用户黏性，以此来吸引更多的流量
- 打造个人品牌是一个长期的过程，因此需要运营者坚持不懈地进行内容创作

图 8-11　树立个人品牌的方法

3. 获得流量推荐

运营者要想通过悟空问答来获得流量推荐，需要从以下几个方面来入手，如图 8-12 所示。

获得流量推荐的方法

- 回答的内容必须是原创内容，不能抄袭和搬运，另外最好是首发
- 内容质量要优秀，如观点独特、言简意赅、排版美观、条理清晰，以及配图高度相关
- 筛选优质问题进行回答，不要去回答那些过时或者不好的问题
- 在回答用户问题的同时，要多与用户进行互动，及时回复用户评论

图 8-12　获得流量推荐的方法

8.2 实战：打造爆款的问答内容

在今日头条号后台推送的内容中，有一个“悟空问答”选项，其前身为“头条问答”。作为一种全新的获取信息和激发讨论的内容形式，悟空问答给那些需要寻求答案和想要展示才华的用户提供了一个广阔的舞台。本节就来介绍打造爆款问答内容的要点，从而帮助大家如何更好地去“问”与“答”。

8.2.1 问题：选择得好是爆款前提

在“悟空问答”页面，运营者不仅可以提问，还可以回答其他人的提问。运营者如果在回答提问的过程中，问题选择得好且回答内容是优质的，那么极有可能打造成爆款。而打造爆款的前提是选择一个要回答的问题，只有问题选择得好，才有可能成为爆款。那么，运营者应该如何选择问题呢?

在笔者看来，运营者可从以下几个角度来进行选择，如图 8-13 所示。

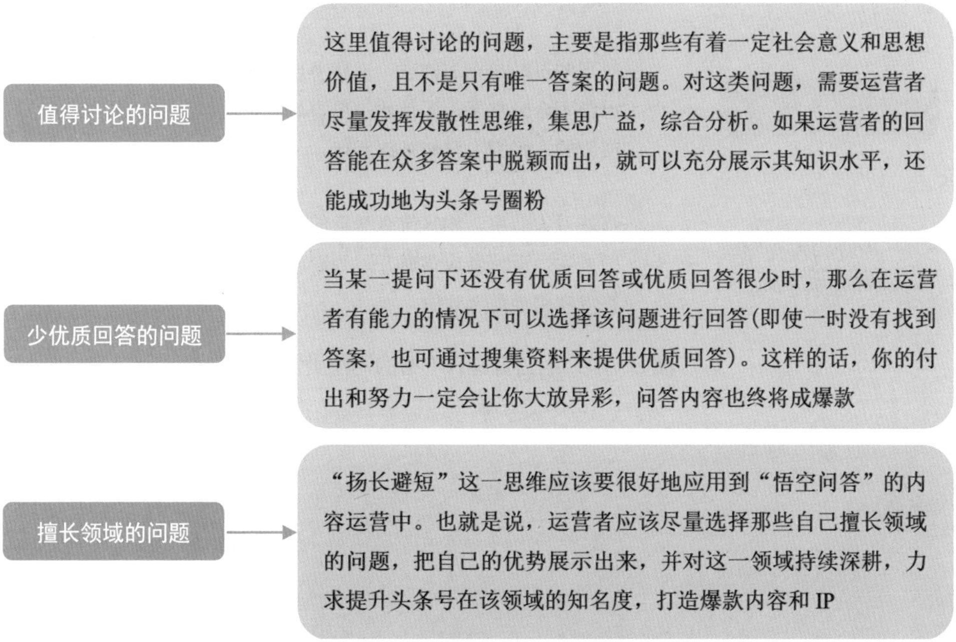
值得讨论的问题
这里值得讨论的问题，主要是指那些有着一定社会意义和思想价值，且不是只有唯一答案的问题。对这类问题，需要运营者尽量发挥发散性思维，集思广益，综合分析。如果运营者的回答能在众多答案中脱颖而出，就可以充分展示其知识水平，还能成功地为头条号圈粉
少优质回答的问题
当某一提问下还没有优质回答或优质回答很少时，那么在运营者有能力的情况下可以选择该问题进行回答(即使一时没有找到答案，也可通过搜集资料来提供优质回答)。这样的话，你的付出和努力一定会让你大放异彩，问答内容也终将成爆款
擅长领域的问题
“扬长避短”这一思维应该要很好地应用到“悟空问答”的内容运营中。也就是说，运营者应该尽量选择那些自己擅长领域的问题，把自己的优势展示出来，并对这一领域持续深耕，力求提升头条号在该领域的知名度，打造爆款内容和 IP

图 8-13 运营者选择问题的角度

从图 8-13 可知，运营者选择的问题主要是从两个角度来考虑的，即该问题有可能打造成爆款和运营者有能力把该问题的回答内容打造成爆款。运营者在进行“悟空问答”内容运营时，只要坚持这两点，打造爆款内容是有很大可能取得成功的。

当然，运营者在考虑有哪些问题可以选择的时候，还要考虑一下有哪些问题是应该避开不答的，这样才能更好地节省时间和精力。图 8-14 所示为运营者应该避开不答的问题类型。

有唯一答案的问题	这类问题是有固定的、唯一正确答案的，并不具备被机器推荐的可能
不擅长的问题	对那些自己不擅长的领域，运营者应该避开，而不是逞能去回答。俗话说“隔行如隔山”，如果回答不妥的话就会影响个人品牌形象 当然，对自己不擅长、不会的问题，也没有必要画蛇添足，特意以“抱歉，我不会”这类否定性内容来回答。因为，在今日头条内容运营中，“讲礼貌”式的客套用语并非适用所有场合
过时热点的问题	对那些过时热点的问题，运营者也不应该选择回答。因为它已经不合时宜了，即使回答得再好，也是不会有太多的用户阅读的，因为用户的兴趣不高
带有恶意的问题	那些对人、事、物等带有恶意的问题，一般会导致平台骂战的发生，运营者应该避开。否则就有可能被举报，过后该问答内容将会是无效的

图 8-14　运营者避开不答的问题类型

专家提醒

在“悟空问答”内容运营中，还应该注意以下两个方面的问题。

(1) 运营者应该集中在某一个领域选择问题并持续进行问答，那么引流涨粉速度将更快。

(2) 运营者应该注意不要太专注于回答热点问题，因为这类问题往往推荐的时间比较短。

8.2.2　内容：高质量才能成为爆款

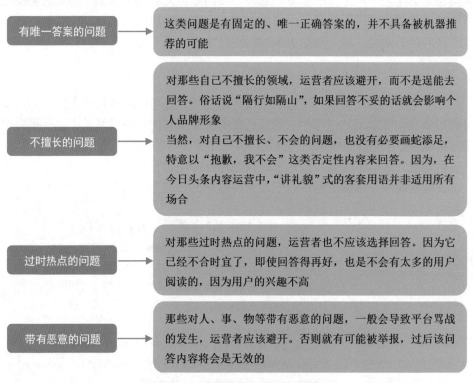

之所以回答的内容要高质量，是因为只有高质量的内容才能获得更高的阅读量，而只有阅读量的内容，才有成为爆款的机会。那么，如何打造高质量的“悟

空问答”内容呢？具体说来，可以从两个方面入手，如图 8-15 所示。

原创内容 → 在今日头条平台上，那些根据运营者自身经验和知识来回答问题的原创内容，是受平台支持和欢迎的。切记，运营者千万不能因为要增加曝光机会或其他原因而抄袭或拼凑内容，这样是会受到惩罚的：轻则删除内容，重则封禁账号

特色内容 → 运营者回答的“悟空问答”内容，不能老生常谈，而应该有自己的特色，如自身切实的经验就是一项值得分享的特色内容。且在回答时不能以普遍适用的“小编”来自称，而是要以真实的口吻描述

图 8-15　打造高质量“悟空问答”内容分析

专家提醒

在“悟空问答”内容中，影响推荐的一般只是其中实实在在的内容，而与回答问题的内容的多少、图片的有无没有关系。

8.2.3　粉丝：发挥平台大流量作用

要打造爆款问答内容，高阅读量是关键，而决定高阅读量的是内容和用户。上面已经对如何打造高质量内容进行了介绍，在此将从用户角度出发，介绍如何通过问答内容引导用户，充分发挥大流量平台粉丝的作用。

1. 自我介绍

运营者如果想要让更多人关注自己，首先就要让别人了解你。因此在回答问题时，运营者应该在其中加入自我介绍，或是展示爱好，或是说明擅长领域，还可以表明所从事的职业，这些都是为自身加分的方法。图 8-16 所示为在“悟空问答”内容中加入了自我介绍的案例。

2. 引导语

在头条号的运营过程中，仅仅只是让别人知道你还不够，要进一步引导用户关注你、评论你，这样才能加强与用户之间的互动，提升粉丝的活跃度。在“悟空问答”内容中，运营者一般选择在回答内容的末尾加入引导语。图 8-17 所示为在内容末尾加入引导语的案例。

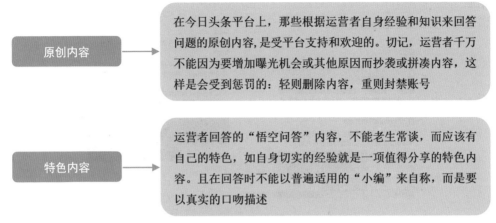

55
152
1803
：千万别升级，一升级就卡，一卡你又得换新机。套路啊
关注
头条数码作者
关注今日头条「找靓机」，每天分享各种数码资讯，互动还送奖品哦！
作为一个更新控，我是更加推荐手机系统升级的。因为毕竟叫"升级"，总不可能比原来难用吧？
别，iPhone用户别打我！
就安卓来说，普遍来讲，更新系统至少不会是件坏事。因为补丁包里会修复老系统的b...全文
171.9万阅读
36
62
277
更多问答
提问
回答
转发
评论
21
关注
头条数码作者
关注找靓机，每天分享新鲜有趣的数码科技小知识！
手机什么功能是几乎从不会使用，但有非有不可的呢？没错，相信很多人都会想到这个飞行模式。
手机飞行模式又叫作航空模式，可以关掉SIM卡的信号收发装置，在不影响手机使用的...全文
89.5万阅读
6
12
284
：扔出去就知道飞行模式是干什么的了
更多问答
提问
回答

图 8-16　在“悟空问答”内容中加入自我介绍的案例

手机老是提醒系统更新，到底是更新好还是不更新好？
回答
258个回答 >
数码问答达人
关注
谢邀。
在回答这个问题之前，我们首先应该思考一下，为什么会有"手机更新"这个功能，或者说，"手机更新"之后我们能够获得什么？
系统更新
1
写评论...
6459粉丝
关注
升级主要是为了改善旧设备的使用体验，厂商的更新则更偏向于功能的补充，当然，升级有风险，尤其是各部分厂商所谓的"开发版"，更容易出现各种问题。
Android O
综合来说，如果你是一个不爱折腾的人，且现在的手机系统没有任何使用问题，那么不升级系统是最好的选择！
欢迎关注aliquis有人科技，为您提供更多新鲜原创资讯！
创建于
写评论...

图 8-17　在“悟空问答”内容中加入引导语的案例

3. 巧妙回复

加入引导语这一举措，只是运营者与用户互动的前期准备，要想真正地参与到互动中去的话，就要积极巧妙地回复用户的评论，这也是让用户注意到你对他（她）重视的重要方法，也是增加用户黏性的好方法。图 8-18 所示为“悟空问答”

内容的评论回复案例。

关注
评论 9
74 赞
全景不可以从下往上拍，只能横拍
05-22 20:08 · 3回复
手机横握，从地面俯拍开始
01：拍照画面上有个小箭头→，你点一下，就可以上下拍
只可从左到右拍摄，倒过来还是
很美，换一个角度又是另一个世界
05-16 16:38 · 1回复
只要我们善于发现，总会看到不一样的世界
写评论...
关注
4574
不错
05-22 13:47 · 1回复
感谢鼓励 能有帮助就好
皮毛学问，不要低估了读者，你还可以更专业。
05-16 23:45 · 1回复
读者里专业的毕竟很少，这已经给我们普通读者带来很高的启发了，非常有用。
非常感谢！！
05-19 08:03 · 回复
写评论...

图 8-18　“悟空问答”内容的评论回复案例

运营者在回复用户评论时，要注意表达技巧和回复的内容是否妥当。一般来说，在回复时最好围绕以下 4 个方面的内容，如图 8-19 所示。

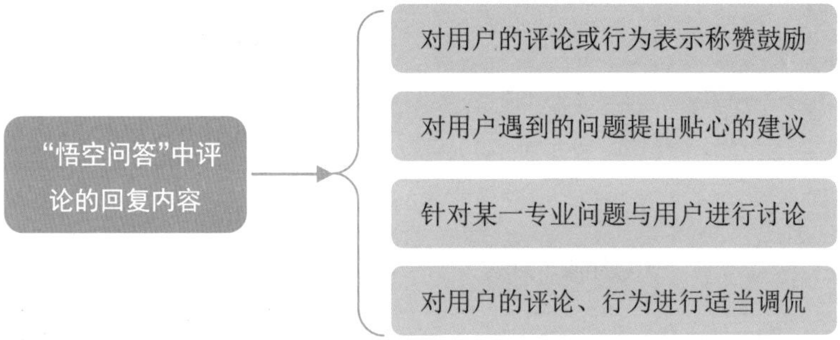
“悟空问答”中评论的回复内容
对用户的评论或行为表示称赞鼓励
对用户遇到的问题提出贴心的建议
针对某一专业问题与用户进行讨论
对用户的评论、行为进行适当调侃

图 8-19　“悟空问答”中评论的回复内容

8.2.4　排版：不可轻视的内容版式

“悟空问答”的内容，虽然是以一问多答的方式存在，但从实质上来说，它还是今日头条推送的一种内容形式。因此，也要注意其排版布局。当然，头条号后台同样安排了相应的按钮来进行排版操作。

那么，在对问答内容进行排版布局时，运营者应该注意哪些问题呢？具体如

图 8-20 所示。

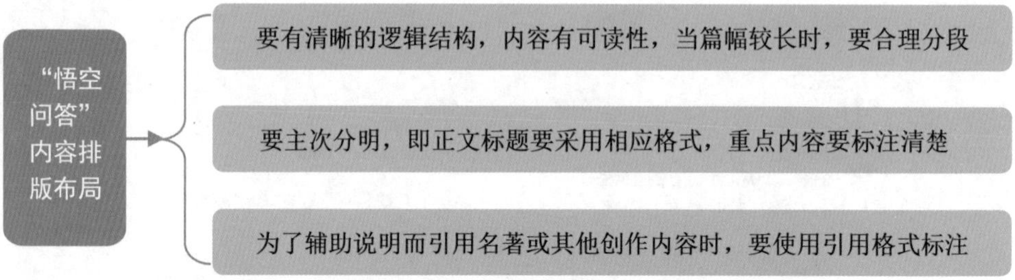
"悟空问答"内容排版布局
要有清晰的逻辑结构，内容有可读性，当篇幅较长时，要合理分段
要主次分明，即正文标题要采用相应格式，重点内容要标注清楚
为了辅助说明而引用名著或其他创作内容时，要使用引用格式标注

图 8-20 "悟空问答"内容的排版布局要注意的问题

8.2.5 误区：问答中要避免的行为

在今日头条的运营中，有些行为是被严厉禁止的，问答内容作为其中的一种重要内容形式，同样要遵循这些规则。当然，根据违反规则的行为严重程度，所面临的处罚也是不同的，分别为无阅读量和被删除、封禁两种，具体如图 8-21 所示。

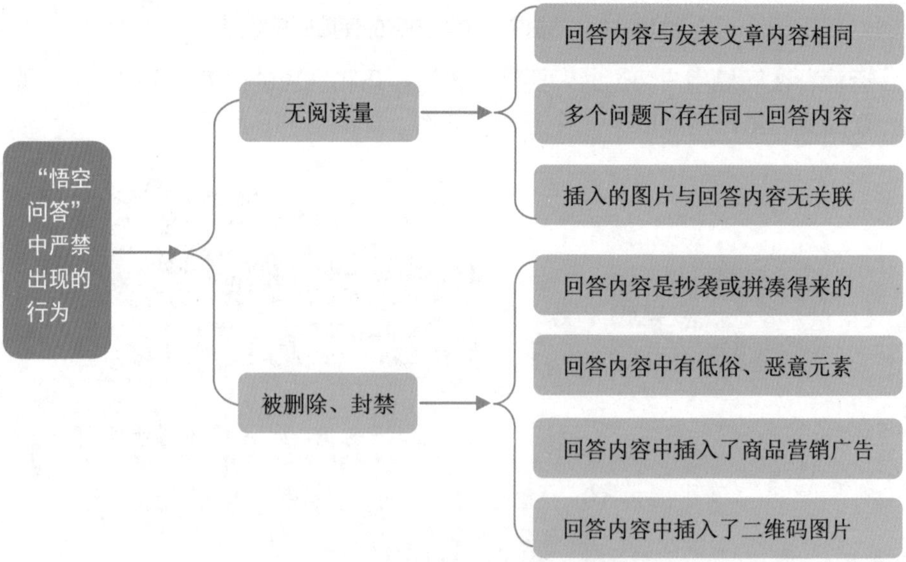
"悟空问答"中严禁出现的行为
无阅读量
回答内容与发表文章内容相同
多个问题下存在同一回答内容
插入的图片与回答内容无关联
被删除、封禁
回答内容是抄袭或拼凑得来的
回答内容中有低俗、恶意元素
回答内容中插入了商品营销广告
回答内容中插入了二维码图片

图 8-21 "悟空问答"内容中严禁出现的行为

8.2.6 案例 1：时尚领域达人问答

运营者要想了解"悟空问答"平台上各领域达人的问答技巧，可进入"悟空问答 · 问答秘籍"网页，选择"成为达人"选项，进入相应页面，即可查看悟空

问答平台上 9 个领域的达人攻略，如图 8-22 所示。

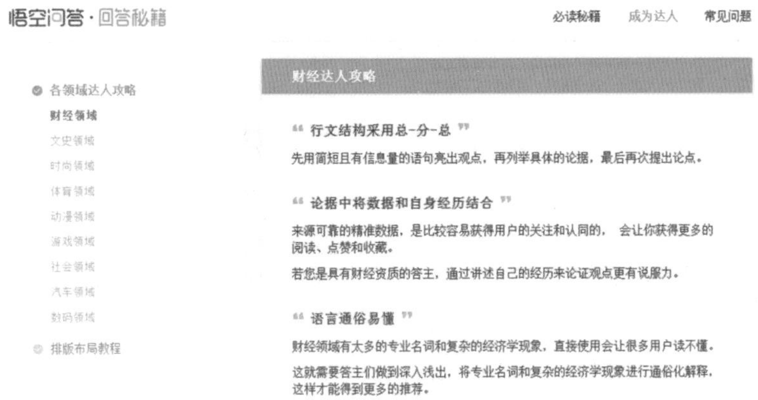

图 8-22 “悟空问答”各领域达人攻略

笔者在此以时尚达人为例，具体介绍成为时尚达人应注意的事项和技巧。

所谓时尚，一般都与服饰、产品有关，而今日头条平台一般要求运营者不能在内容中插入有明显营销倾向的话语或图片。因此，在回答时尚领域的问题时，要特别注意以下两个方面的内容，如图 8-23 所示。

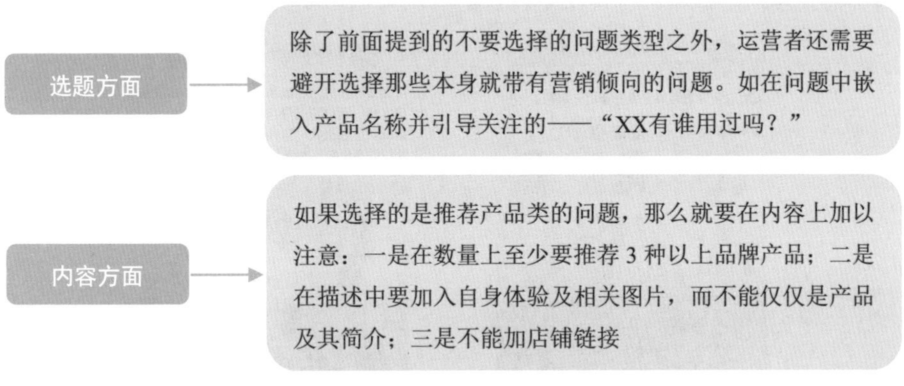

选题方面
除了前面提到的不要选择的问题类型之外，运营者还需要避开选择那些本身就带有营销倾向的问题。如在问题中嵌入产品名称并引导关注的——“XX有谁用过吗？”
内容方面
如果选择的是推荐产品类的问题，那么就要在内容上加以注意：一是在数量上至少要推荐 3 种以上品牌产品；二是在描述中要加入自身体验及相关图片，而不能仅仅是产品及其简介；三是不能加店铺链接

图 8-23 回答推荐产品问题时要注意的方面

对于与时尚相关的服饰、产品等，这方面的问题的回答通过语言是无法表达清楚的，它需要图片的辅助，甚至图片有时还占据主导地位。因此，在回答这一领域的问题时，配图非常重要。一般来说，要注意以下两个问题：

(1) 回答与服饰有关的问题时，配图最好使用当季的杂志图，这样不仅能保证图片质量还能提高产品辨识度。如果实在找不到，也可以选择与其相关的潮流街拍图片，为内容加入更多用户喜欢的流行元素。图 8-24 所示为一篇关于鞋的悟空问答内容，其中的配图以街拍图片居多。

关注
时尚问答专家
谢谢邀请，适合夏天穿的鞋子无非就是舒适好看透气性好，这些要求一般还是可以简单满足的，下面给大家介绍一些球鞋希望你能够喜欢，由于个人比较痴迷于BOOST的脚感，就主要推荐三款我所喜欢的适合夏天穿着的
吧。
悟空问答
写评论...
关注
全掌Boost材质带来十足的缓震与回弹，给你难以割舍的舒适脚感，美中不足的是，通通常1000元左右的高昂价格很容易让荷包吃紧。
悟空问答
如果你对ultra boost全掌BOOST材质的舒适性能十分喜欢，但对于4位数的价格却无法接受，那么
球鞋绝对是你最佳的选择，特殊的鞋舌设计让脚面的束缚力减小，全掌BOOST的脚感与ultra boost的
写评论...

图 8-24　有关“鞋”的悟空问答内容配图案例

(2) 回答与时尚有关的产品体验方面的问题时，更多的是注重自身对产品的观点和感受。因此，最好选择自己拍摄的主题清楚的高清图片，这样更具说服力，特别是关于搭配、试色方面的问题就更是如此，如图 8-25 所示。

关注
下面就来看看夏季上班的穿搭分享吧。
悟空问答
百褶裙作为时尚基础单品，几乎一年四季都可以穿，而且不挑身材，今年流行的紫色，搭配淡蓝色上衣，温柔又百搭，再搭配一个简约的小包包，简单利落，很适合上班。
写评论...
关注
百褶裙作为时尚基础单品，几乎一年四季都可以穿，而且不挑身材，今年流行的紫色，搭配淡蓝色上衣，温柔又百搭，再搭配一个简约的小包包，简单利落，很适合上班。
悟空问答
今年是一个复古年，很多单品都赋予了波点元素，最为经典的就是黑白波点，加上荷叶
写评论...

图 8-25　有关产品体验的悟空问答内容配图案例

然而，无论是哪一种情况，在选择配图时最好还是避开 3 种图片，即网络上泛滥的产品图、美女图和带有其他平台水印的图片，否则是很难让自己的回答内

容获得平台推荐的。下面笔者以一张截图来展示回答时尚领域问题时，那些不能获得平台推荐的情况，如图 8-26 所示。

1. 抄袭洗稿回答

大量引用百科、新闻等网络内容，洗稿搬运其他平台及作者的内容。（如果搬运的是自己在其他平台的内容，建议多平台使用同一用户名）。

2. 推荐淘宝店的回答

回答及图片中出现淘宝店的名字及截图。

3. 产品列举类回答

推荐产品、品牌的回答中，只列举了产品名称，没有个人的使用体验、测评等经验分享。

4. 贴图类回答

文字少，没有对问题的系统解读，而是大量贴图作为回答。如搭配类问题：只提供大量的图片、简单的看图说话，没有个人经验或系统的方法论。

5. 打色情擦边球类回答

文字描述露骨，配图暴露，或者配无关美女图。

6. 配图低质类回答

图片模糊、恶心（如密集恐惧黑头图、痘痘烂脸图等），与回答不相关，有其他平台水印、链接，淘宝搬运的模特图等。

7. 问题扩写类回答

图 8-26　时尚领域问答内容不能获得推荐的情况

8.2.7　案例 2：文史领域达人问答

与时尚领域更注重配图不同，文史领域的问答内容即使没有配图也是不影响用户理解和阅读的，图片与主题内容的表达一般没有太大关系，更多的是为了增加其美观性和趣味性。因此，如果无法找到一些完全与内容匹配的、高清的优质图片，那么最好不要把图片插入其中，运营者可以考虑放弃配图。

抛开配图不提，文史领域的运营者在选题和问答内容方面还是需要特别加以重视的。首先，从选题方面来说，关于文化和历史方面的问题浩如烟海，多种多样，悟空问答平台上的问题同样也是多样化的，运营者在选择回答的问题时要注意 3 个方面，如图 8-27 所示。

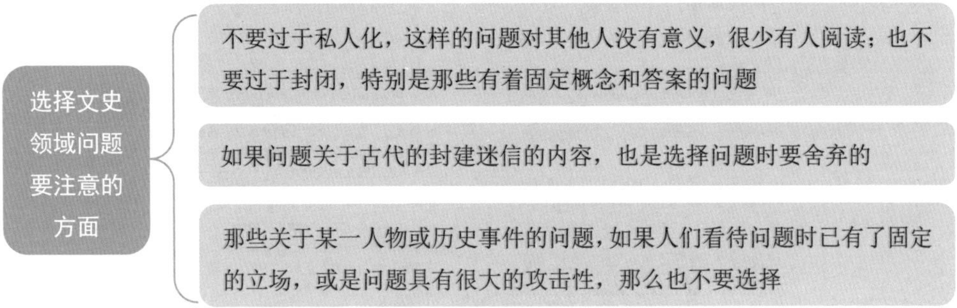
选择文史领域问题要注意的方面
不要过于私人化，这样的问题对其他人没有意义，很少有人阅读；也不要过于封闭，特别是那些有着固定概念和答案的问题
如果问题关于古代的封建迷信的内容，也是选择问题时要舍弃的
那些关于某一人物或历史事件的问题，如果人们看待问题时已有了固定的立场，或是问题具有很大的攻击性，那么也不要选择

图 8-27　选择文史领域问题要注意的方面

其次，从问答内容方面来说，运营者要注意以下 4 个方面，如图 8-28 所示。

回答文史领域问题要注意的方面

- 文史领域回答内容要求要有自己的观点，但是不能把这一要求无限放大——故意曲解历史或作品，以及借回答之名对他人进行人身攻击。这些都是不可取的，而是要针对提问进行理性讨论和内容呈现
- 与上图中的选题要求一样，在问答内容中不要借势传播与封建迷信和宗教相关的内容，最好采取回避的态度
- 在回答的内容中，除了史料和相关文献可以照搬外，其他的内容最好是有自己的个人观点，并把这些观点用自己的特色语言表达出来
- 回答内容虽然是对某一问题的回答，但是可能有人认为，网络上的百科、论文等内容中已经有了许多与之相关的答案，照搬即可。其实这是不受平台认可的，轻者可能不予推荐，严重的还会被判为抄袭，以致封号

图 8-28　回答文史领域问题要注意的方面

图 8-28 所示的 4 个方面是基于所有的文史领域的问答内容而言的。对于该领域的一些比较特殊的问题，如对联类的回答内容，在回答时最好加入你所回答的对联的格律，让用户容易理解，如图 8-29 所示，同时注意在措辞方面不要太露骨，否则就很容易失去对联本身的韵味。

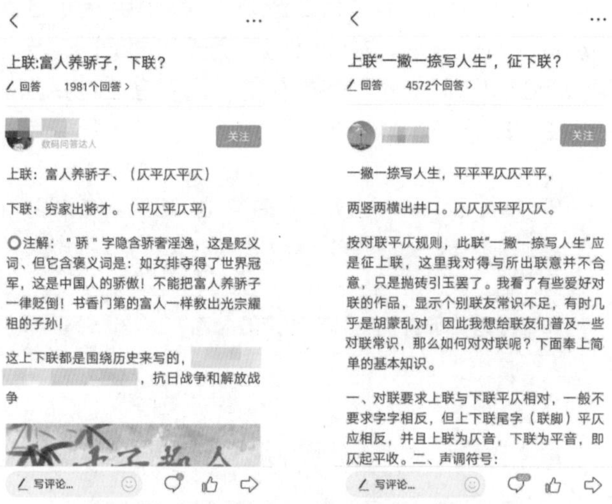
上联:富人养骄子，下联?
回答　1981个回答 >
关注
上联：富人养骄子、（仄平仄平仄）
下联：穷家出将才。（平仄平仄平）
注解："骄"字隐含骄奢淫逸，这是贬义词、但它含褒义词是：如女排夺得了世界冠军，这是中国人的骄傲！不能把富人养骄子一律贬倒！书香门第的富人一样教出光宗耀祖的子孙！
这上下联都是围绕历史来写的，
，抗日战争和解放战争
写评论...
上联"一撇一捺写人生"，征下联？
回答　4572个回答 >
关注
一撇一捺写人生，平平平仄仄平平，
两竖两横出井口。仄仄仄平平仄仄。
按对联平仄规则，此联"一撇一捺写人生"应是征上联，这里我对得与所出联意并不合意，只是抛砖引玉罢了。我看了有些爱好对联的作品，显示个别联友常识不足，有时几乎是胡蒙乱对，因此我想给联友们普及一些对联常识，那么如何对对联呢？下面奉上简单的基本知识。
一、对联要求上联与下联平仄相对，一般不要求字字相反，但上下联尾字（联脚）平仄应相反，并且上联为仄音，下联为平音，即仄起平收。二、声调符号：
写评论...

图 8-29　对联类的回答内容中加入格律的案例

第 9 章

推广：如何掌握推荐机制和技巧

无论什么样的平台，内容对于运营者而言都是进行宣传推广的关键。那么，在今日头条平台上，头条运营者是怎样实现内容推广的呢？具体说来，它自有一套独特的推荐机制，只要再配合运营者所掌握的创作技巧和推广技巧，就很容易实现内容的推广了。

9.1　机制：了解头条内容的推荐

在今日头条平台上，内容的推广并不是无章可循的，它自有一套独特的推荐机制。本节就从这一机制的消重、审核和推荐出发，为大家深入地讲述头条号的内容推广规则。

9.1.1　原理：信息匹配的 3 个要素

内容推荐的实质是为用户匹配其感兴趣的信息，而信息匹配的要素主要有 3 个，如图 9-1 所示。

- 用户刻画

  为了给用户提供他们喜欢的内容，或者理解用户的需求，平台有很多角度可以去刻画一个用户的画像，比如，年龄、性别、历史浏览的文章、环境特征等。
- 内容刻画

  机器提取文章中的 **关键词** ，或者利用AI技术识别音频与视频的具体内容，从而将内容快速分类。
- 感兴趣
  - 兴趣匹配：用户的阅读标签与文章标签重合度最高，被系统认定最可能对该文章感兴趣。
  - 分批次推荐：首先会被推荐给一批对其最可能感兴趣的用户，这批用户产生的阅读数据，将对文章下一次的推荐起到决定性作用。

图 9-1　信息匹配的 3 个要素

9.1.2　周期：内容审核的 4 个环节

一般来说，运营者在发布了一条内容之后，会经过平台系统的机器和人工的双重审核，而这两种审核又分为 4 个环节，如图 9-2 所示。

- **内容初审**

初审是审核编辑对内容的第一道审核，当发文不符合平台规范时，文章将被退回不予收录，或被限制推荐。如出现严重违规行为，将导致帐号被惩罚或者封禁。

- **冷启动**

冷启动是一个推荐上的概念。文章推荐之初，在推给一部分用户，观察他们的点击、分享、点赞行为之后，机器就会判断哪些人群会喜欢这篇文章，哪些人群绝不喜欢。文章后续能不能推出来，就靠这篇文章创作的实力了。

- **正常推荐**

进入推荐环节的文章，会因为推荐机制产生不同的效果。内容质量及用户行为，会影响文章的推荐情况。

- **复审**

在文章被推荐展示的过程中，如果推荐量很大或文章负评较多，就会被送入复审。在复审中，如果发现存在标题党、封面党、低俗、虚假这些问题，系统就会停止这一篇文章推荐， 内容严重违规 将会受到处罚。

图 9-2　内容审核的 4 个环节

9.1.3　技巧：利用推荐机制来推广

了解了今日头条平台的推荐原理和周期之后，我们在进行内容创作时，就需要学会利用它的这套推荐机制来进行内容推广。接下来，笔者将从避免消重、快速过审和精准推广这 3 个方面来讲解内容的推广技巧。

1. 如何才能避免消重

在今日头条平台上，一般来说，每个头条号都是独立存在的，相互之间一般是没有多少关联的。在这样的情况下，内容在某些方面难免有些相似。而一般的用户是不会喜欢在同一页面或平台上看到那些相似的内容的。

因此，为了提升用户的阅读体验，今日头条在头条号的内容推广方面，从一开始就利用推荐机制让这种情况变得可控。而在今日头条的推荐机制中，又包含多个方面的内容，如“消重”“审核”“特征识别”“推荐”和“人工干预”等。

在“消重”这一概念范畴中，“重”指的就是重复、相似。当然，这里的重复、相似可以从两个方面来理解，具体内容如下。

- 文章内容方面：指的是文章内容的文字、图片和视频等内容元素存在相同或高度相似的地方。特别是一些有关概念、基础理论知识和地方特色等方面的文章，是极有可能存在相似之处的。
- 文章主题方面：指的是文章的中心思想存在相同或高度相似的地方。例如两个专注摄影领域的头条号，如果其内容是关于同一类事物的摄影构图方面的内容，那么就表示它们存在主题上的相似。

头条号推荐机制中的消重，就是针对以上两个方面相似的文章，进行分类和对比之后再考虑是否推荐给用户，以及推荐给哪些用户。也就是说，在消重这一阶段，系统会从以下两个角度来对内容进行判断，如图 9-3 所示。

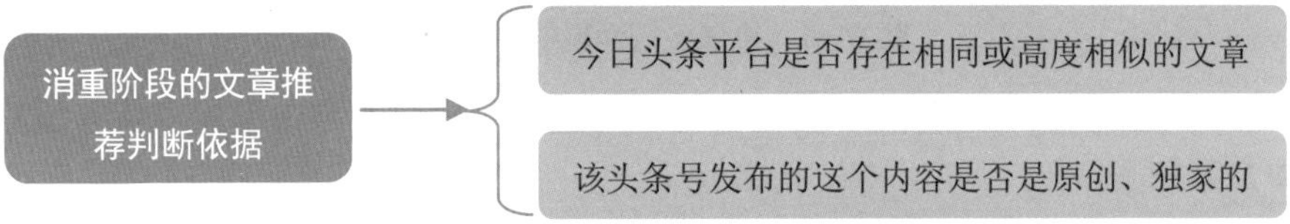
消重阶段的文章推荐判断依据
今日头条平台是否存在相同或高度相似的文章
该头条号发布的这个内容是否是原创、独家的

图 9-3 消重阶段的文章推荐判断依据

从图 9-3 可知，在今日头条平台推送内容，首先需要通过消重机制的检验，然后才能决定是否能被推荐给更多的用户。而头条运营者要做的就是如何才能让自己的内容在消重机制下获得推荐。其实，有因才有果，要想不被消重，就只有深刻了解和掌握消重机制的算法。

机器消重，首先要做的就是把文章中的文字、图片、标题等用数字代码代替，然后将这些数字代码进行对比，以此建立起消重处理的基础。

通俗地来说，这些数字代码所组成的信息就如同人的身份证，它是计算机应用领域里常用来判断信息重复性的方法。而在计算机系统中，每一篇文章都有它特有的“身份证”，如果内容不相似或不相同，那么，“身份证”也就会不同。就这样，系统通过判断头条号文章的“身份证”是否相同或相似，从而得出内容的重复率以及判断是否原创。

那么，机器系统消重是根据哪些方面来实现的呢？具体说来，主要表现在 3 个方面，如图 9-4 所示。

文章内容消重 → 首先，系统将内容转化为数字代码式的“信息指纹”，在相似或相同情况下，系统会根据“信息指纹”相互之间的差异和是否是原创、是否是独家等关键因素来决定消重结果，以及是否被推荐

标题与封面消重 → 其原理与文章内容消重一样，一篇文章的标题和封面也有其固有的数字代码式的“信息指纹”。况且，在今日头条平台中，在用户没有点击的情况下，标题与封面的“信息指纹”是消重机制中的主要判断标准

文章主题消重 → 当文章的主要内容相同时，就需要启动“相似主题”消重机制了。特别是对一些关联热点事件和话题的文章，很多头条运营者都会利用它来推广，这时就需要针对文章中与热点相关的关键词进行“信息指纹”的计算

图 9-4　机器系统消重的 3 个方面

针对以上机器消重算法，运营者要做的是采用相应的方法尽量避免被消重。具体方案如下：

- 针对文章内容消重，运营者应该尽量展开优质内容的原创工作。
- 针对标题与封面消重，运营者最好是避开标题套路，写出有创意的标题。
- 针对文章主题消重，运营者不应一味追逐热点事件和话题，要谨慎操作。

2. 如何才能快速过审

在今日头条平台上，运营者发布的文章只有经过审核才能被推荐给用户，且审核的时间有长有短，一般为 3 ~ 5 分钟，最长不会超过 24 小时。而今日头条平台就是利用其比较完善的审核机制，从而保证内容信息的合法合规。当然，只有审核通过的文章，才能确保传达的有效性。

文章审核的顺利通过是实现推荐的前提，而没有通过审核的文章，在修改后仍然没有达到标准的情况下，平台仍然是不予推荐的。当然，对某些违规比较严

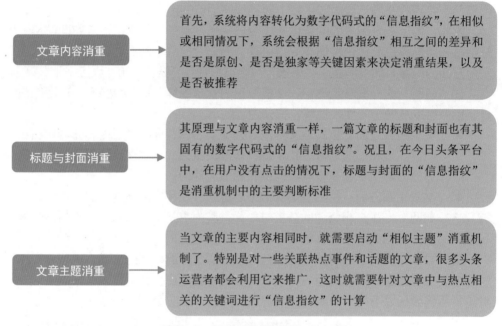

重的内容，甚至连修改的机会都不会有，它会被直接关闭推荐功能。

下面就来列举一些违规行为对应的处罚，具体内容如下。

(1) 被判定有抄袭行为时，头条号的原创标签和赞赏功能将会被收回，且以后都不会再允许申请和开通。

(2) 当禁言惩罚在 3 天以上，期间仍持续发生违规行为，那么该头条号的文章推荐量也会受到较大影响。

(3) 凡是因为抄袭或发布色情、反动内容受到惩罚的头条号，那么原创标签与千人万元计划将永久绝缘。

在新媒体阵营中，大多数平台是不支持文章发布后的内容修改的，而今日头条是其中的特例，在发布后的 14 天内，它允许头条运营者对其进行修改。

熟悉头条号运营的用户都知道，头条号文章发布的审核过程是需要一段时间的，因此运营者修改推送文章也存在两种不同的情况，即审核通过前修改和审核通过后修改，具体内容如表 9-1 所示。

表 9-1　运营者修改推送文章的两种不同情况

修改情况	内　容
审核通过前修改	头条平台系统审核的不再是修改前的版本，直接以修改后的版本作为审核的文章内容
审核通过后修改	今日头条系统将重新对文章进行审核，显示的也将是修改后的版本。当然，修改的内容没有通过审核，则将继续显示修改前的版本

同时，对运营者来说，系统是不鼓励反复修改推送文章的，且那些修改了 3 次及 3 次以上的文章，还有可能不会获得系统的推荐。其原因就在于反复修改存在两个方面的弊端，具体内容如下：

- 除了标题外，其他内容的小修小补是不会对文章的推荐量产生大的积极作用的，反而会影响文章的及时发布和推荐量。
- 有些人会认为，文章审核通过后再去进行修改，可能系统就不会察觉出其中的不符合规范的内容。其实这是大错特错的，因为系统不但会对文章重新进行审核，假如被判定为恶意修改，还会受到平台的严厉惩罚。

3. 如何进行精准推广

所谓推荐系统，其实质就是机器对文章的审核。当然，这种审核与日常生活中的审核不同，它具有高速、针对性识别等特征。其中，所谓高速，就是针对今日头条平台的上亿用户信息流，机器推荐系统都能较好地完成审核任务。

而针对性的特征识别，是机器了解推送文章的工作方法和途径。那么，它究竟是怎样进行特征识别的呢？这是可以通过很多维度来实现的，其中比较重要的就是“关键词”这一维度。

从关键词这一维度来说，机器推荐系统会根据两大原则从众多的内容中抓取一些词语作为关键词，具体如图 9-5 所示。

高频词 → 一篇文章是由一定篇幅的内容组成的，在这些内容中，提取的关键词是从那些出现频率比较高的词中选取的。例如一篇关于新媒体运营的文章，其高频词就有可能是平台名称、运营术语或技巧等，例如“今日头条”“吸粉”“数据分析”等

次数少 → 这里的“次数少”不像“高频词”一样，不是针对一篇文章本身来说的，而是针对一类文章来说的。之所以要出现次数少，是因为其代表的是该篇文章的识别特征。但是要特别注意的是，那些非常规词语尽量不要使用，它们一般会增加对文章的理解障碍，且并不在关键词的提取范围内

图 9-5　机器推荐系统的两大关键词判定原则

系统完成了关键词的判定后，就会对这些关键词与文章分类模型进行比对，如果这些关键词与哪一类关键词库中的关键词符合度高，那么该篇文章就会被贴上那一类的标签并进行推荐。

今日头条的机器推荐系统是一个实现文章与用户匹配的推荐系统，上面已经介绍了其对文章的理解，下面将介绍它对用户的理解。

今日头条的机器推荐系统实现的是个性化推荐，它会给每一位用户推荐其可能感兴趣或与其兴趣相符的内容。那么，它是怎样解读文章的匹配用户的呢？

关于机器推荐，笔者在此举一个简单的例子就很好理解了。如果一篇关于新媒体运营的优质文章，其阅读量已突破 100 万，那么这篇文章放在微信公众号上足可称得上是一篇爆款文章了。但是在今日头条平台中，即使它的阅读量再高，在用户没有关注的情况下，那么对新媒体运营没有一点兴趣的用户仍然是不能看到这篇文章的。

可见，今日头条实行的是精准的个性化推荐，它对用户的认知是非常充分的，是建立在对大量数据分析而得出的用户结果的基础上的。具体说来，机器系统对用户的识别主要包括 3 项数据，如图 9-6 所示。

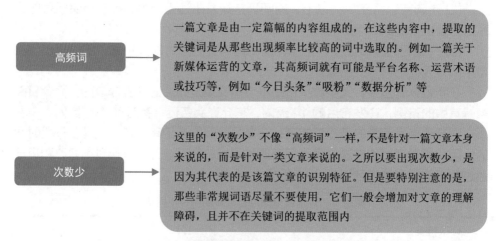

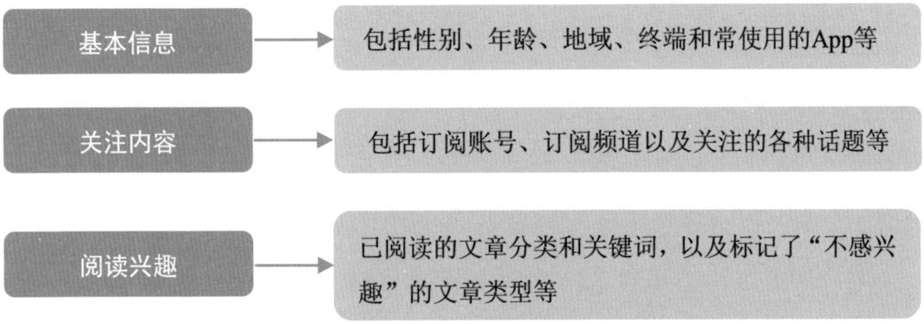
基本信息
包括性别、年龄、地域、终端和常使用的App等
关注内容
包括订阅账号、订阅频道以及关注的各种话题等
阅读兴趣
已阅读的文章分类和关键词，以及标记了“不感兴趣”的文章类型等

图 9-6　机器系统对用户识别的 3 项数据

通过图 9-6 所示的 3 项数据，可以让系统对用户的阅读兴趣有一个大体的把握。当然，这些用户数据的判断，是建立在有着较大信息流的基础之上的。这里的较大信息流主要包括两个方面，具体内容如下。

(1) 从时间角度来说，用户使用今日头条 App 的时间越长，系统所获得的用户数据信息也就越多。

(2) 从数量角度来说，使用今日头条 App 的用户越多，那么系统所获得的数据信息也就越多。

经过了时间和用户数量的数据信息积累，今日头条平台的机器系统对用户的兴趣判断也就会越精准，从而能够得出更加清晰的用户画像，最终寻找到某一篇或某一类文章的目标用户，并对其进行内容的推荐。

今日头条的文章推荐并不是一步到位的，而是分批次推荐的，这样就更利于引导推荐和减少不受欢迎的内容的推荐占用资源。那么，什么是分批次推荐呢？它可从 6 个方面来进行理解，具体如下：

- 分批次推荐包括两个层次，一是某一时效期内的多次推荐，二是不同时效期 (24 小时、72 小时和 1 周) 的推荐。
- 首次推荐的用户，是那些阅读标签与文章标签匹配度最高的用户，他们被认为是最有可能对该篇文章感兴趣的用户。
- 首次推荐的用户阅读数据 (特别是点击率) 决定着第一次的推荐量，即首次点击率高，表示这篇文章是适合这些用户的，系统就会增加第二次的推荐量。首次点击量低，表示这篇文章并不太适合这些用户，系统就会减少第二次的推荐量。
- 推荐系统中判断推荐量的阅读数据包括多种，主要是点击率、收藏数、评论数、转发数、读完率和页面停留时间等。
- 在一个时效期内，文章上一次的推荐量决定着其下一次的推荐量。
- 在 3 个不同的时效期内，其推荐量是不断减少的，直至停止推荐。

专家提醒

今日头条的分批次推荐，其实质是一种扩大机制的推荐。因此，头条运营者如果想要获得更多的阅读量，就应该让各项阅读数据都保持在高位水平上，这也就要求所推送的文章是优质的。

在机器推荐机制中，影响推荐量的除了各项阅读数据外，还有一些数据也需要注意，如负面评论过多、无效异常的点击过多等，这些也是使得推荐量降低的原因。

9.2 策略：4 种方法获得高推荐

运营者要想让自己的产品被更多的人所了解、熟悉，除了需要进行内容创作、优化之外，还需要对创作的内容进行推广。运营者在进行内容推广的时候，必须掌握一些推广技巧，让内容推广的效果达到最佳，从而吸引客户消费自己的产品。接下来将为大家介绍几种常见的内容推广技巧。

9.2.1 大数据：实现精准化的推广

精准化推广主要是借助大数据的分析能力，将用户群体按照一定的分类方式进行分类，从而使产品更有针对性。在今日头条平台上，精准推广的基础就是大数据，一般包括阅读数据、关注数据和其他数据。基于这些数据，系统可对用户群体按照一定分类方式进行分类，可实现解析用户需求的目标，从而创作内容。

对于头条运营者来说，最需要的是用户流量，而用户流量的网络表现就是数据，所以头条号的内容推广与大数据是紧密相连的。大数据的出现影响了市场的环境，也就促使头条号进行相应改革。大数据对内容电商影响的相关分析，如图 9-7 所示。

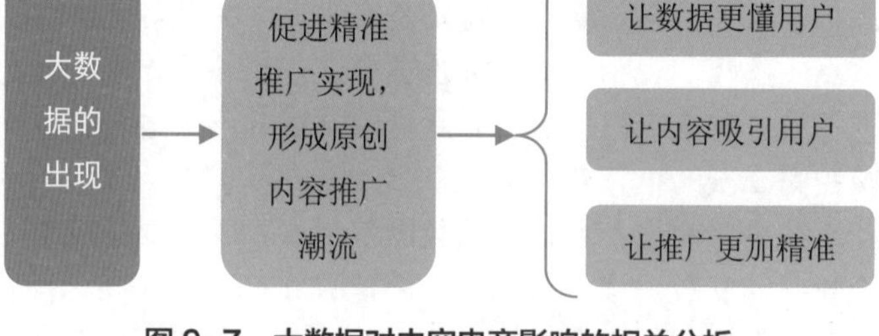
大数据的出现
促进精准推广实现，形成原创内容推广潮流
让数据更懂用户
让内容吸引用户
让推广更加精准

图 9-7　大数据对内容电商影响的相关分析

在头条号的实际运营中，大数据的分析功能至关重要，数据能够给我们最好的答案。通过“内容营销 + 大数据”的模式，可以运用智能推荐算法和消费者画像数据等，对接消费者的需求和爱好。如大家熟知的“京条计划”就是头条号与京东商城联合推出的内容精准化推广的案例。

京东商城是一个知名的电商平台，而今日头条则是一个产生内容的新媒体平台，他们联合推出了一个“京条计划”，主要内容如图 9–8 所示。

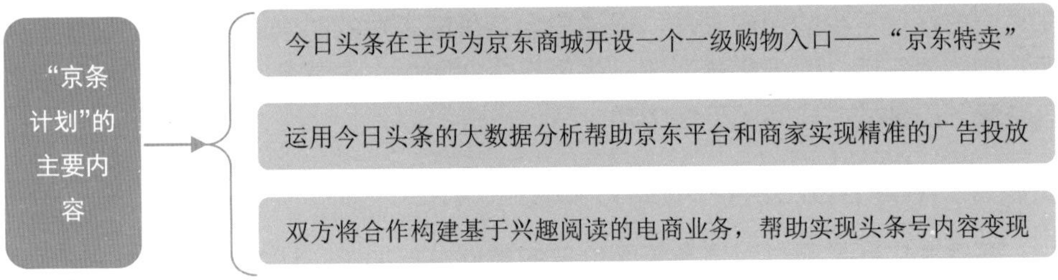

“京条计划”的主要内容
今日头条在主页为京东商城开设一个一级购物入口——“京东特卖”
运用今日头条的大数据分析帮助京东平台和商家实现精准的广告投放
双方将合作构建基于兴趣阅读的电商业务，帮助实现头条号内容变现

图 9–8 “京条计划”的主要内容

“京条计划”融合了“电商 + 大数据 + 内容营销”等新商业趋势。虽然这只是一个开始，但其中充满了更大的想象空间。

9.2.2 好口碑：实现快速自发推广

口碑推广，顾名思义，就是一种基于企业品牌、产品信息在目标群体中建立口碑，从而形成“辐射状”扩散的内容推广方式。在互联网时代，口碑推广更多的是指企业品牌、产品在网络上或移动互联网的口碑推广。

口碑首先是“口口相传”，其重要性不言而喻。比如小米，超高的性价比造就了其良好的口碑形象，从而在人们之间快速传播开来。有不少企业想将口碑营销与内容推广相结合，企图进一步打造企业的口碑。要想通过内容来打造一个好口碑，那就需要做到 4 点，具体内容如下。

1. 角度新奇

对于新奇而有趣的事，人们往往会更愿意去关注和分享，内容推广也是如此，一篇有趣的文章总会引起用户的好奇，引发用户传播。所以，当企业在策划口碑内容推广时，可以从新奇角度出发。

2. 刺激心弦

不管是哪一种类型的用户，都会有一根敏感的心弦，只要运营者用内容刺激到了这根心弦，产生共鸣，就能拉近与用户的距离，从而影响到用户，自然而然地会形成口碑推广效应。

3. 关联利益

用户最关心的就是自己的利益，所以如果运营者能够以用户利益为出发点，

让用户能从内容中获得受益，那么自然就会受到用户的拥戴，口碑传播也就自然而然地形成了。

4. 内容真实

企业在进行口碑内容推广时，绝对要杜绝虚假宣传的发生。虽然这种做法能在短期内获得不少的用户关注，但是总会有东窗事发的时候。当用户发现挂羊头卖狗肉的情况后，就会带着谩骂、失望离企业而去，这就会大大损害企业的品牌信誉度，口碑推广自然就无法成功。

9.2.3 事件：实现用户的有效转化

事件推广就是通过对具有新闻价值的事件进行加工，让内容中的这一事件继续得以传播、推广，从而达到实际的广告效果。事件推广能够有效地提高企业或产品的知名度、美誉度等，优质的内容甚至能够直接让企业树立起良好的品牌形象。

创新的内容推广活动策划只是成功的第一步，进行有效的用户转化才是企业通过事件推广获得收益的期望效果。在实际应用中，由话题引导的事件推广往往具备多种其他渠道没有的特点，如图 9-9 所示。在将话题转为自身品牌建设之后，就可以通过不同的渠道进行影响力拓展，尤其是一些新媒体渠道。

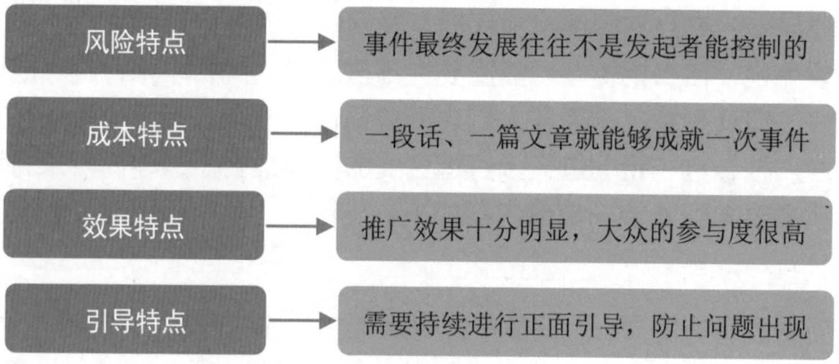
风险特点
事件最终发展往往不是发起者能控制的
成本特点
一段话、一篇文章就能够成就一次事件
效果特点
推广效果十分明显，大众的参与度很高
引导特点
需要持续进行正面引导，防止问题出现

图 9-9 事件推广的特点

专家提醒

事件推广最常见的表现就是企业推出海报，在今日头条和微信、微博等平台上进行推广，但这并不是全部。事件推广往往可以成为相关活动的来源，并通过联合营销的方式将 App 的粉丝由线上引流至线下，推动线下的相关活动。

9.2.4 病毒式：实现大范围的传播

在计算机和生物界，“病毒”都是一种极具传播性的东西，而且还具有隐蔽性、感染性、潜伏性和破坏性等特征。在头条号的运营中，病毒式推广却是一种很好的方式。它可以让头条号内容大范围传播到众多人群中，并形成“裂变式”和“爆炸式”的传播状况。

在运用病毒式的方法推广内容时，可以采用以下的策略，如图 9-10 所示。

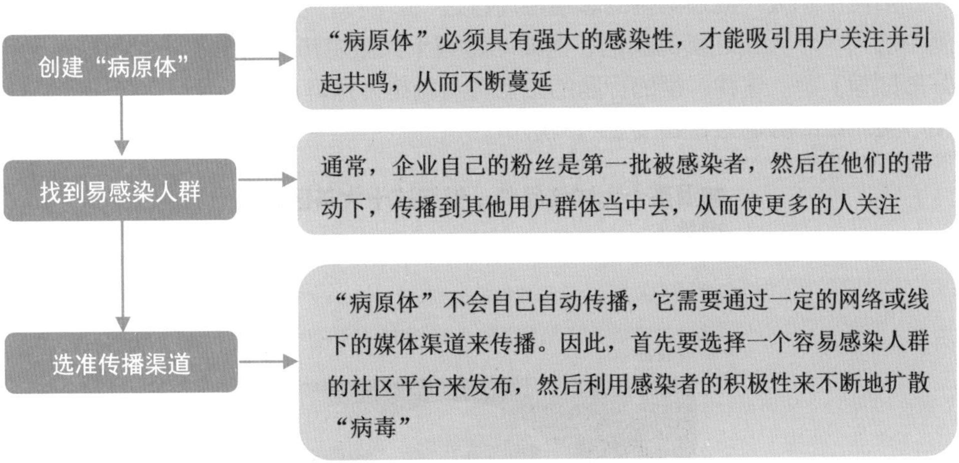
创建“病原体”
“病原体”必须具有强大的感染性，才能吸引用户关注并引起共鸣，从而不断蔓延
找到易感染人群
通常，企业自己的粉丝是第一批被感染者，然后在他们的带动下，传播到其他用户群体当中去，从而使更多的人关注
选准传播渠道
“病原体”不会自己自动传播，它需要通过一定的网络或线下的媒体渠道来传播。因此，首先要选择一个容易感染人群的社区平台来发布，然后利用感染者的积极性来不断地扩散“病毒”

图 9-10 病毒式推广策略

9.3 技巧：获得用户的高度关注

在了解了上述几种常规型内容推广的策略之后，接下来将为大家介绍几种推广内容的技巧，帮助大家全方位掌握推广内容的方法，让自己的头条号获得更高的曝光度和用户关注量。

9.3.1 造势：提升用户的认知程度

即使企业或个人在今日头条平台上的影响力不大，但这点并不会影响他们所创作的内容传播力度。

1. 传播轰动信息

对于企业来说，在今日头条平台上的内容与标题最好具有颠覆性，只有做到语不惊人死不休，才能给用户传递轰动、爆炸式的信息。比如借助公众人物来为头条号造势，兼具轰动性，立刻能够成功吸引用户的眼球。

在这个自媒体泛滥的年代，想要从众多的内容中脱颖而出，就要制造一定的噱头，用语出惊人的方式吸引用户的眼球。

例如《赶紧关掉微信这三个开关吧，不然手机会越来越卡，快试试吧》就是一个很好的例子，一看到这样的标题，人们就会想，微信大家天天都在用，也发现越用越卡，要解决这一问题究竟如何操作呢？就是这股好奇心激发了用户点击阅读。

2. 总结性的内容

扣住“十大”就是典型的总结性内容之一。所谓扣住“十大”，就是指在标题中加入“十大”之类的词语，例如《暑假十大旅游热门城市》《2020 年十大好书推荐》等。这种类型的标题的主要特点就是传播率广、在网站上容易被转载和产生一定的影响力，如图 9-11 所示。

普洱茶十大知名品牌，都与这十大茶区息息相关！

普洱茶十大知名品牌的排行榜，为初入行的茶友提供了学茶、买茶的参考。

但是，很多进阶级的茶友并不满足于普洱茶十大知名品牌的茶品了，追求产区和山头，成了一种个性化的品茶方式。

▲普洱茶汤

图 9-11　扣住“十大”的内容案例

3. 自我造势

除了可以借势外，在推广内容时还可以采用自我造势的方式来获得更多的关注度，引起更大的影响力。

任何内容运营推广，都需要两个基础条件，即足够多的粉丝数量和与粉丝之间拥有较为紧密的关系。运营者只要紧紧地扣住这两点，通过各种活动为自己造势，增加自己的曝光度，就可以获得很多粉丝。为了与这些粉丝保持紧密关系，运营者可以通过各种平台经常发布内容，还可以策划一些线下的活动，通过自我造势带来轰动，引发用户围观。

总的来说，自我造势能够让用户清晰地识别并唤起他们对产品的联想，从而进行消费，可见其对内容运营推广的重要性。

另外，运营者还可以通过头条号的“粉丝必达”功能来增加和粉丝之间的联系，提升对粉丝的触达率。使用了“粉丝必达”功能的文章在通过审核后，除了可以获得系统的正常推荐以外，还能够对运营者的粉丝进行额外推荐。不过，该功能目前还处在内测阶段，暂时不支持运营者自主申请。

“粉丝必达”功能只支持文章和微头条的内容的使用，已开通“粉丝必达”功能的运营者在电脑端头条号后台发布文章或微头条内容时，选中“粉丝必达”单选按钮即可，如图 9-12 所示。

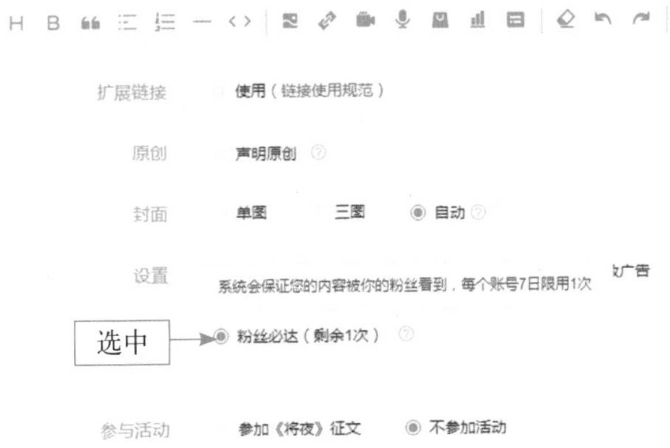

图 9-12 选中“粉丝必达”单选按钮

文章发布成功以后，在电脑端头条号后台的“管理→作品管理→文章”页面中，对应的文章会显示“粉丝必达”的标识。在使用“粉丝必达”功能时，运营者还需要注意以下这些事项，如图 9-13 所示。

- 参与内测的创作者每 7 日可使用 1 次“粉丝必达”功能，如果不使用，次数不会累计到下一周期。
- 文章发表后，已勾选“粉丝必达”的文章无法修改取消，未勾选“粉丝必达”的文章无法重新勾选。
- 已勾选“粉丝必达”的文章，如未通过审核，次数不会恢复。
- 定时发表的文章暂不支持使用“粉丝必达”功能。
- 目前，“粉丝必达”功能仅针对图文内容，视频、图集暂不支持使用。

图 9-13 使用“粉丝必达”功能需要注意的事项

9.3.2 包装：增加额外的曝光机会

对于运营者来说，最终还是要通过盈利来实现自己的价值，因此内容的变现就非常重要，否则难以持久。要实现内容变现，首先就要学会包装内容，给内容带来更多的额外曝光机会。给内容进行包装的方法主要有两种，具体内容如下。

1. 借助明星光环

借助拥有大量粉丝的明星和大咖博主之手，可以促进头条号内容的推广，实现更好的运营效果，其优势如图 9-14 所示。

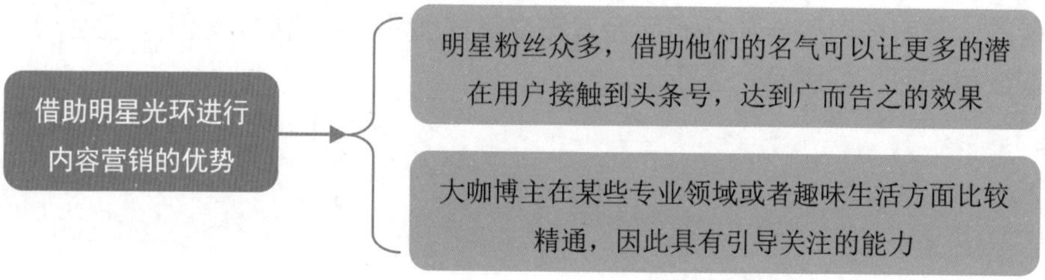
借助明星光环进行内容营销的优势
明星粉丝众多，借助他们的名气可以让更多的潜在用户接触到头条号，达到广而告之的效果
大咖博主在某些专业领域或者趣味生活方面比较精通，因此具有引导关注的能力

图 9-14　借助明星光环进行内容营销的优势

通过将内容与明星某些特点相结合，然后凭借明星的关注度来吸引消费者的眼球，这是内容推广惯用的手法。

2. 进行强强联合

在这个移动互联网时代，每个用户使用的移动平台媒介都不同。根据自身的习惯，有的人喜欢用微博分享信息，有的人喜欢用 QQ 聊天，有的人喜欢逛贴吧，有的人喜欢看视频。

正是因为移动端的复杂性和人们的使用习惯及行为的不同，才导致单一的内容推广很难取得良好的效果。因此，企业可以通过与其他平台或者企业进行强强联合，打造出一个更强的运营圈和区域。

9.3.3　卖点：适当的时候进行表达

如今是一个自媒体内容盛行的时代，也是一个内容创作必须具有互联网思维的时代，更是一个碎片化阅读的时代。而做内容推广，如果没有在适时的情景下表达卖点，解决怎么卖，哪里卖的问题，那么可以断定这将是一篇失败的内容。

头条号上的内容不是简单的美文，也不是纯粹的小说，更不是论坛上无聊的新闻，它的作用就是达成推广目标。所以，如何激发用户的关注欲望，才是内容创造唯一的出路。

下面就来看一下这篇名为《白色版诺基亚 7 Plus 图赏：这手感真的好熟悉》的文章，如图 9-15 所示。

从标题中就可以看出这篇文章对手机产品卖点的阐述“这手感真的好熟悉”，如图 9-16 所示。

再来看内容，文章首先介绍了诺基亚 7 Plus 的机身材质及其给人带来的手感，然后由此引出诺基亚 7 Plus 在手感方面的一些卖点，包括“手感则更加接近聚碳酸酯”“经过了 6 次打磨的全铝质金属背盖”“辅以陶瓷感涂层”“就算你是汗手，也不易在上面留下指纹”等，从而得出诺基亚 7 Plus 手感接近 N9，以及“这手感真的好熟悉”的卖点。再加上“一体化的 6000 系铝合金框架，CNC 钻石切割工艺”和“独特的拼接感”等，使得其在手感方面有了更进一步的改进。

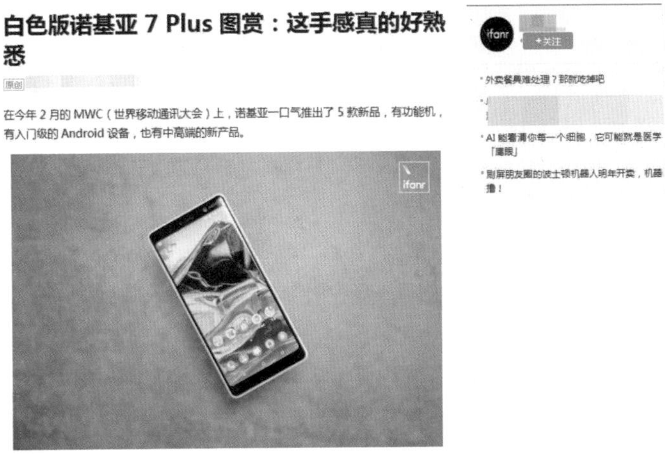
白色版诺基亚 7 Plus 图赏：这手感真的好熟悉

原创

在今年 2 月的 MWC（世界移动通讯大会）上，诺基亚一口气推出了 5 款新品，有功能机，有入门级的 Android 设备，也有中高端的新产品。

ifanr
+关注
外卖餐具难处理？那就吃掉吧
AI 能看清你每一个细胞，它可能就是医学「慧眼」
刷屏朋友圈的波士顿机器人明年开卖，机器撸！

图 9–15　《白色版诺基亚 7 Plus 图赏：这手感真的好熟悉》的文章标题

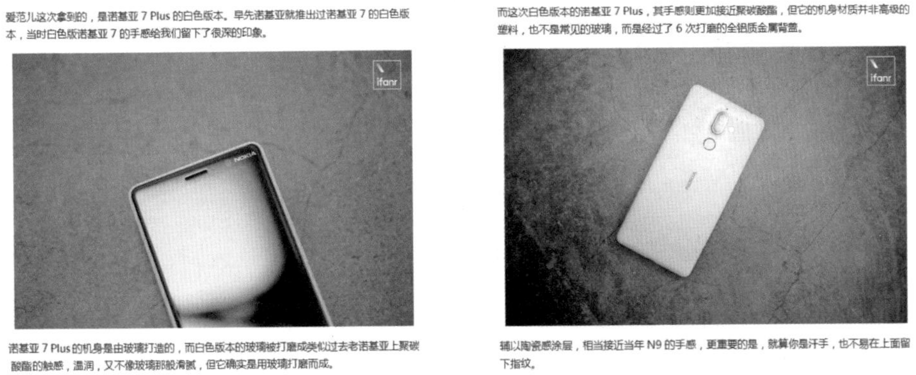
爱范儿这次拿到的，是诺基亚 7 Plus 的白色版本。早先诺基亚就推出过诺基亚 7 的白色版本，当时白色版诺基亚 7 的手感给我们留下了很深的印象。

诺基亚 7 Plus 的机身是由玻璃打造的，而白色版本的玻璃被打磨成类似过去老诺基亚上聚碳酸酯的触感，温润，又不像玻璃那般滑腻，但它确实是用玻璃打磨而成。

而这次白色版本的诺基亚 7 Plus，其手感则更加接近聚碳酸酯，但它的机身材质并非高级的塑料，也不是常见的玻璃，而是经过了 6 次打磨的全铝质金属背盖。

辅以陶瓷感涂层，相当接近当年 N9 的手感，更重要的是，就算你是汗手，也不易在上面留下指纹。

图 9–16　《白色版诺基亚 7 Plus 图赏：这手感真的好熟悉》的文章内容

内容推广的切入关键点便是产品的卖点，包括用户痛点、购买赠送、数量有限、产品价值等多个方面。而这篇文章也将产品关于手感方面的卖点展现得淋漓尽致。从材质到手感，从手感到对比产品，然后还有流畅的系统体验，为用户下单提供了诸多充足的理由，用户又怎能不心动呢？

9.3.4 积累：做好头条号粉丝运营

在内容运营中，粉丝是最关键的成功因素，要想运营好这些优质的粉丝，运营者就需要用优质的内容和极致的体验来打动他们，吸引他们持续关注自己。

拥有粉丝的头条号，才能越做越好、越做越大，内容才有可能成为爆款，粉丝数量和质量决定了头条号的未来。没有粉丝的头条号就没有影响力，吸引流量是粉丝积累的生存之本。

> **专家提醒**
>
> 对于头条运营者而言，把握每一次与粉丝的相遇，了解他们的心理，并且内容尽可能地满足其的需求，都是内容策略定位的表现。与粉丝的互动也是互联网内容的主要来源之一，更是体现粉丝价值的重要方面。

那么，怎样才能积累更多的粉丝呢？其实，与粉丝分享真实的生活状态，并保持良好的互动，这就是增加人气和留住忠实粉丝的简单有效的方法。

例如，某知名服装品牌非常注重从生活和工作中为用户送上最有感触的内容。这篇文章的内容便是该品牌的产品展示和风格介绍，如图 9-17 所示。

HOME温暖的极简主义
+关注
续写假日风潮 素净家居春夏
ALSO Home家居 采集旅行灵感 造天地自然
雅趣新式英伦传承卓越经典Mulberry
荷兰ESSENZA别致家居装饰下的极致慵懒生
春夏系列呈现了都会式优雅与东方内在极简主义，将干净利落的款式设计与轻松随性的气质融入本季春夏系列同时，更加入了些许热带雨林元素。家居系列更是通过简练的色彩搭配和实用主义造形风格设计等多种单品，突出本系列所着重表现的大版印花和明丽色彩，可谓是崭新的波西米亚风格——如同游走于摩登都市与青山绿水间真挚恳切而又极富创造力的灵魂，将清新舒然的极简主义与悠然自若的优雅和沉着完美融合。

图 9-17　某知名服装品牌的产品展示和风格介绍

这篇文章可以说是该品牌产品系列的风格缩影，简洁而清楚地呈现了其产品的特点，让用户明白了产品的主题特色。并通过产品图片将生活中的一些场景展现出来，让用户有一种身临其境的感觉。这样就充分满足了用户对产品的兴趣。

同时在展示的过程中让用户更加感受其风格特色，从而加深用户对产品的认知。

9.3.5 抽奖：实现内容传播和涨粉

运营者如果要想提升内容传播和涨粉的效果，还有一个非常有效的方法，那就是头条抽奖功能。它是平台针对创作微头条内容的运营者开设的权益，已开通该功能的运营者可以对微头条内容设置转发抽奖。

要想开通头条抽奖功能，需要账号粉丝人数达到 10000 人，且信用分保持在 100 分，达到条件的运营者可以在今日头条 App 的“我的→创作中心→创作权益”界面中开通。转发抽奖的益处主要有以下几点，如图 9-18 所示。

转发抽奖的益处

- 更多互动：转发抽奖即需要网友通过转发才能参与，无形中提高微头条的转发量。
- 帮助内容推广：转发抽奖让广大用户参与内容传播，推广面迅速扩大。
- 更快涨粉：用户收到奖品福利，更有意愿关注你的账号。
- 增强粉丝黏性：通过奖品回馈自己的内容受众，更好维护社交关系。

图 9-18 转发抽奖的益处

运营者在使用该功能的过程中，需要注意以下这些事项，如图 9-19 所示。

- 使用频次：每天发布的抽奖微头条不得超过10条。
- 内容形式：
  - 手动发布的微头条才可设置抽奖，转发的微头条不可设置。
  - 在内容撰写时都必须包含所有抽奖信息，包括：正文内容、奖品名称（必须有明确的市场定价）、奖品数量、参与方式（转发，或转发+关注）、开奖时间。
- 抽奖奖品限制：
  - 支持实物奖品、人民币现金红包两类奖品，奖品必须有明确的市场定价，且描述必须和配图一致，不支持设置虚拟奖品，如在线付费课程、在线奖券等。
  - 发起人需要自行承担奖品运费。
  - 所有中奖人得到的奖品是无差别的，不支持设置阶梯式奖品，如一、二、三等奖。
- 抽奖方式：
  - 目前支持转发抽奖、关注发起人+转发抽奖两种方式。
  - 不支持评论、点赞、阅读、投票等方式抽奖。
  - 无论是哪种抽奖方式，都必须在抽奖微头条中说明。如 转发本内容参与抽奖；转发+关注参与抽奖。
- 开奖时间：单个抽奖活动，活动周期最长为30天，故抽奖时间最长只能设置30天。开奖时间必须是明确的日期和时间。
- 中奖人数设置：
  - 支持抽取1-100名中奖用户，发起人可自行设置中奖人数。
  - 机器会自动过滤羊毛党用户，不支持发起人自行设置参与人过滤信息。
- 抽奖微头条内容发布并完成抽奖设置（内容打上抽奖标识）后，不支持修改或删除。

图 9-19 使用头条抽奖功能需要注意的事项

那么，设置头条抽奖的入口在哪呢？运营者可以打开今日头条 App，点击首页的“发布”按钮，在底部弹出的弹窗中点击“微头条”按钮，如图 9-20 所示。进入微头条内容的编辑页面，点击⊕按钮，在弹出的列表中选择“抽奖”选项，如图 9-21 所示。进入“抽奖设置”页面，设置好相关信息，点击“完成”按钮即可，如图 9-22 所示。

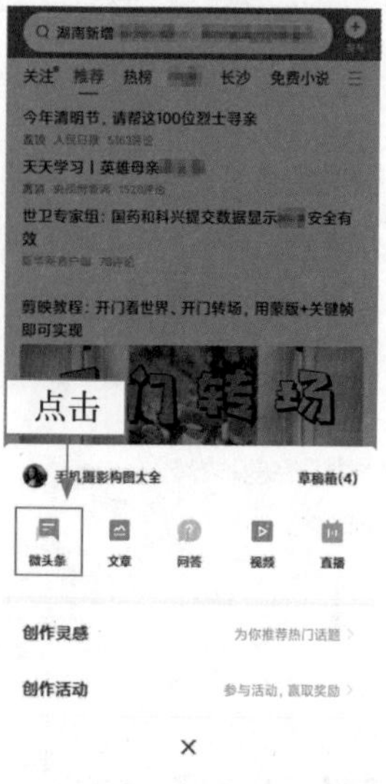

图 9-20　点击“微头条”按钮

图 9-21　选择“抽奖”选项

图 9-22　点击“完成”按钮

设置好转发抽奖之后，编辑好对应的微头条内容，点击“发布”按钮即可。发布之后，平台会在 30 分钟之内审核，如果不符合平台标准，就会被限流。其审核标准如图 9-23 所示。

- 内容信息不完整
  - 转发抽奖内容，没有明确说明奖品名称、奖品数量、参与方式、开奖时间等。
  - 纯转发抽奖内容，无其他正文内容：即一条抽奖微头条内容只有抽奖信息而无其他描述。
- 内容信息不一致
  - 内容中的开奖时间、中奖人数、奖品名称和【抽奖设置】中的信息不一致。
- 抽奖范围（参与方式）不一致
  - 要求用户评论才可参与抽奖、从评论区自选用户送奖品。
  - 要求引导去其他平台才可参与抽奖。
  - 要求用户多次转发、要求用户关注多个账号等。
- 奖品设置、描述不规范
  - 设置实物、现金以外的东西为奖品，包括但不限于：平台会员、虚拟兑换码、在线课程、奖券等无固定形态的奖品。
  - 奖品设置为梯度奖励，比如设置一二三等奖，并为不同梯度设置不同的奖励。
  - 现金设置其他币种，或债券、国权等金融产品。
  - 奖品为虚无缥缈的内容，无法进行实际兑现。
  - 奖品无明确的市场价格。
  - 单个奖品金额超过1万元，或奖品总金额超过5万元。
  - 奖品描述模糊，故意隐去关键信息，或文字和配图不一致，引发用户联想或误解。
- 开奖时间不明确
  - 即开奖时间设置不是具体日期，如一周后、几天后等。

图 9-23　转发抽奖活动的审核标准

第 10 章

数据：如何做好专业的数据分析

要想为头条号的运营找到一个正确的方向，做好涨粉、留存和促活工作，那么做好数据分析是必不可少的。运营者不仅要学会在后台如何查看各项数据，还要学会如何解析数据，以及怎样用图表来更直观地表现和比较数据。而这些问题，笔者将在本章中为大家逐一进行解答。

10.1　用户：了解属性特征

随着今日头条平台的头条指数的下线，各种功能的开通更多的是通过粉丝数来判断，因此运营者有必要更清楚地了解自身头条号的粉丝情况，从而为吸引更多粉丝和流量做准备。

本节将从头条数据方面出发，为快速引流提供更便捷的、有明确方向的策略指导。

10.1.1　增粉：了解运营效果

关于用户数据，运营者首先要了解的就是要查看每天有多少新增粉丝关注了你，又有多少粉丝取消了关注，以及账号一共积累了多少粉丝等，这些都是要掌握的关于用户数量的基本情况。下面主要介绍如何查看账号新增粉丝数据。

运营者如果想要查看新增粉丝数据，只需要在电脑端头条号后台的“数据→粉丝数据→概况”页面中查看即可，如图 10-1 所示。

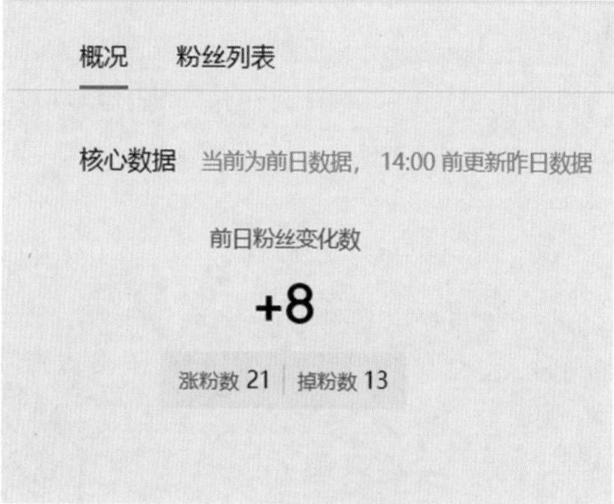

图 10-1　查看新增粉丝数

由上图可知，粉丝变化数的计算方式是由当天涨粉数减去掉粉数而得出的。另外，运营者也可以查看 7 天内或 30 天内的粉丝变化数据趋势，自由选择要查看的数据类型，还可以通过日历选择查看 30 天以内任意时间段的数据趋势。

需要注意的是，30 天这一周期指的是从当前日开始到往前数 30 天的这一段时间，而不是以 30 天为一个区间的任意一段时间。如果运营者想查看头条号某一段时间的粉丝变化数据，可以单击时间选择区域，然后在弹出的日历表中标记起止时间即可，如图 10-2 所示。

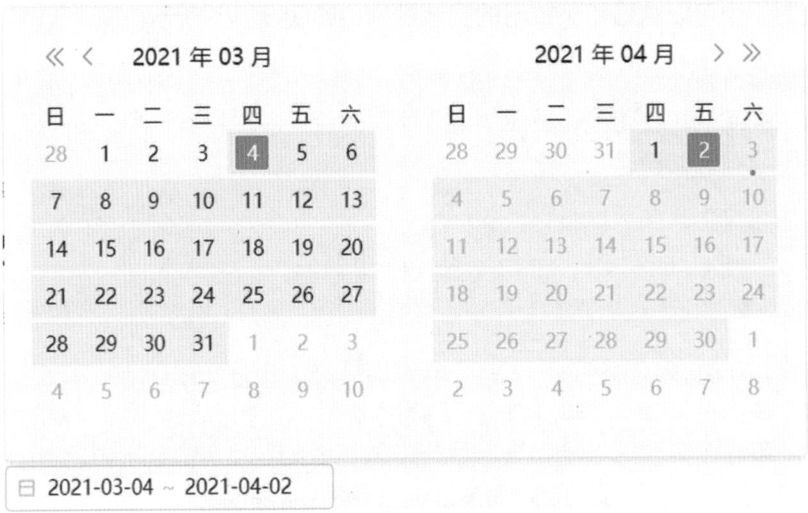

图 10-2　选择显示数据的时间区间

10.1.2　掉粉：找原因获佳绩

通过“掉粉数”的数据就能了解每天有多少粉丝取消了关注，一旦发现这个取消关注的趋势图呈现出了增长的趋势，那么运营者就要格外注意了，要努力找出问题所在，然后尽可能避免这种趋势继续增长。

在电脑端头条号后台的“数据→粉丝数据→概况”页面，运营者可以查看“掉粉数”的趋势图，如图 10-3 所示。

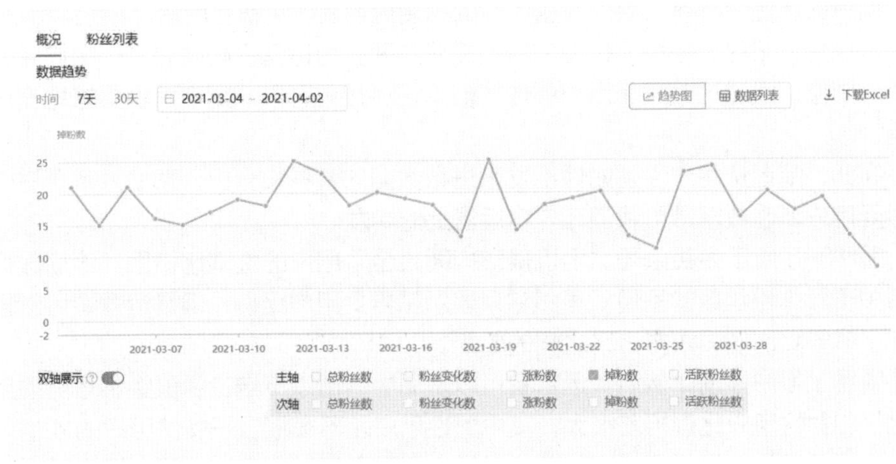

图 10-3　头条号“掉粉数”的趋势图

同时，也可以查看每天掉粉的具体数据，如图 10-4 所示。

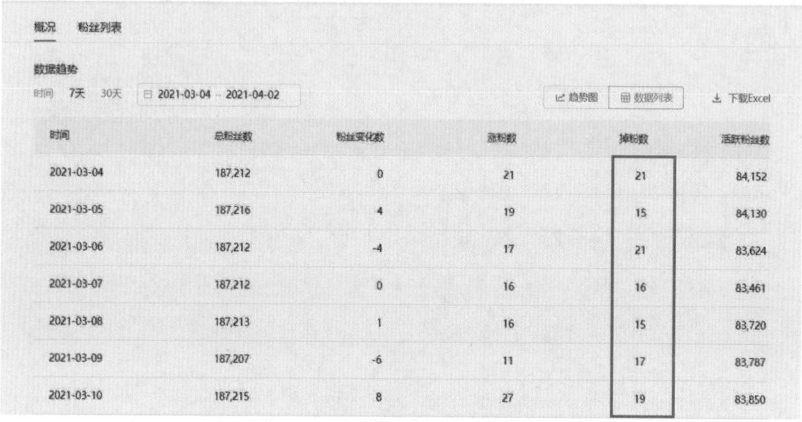

时间	总粉丝数	粉丝变化数	涨粉数	掉粉数	活跃粉丝数
2021-03-04	187,212	0	21	21	84,152
2021-03-05	187,216	4	19	15	84,130
2021-03-06	187,212	-4	17	21	83,624
2021-03-07	187,212	0	16	16	83,461
2021-03-08	187,213	1	16	15	83,720
2021-03-09	187,207	-6	11	17	83,787
2021-03-10	187,215	8	27	19	83,850

图 10-4　头条号“掉粉数”的数据列表

当然，运营者也可以通过单击右侧的“下载 Excel”按钮，将数据以 Excel 表格的形式保存起来，方便日后随时查看分析。

从上面的两幅图中，可清楚地查看 30 天内每天取消关注的人数和取消关注的趋势。运营者应该根据这些图表去分析取消关注人数较多的时间段的头条号内容以及其他运营情况，以便找到粉丝取消关注的主要原因，然后才好对症下药进行改正，以便在后期的运营中获得佳绩。

10.1.3　性别：内容精细化发展

用户的属性分析是头条号数据运营的重要内容。在头条号后台，“粉丝特征”页面从性别、年龄、地域、机型和粉丝偏好方面，为运营者构建起了一幅较完整的用户画像。通过这些关于用户属性的信息，运营者可以从用户角度更好地安排内容。

在此，笔者从用户性别属性出发来进行数据的查看和分析，帮助人家更进一步感受用户属性数据带给我们在内容运营上的启发。

图 10-5 所示为头条号“手机摄影构图大全”用户的性别比例图。这项数据没有关于具体粉丝数的呈现，虽然它只显示了男女用户比例，但是运营者可以直观地了解男女比例和双方占比之间的差距。

查看了用户性别比例后，运营者可以从图中得出以下结论：该头条号男性用户比例和女性用户比例相差很大，其中男性用户差不多相当于女性用户的 4 倍，运营者要根据头条号的定位来判断这样的比例是否与其目标用户群体相匹配。

因为用户的性别比例相差很大，所以运营者在发布内容的时候，要更多地兼顾男性用户的喜好习惯和行为模式，这就要求运营者对“摄影构图”的内容有更为精细化的分类。

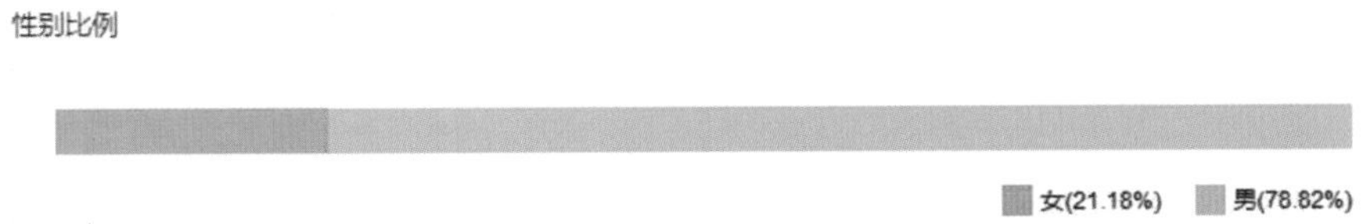

图 10-5　“手机摄影构图大全”头条号的用户性别比例图

10.1.4　年龄：确定内容领域

图 10-6 所示为头条号“手机摄影构图大全”用户的年龄分布比例图，把鼠标放在图上，可以看到各年龄区间分布的具体比例。当然，用户也可以在右侧的数据分布表中查看详细数据。

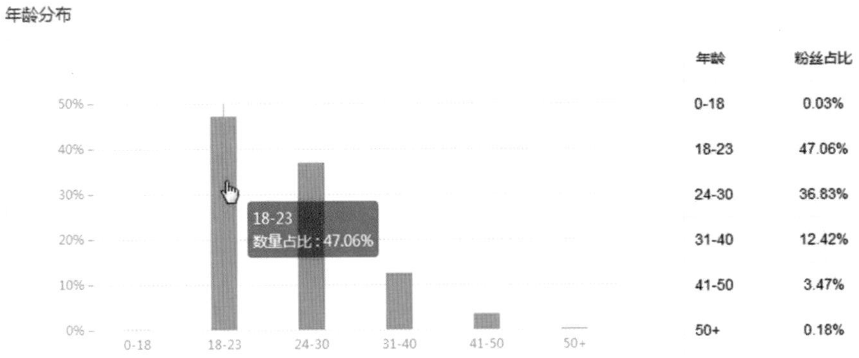

图 10-6　“手机摄影构图大全”头条号的用户年龄分布比例图

查看了用户年龄的分布比例后，运营者从图中可以得出以下结论：该头条号用户的年龄主要集中在 18 ~ 23 岁与 24 ~ 30 岁两个区间，且这两个区间用户所占的比例都在 35% 以上，远比其他年龄阶段的用户要多得多，总和更是高达 83.89%。

因为这些用户都属于青年群体范畴，是比较年轻的一代，有他们特有的喜好、习惯等。因此，运营者在发布内容的时候，可结合他们喜欢的领域来撰写摄影构图文章，如影视娱乐、游戏、网络等，相信这样能实现更好的运营效果。

10.1.5 地域：3 种思路决定运营

图 10-7 所示为头条号“手机摄影构图大全”的用户地域分布图。

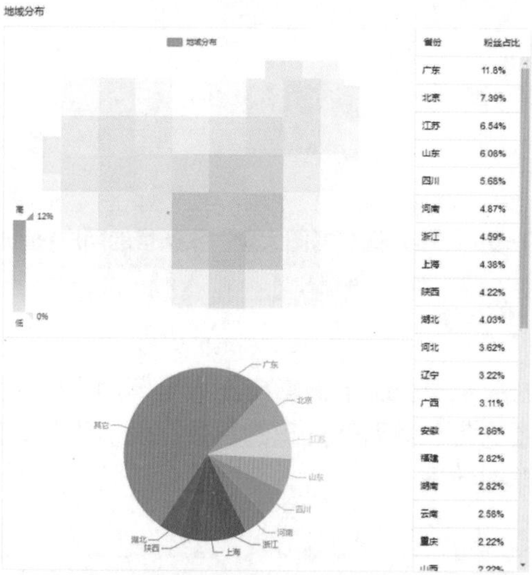

图 10-7 “手机摄影构图大全”头条号的用户地域分布图

在该图上，除了一个利用颜色深浅表示用户分布的全国地图外（已隐去），另外还有一个表示用户分布百分比饼图和详细的数据分布表。原本饼图上是没有显示具体的百分比的，此时用户可以对照其右侧的数据分布表查看，也可以把鼠标放在其中的一个色块上，该部分就会突出显示并显示百分比数据，如图 10-8 所示。

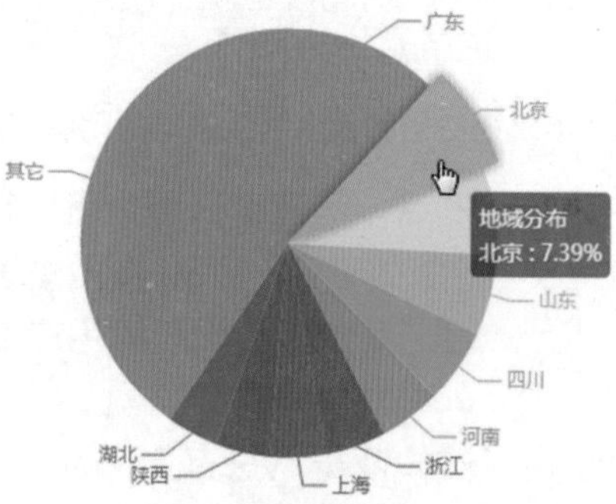

图 10-8 用户地域分布百分比饼图的数据突出显示效果

在笔者看来，用户地域分布数据也是运营者必须要了解并运用到运营工作中的用户属性要素，一般可从如图 10-9 所示的几个方面着手。

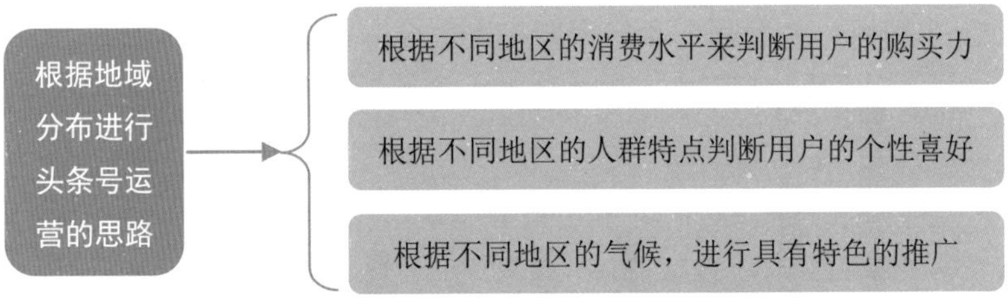
根据地域分布进行头条号运营的思路
根据不同地区的消费水平来判断用户的购买力
根据不同地区的人群特点判断用户的个性喜好
根据不同地区的气候，进行具有特色的推广

图 10-9　根据地域分布进行头条号运营的思路

10.1.6　终端：手机功能要衡量

图 10-10 所示为头条号“手机摄影构图大全”的用户手机终端分布图。

终端分布
Android(98.41%)
iOS(1.42%)

图 10-10　头条号“手机摄影构图大全”的用户手机终端分布图

查看了用户终端使用分布比例后，运营者可以从图中得出以下结论：该头条号使用 Android 系统终端的用户几乎占了用户总数的 99%，远多于使用 iOS 系统终端的用户。因此，运营者可以从这一点出发，在推送的内容中为大家介绍更多的有关各种品牌手机的相机、摄影知识，以获得更多用户点击和认可。

当然，运营者如果有志于在更大范围内发展，也可适当增加 iOS 系统终端区别于 Android 系统终端的一些要特别注意的摄影知识，一方面可以提升内容的专业性，另一方面也兼顾了有着一定数量的 iOS 系统终端用户群体。

10.1.7　偏好：把握内容拓展方向

头条号用户偏好的分类内容，也是用户属性的组成内容之一，只是与前面介绍的纯粹从用户自身出发的总体占比情况不同。用户偏好哪些分类内容，更多的是建立在主观上的数据情况，为运营者提供了明确的内容运营方向。

图 10-11 所示为头条号“手机摄影构图大全”的用户偏好分类内容分布图。

从该分布图中可以很清楚地看到偏好不同分类内容的用户比例差距和具体的占比，有了这些数据，运营者对内容的可拓展方向就有了大致的把握，那么接下来的运营工作也就会有的放矢，更加得心应手。

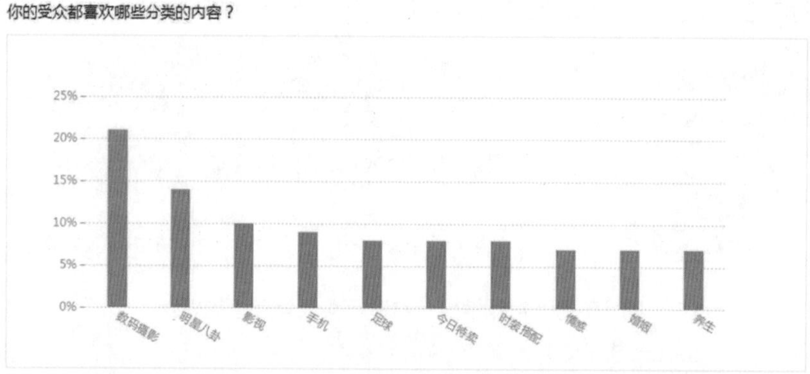

图 10-11　头条号“手机摄影构图大全”的用户偏好分类内容分布图

与偏好哪些分类内容相似，关于用户偏好哪些关键词也是可以为具体的运营工作提供直接指导的。更重要的是，它是针对头条号所推送内容的所属分类而得出的结果，因而可以在内容中合理植入更多用户偏好的关键词，以便让内容被用户更多地搜索和喜欢，从而促进头条号的发展和壮大。

图 10-12 所示为头条号“手机摄影构图大全”用户的偏好关键词分布图。

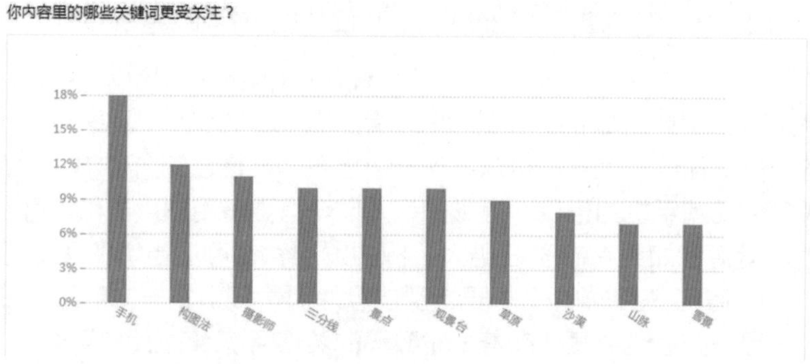

图 10-12　头条号“手机摄影构图大全”用户的偏好关键词分布图

10.1.8　双赢：聚焦你的合作伙伴

在如今的自媒体时代，大大小小的自媒体账号有很多，部分账号相互间有着某种关联。例如，关注这一个账户的用户同时也有可能关注另一个账户。图 10-13 所示为头条号后台中与“手机摄影构图大全”头条号有着相同用户的其他头条号运营者。

从这一点出发，既然它们有着相同的用户，那么在用户属性上还是有着相似点的，那么是不是还可以把这些其他头条号的用户发展为自己的头条号粉丝呢？

由此就可以通过合作来实现在用户运营方面的双赢。

图 10-13 与“手机摄影构图大全”头条号有着相同用户的其他头条号

这些头条号发展情况不一，有粉丝很多的，也有粉丝很少的。那么，应该选择什么样的头条号进行合作呢？

具体说来，在完成了数据对比分析的情况下，运营者可以从两个方面来判断合作的头条号：一是阅读量，阅读量表示内容的好坏；二是评论量，评论不仅代表了用户的活跃程度，还表达了用户对文章的兴趣，正所谓有想法才会有评论。具体的合作策略如下：

- 有些头条号的粉丝较多，发布的文章阅读量却不高，这一类的头条号中粉丝的活跃度是比较低的，是不适宜合作的。
- 有些头条号的粉丝数不是特别高，但是文章阅读量却比其他一些粉丝数多的头条号要高，这一类头条号是比较适合寻求合作的。
- 有些头条号虽然粉丝是比较少的，但是其往期的阅读量比较稳定，说明该头条号的粉丝活跃情况也是比较稳定的。与其合作，在粉丝兴趣相近的情况下，是可以达到快速增粉的效果的。

10.2 内容：轻松打造爆款

如果说上一节是从用户的角度出发来进行数据分析，在了解运营的目标群体的情况下来推广运营，那么，本节将从自身的角度出发来进行数据分析。也就是说，基于头条号所发布内容的各种数据情况来了解头条号的发展现状，分析前段时间内容运营的经验与成果，以及总结不足等。

10.2.1 整体：查看所有作品数据

运营者进入电脑端头条号后台的“数据→作品数据→整体”页面中，可以查看前一天头条号所有内容的核心数据，如图 10-14 所示。

图 10-14　头条号所有内容的核心数据

不仅如此，和粉丝数据一样，运营者还可以查看此前 30 天内头条号内容的数据趋势图，可以自由选择显示某项数据类型，从而进行作品流量的分析，如图 10-15 所示。同时，也可以查看对应的数据列表，如图 10-16 所示。

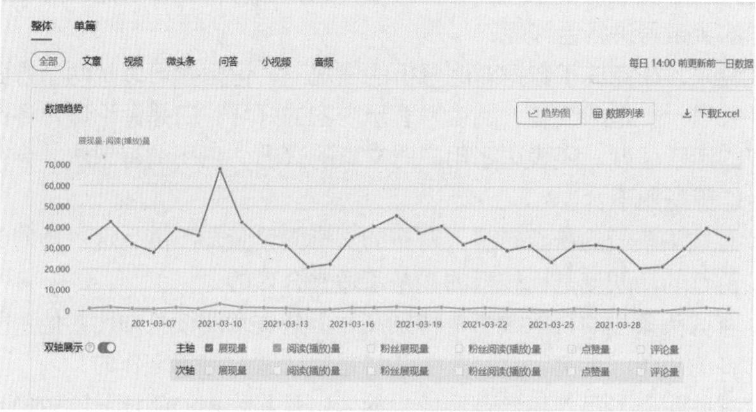

图 10-15　头条号内容的数据趋势

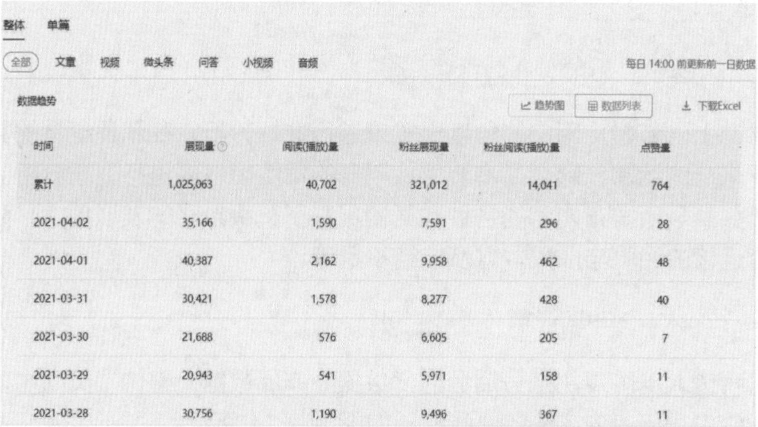
整体　单篇

全部　文章　视频　微头条　问答　小视频　音频　　每日 14:00 前更新前一日数据

数据趋势　　趋势图　数据列表　下载Excel

时间	展现量	阅读(播放)量	粉丝展现量	粉丝阅读(播放)量	点赞量
累计	1,025,063	40,702	321,012	14,041	764
2021-04-02	35,166	1,590	7,591	296	28
2021-04-01	40,387	2,162	9,958	462	48
2021-03-31	30,421	1,578	8,277	428	40
2021-03-30	21,688	576	6,605	205	7
2021-03-29	20,943	541	5,971	158	11
2021-03-28	30,756	1,190	9,496	367	11

图 10-16　头条号内容的数据列表

10.2.2 总体文章：两角度提升阅读量

运营者除了可以查看全部内容形式的作品数据之外，还可以单独查看某种内容形式的数据，比如文章的数据。图 10-17 所示为头条文章流量来源的百分比图。

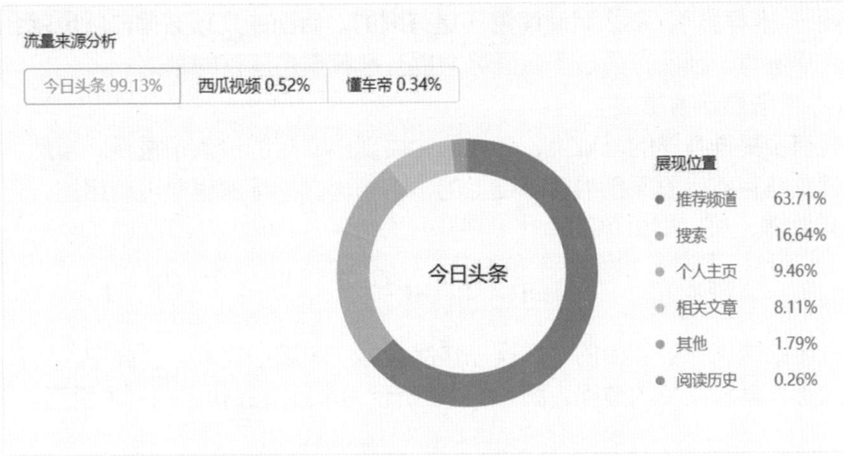

图 10-17 头条文章流量来源的百分比图

另外，运营者还可以查看头条文章各流量来源的趋势图。图 10-18 所示为头条文章在西瓜视频平台的流量来源趋势变化。

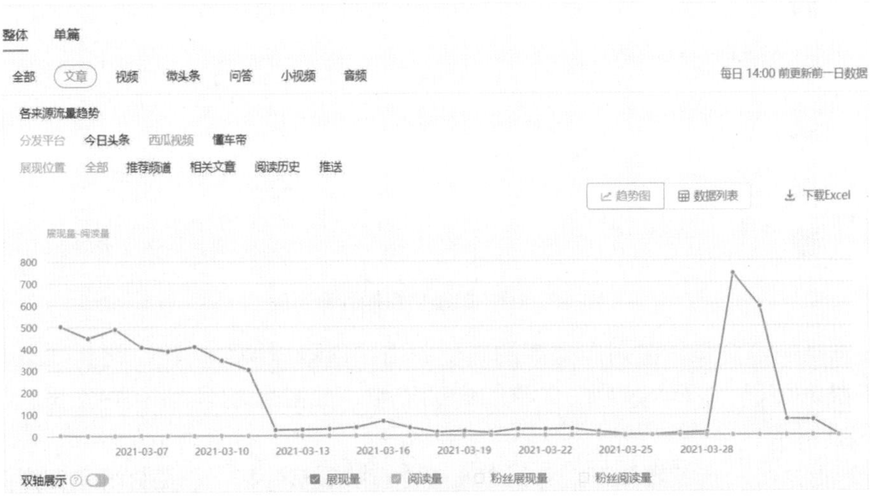

图 10-18 头条文章在西瓜视频平台的流量来源的趋势变化

在对头条文章内容的数据分析中，运营者可以从以下两个角度来提升文章的阅读量，具体内容如下。

(1) 高推荐量是基础。

图文内容只有具有高推荐量，才能在更广的范围内被用户看到，这样才能提升用户阅读的可能性，相应的评论量、涨粉量、收藏量和转发量也才会更高。

否则，在推荐量很少的情况下，即使文章质量再好，阅读率再高（阅读率 = 阅读量 ÷ 推荐量），那么其阅读量还是有限的，后面的几项数据自然也就会很少或者几乎没有。因此，通过多方面努力提升推荐量是运营的基础。

(2) 价值展示很重要。

在有了高推荐量的基础上，在标题中展现出文章的价值很重要。当然，这些都是建立在有着优质原创内容基础上的，否则再好的标题也是没有用的，还会有标题党之嫌。

10.2.3 单篇文章：分析用户阅读体验

在电脑端头条号后台的“数据→作品数据→单篇→文章”页面中，运营者可以单独查看某篇文章的数据。图 10-19 所示为单篇文章作品的列表页面。

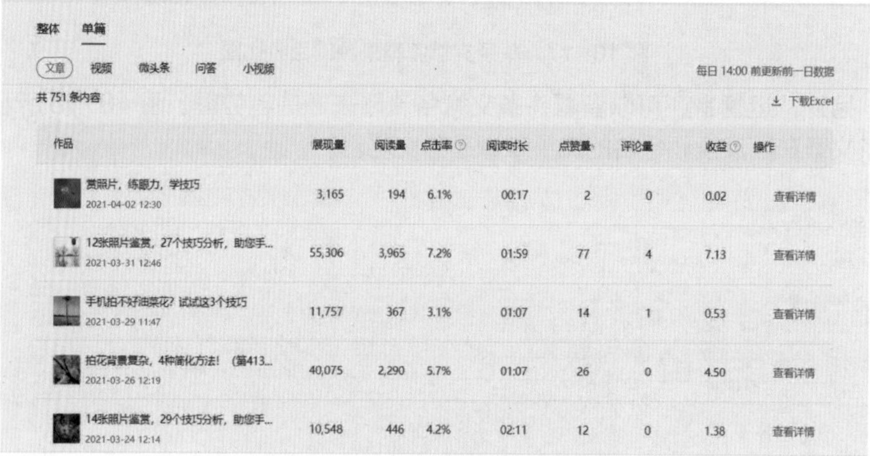

作品	展现量	阅读量	点击率	阅读时长	点赞量	评论量	收益	操作
赏照片，练眼力，学技巧 2021-04-02 12:30	3,165	194	6.1%	00:17	2	0	0.02	查看详情
12张照片鉴赏，27个技巧分析，助您手... 2021-03-31 12:46	55,306	3,965	7.2%	01:59	77	4	7.13	查看详情
手机拍不好油菜花？试试这3个技巧 2021-03-29 11:47	11,757	367	3.1%	01:07	14	1	0.53	查看详情
拍花背景复杂，4种简化方法！（第413... 2021-03-26 12:19	40,075	2,290	5.7%	01:07	26	0	4.50	查看详情
14张照片鉴赏，29个技巧分析，助您手... 2021-03-24 12:14	10,548	446	4.2%	02:11	12	0	1.38	查看详情

图 10-19 单篇文章的列表页面

选择一篇文章，在对应文章的右侧单击“查看详情”按钮，就会弹出该文章的数据页面，即可查看该文章的详细流量、收益和粉丝等相关数据，如图 10-20 所示。

除此之外，运营者还可以分别查看该文章的消费分析、收益分析和用户画像的相关数据图表。图 10-21 所示为“消费分析”页面；图 10-22 所示为“收益分析”页面；图 10-23 所示为“用户画像”页面。

图 10-20　单篇文章的数据页面

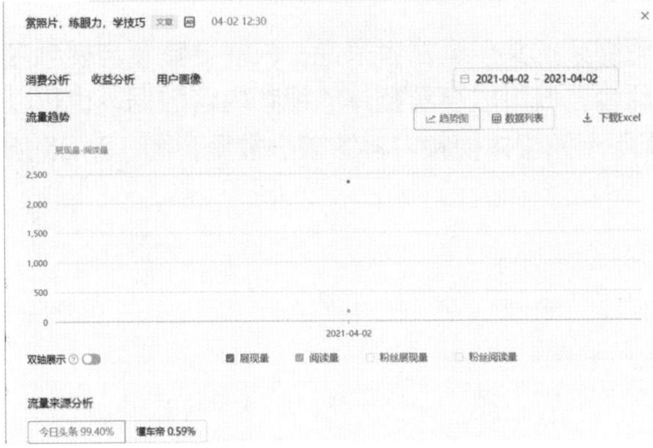

图 10-21　“消费分析”页面

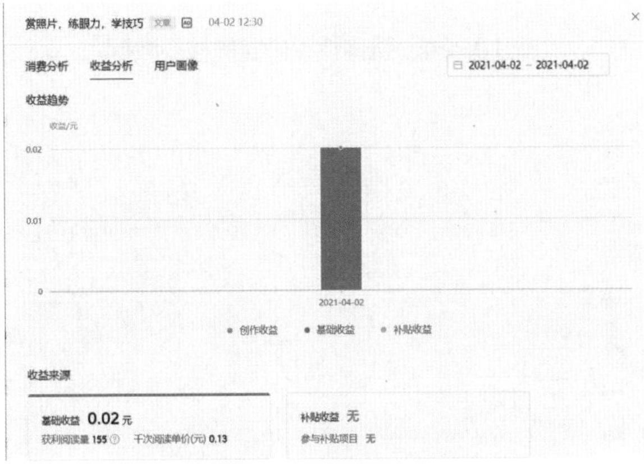

图 10-22　“收益分析”页面

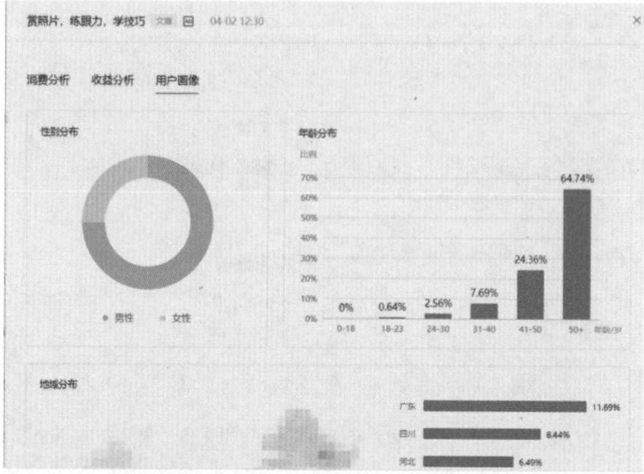

图 10-23 “用户画像”页面

10.2.4 视频数据：查看整体与单篇

对于专门做短视频的头条运营者来说，只需要查看与视频内容相关的数据。同样，在头条号后台，既可以查看整体的视频内容数据，也可以查看单条视频的数据。图 10-24 所示为整体视频内容的核心数据，图 10-25 所示为单篇视频作品的列表页面。

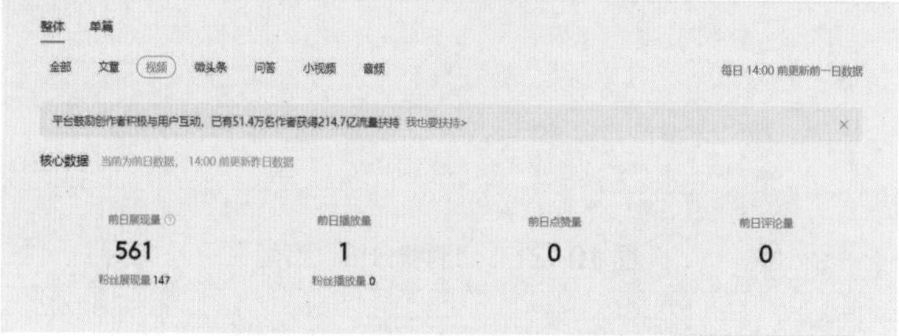

图 10-24 整体视频内容的核心数据

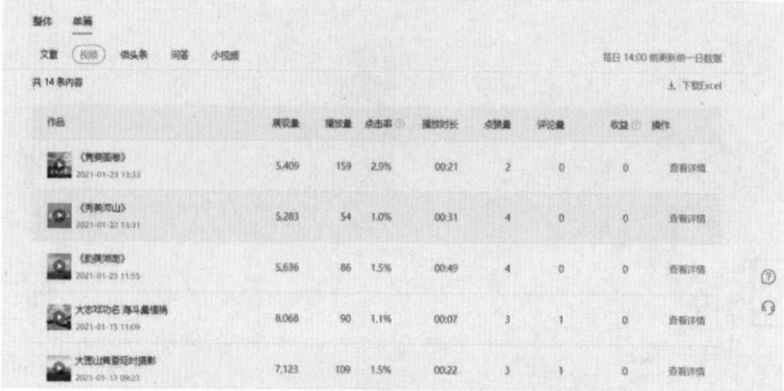

图 10-25 单篇视频作品的列表页面

同样的，在单篇视频作品的列表页面，单击对应视频内容右侧的“查看详情”按钮，即可弹出该视频具体的数据页面，查看相关数据，如图 10-26 所示。

图 10-26 单篇视频的数据页面

10.2.5 微头条数据：反映用户兴趣

微头条内容的数据，能够反应用户对内容和话题的兴趣程度。运营者可以在头条号后台查看整体微头条内容的核心数据，如图 10-27 所示，以及单篇微头条内容的展现量、阅读量、点击率等，如图 10-28 所示。

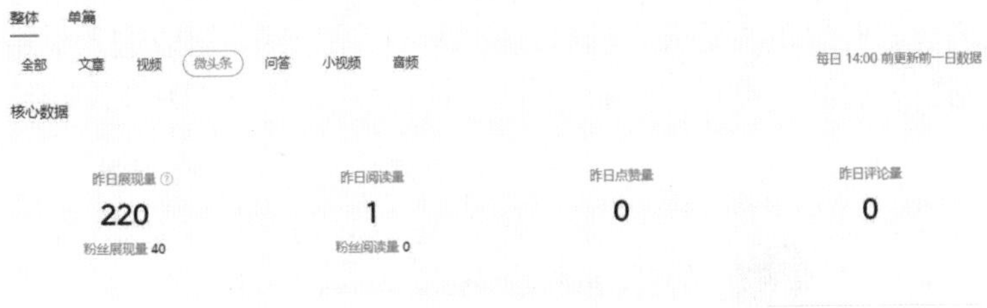

图 10-27 整体微头条内容的核心数据

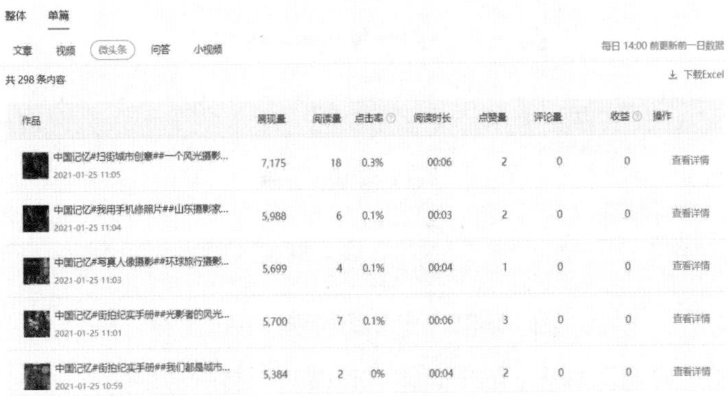

整体
单篇
文章
视频
微头条
问答
小视频
每日 14:00 前更新前一日数据
共 298 条内容
下载Excel
作品
展现量
阅读量
点击率
阅读时长
点赞量
评论量
收益
操作
中国记忆#扫街城市创意##一个风光摄影...
2021-01-25 11:05
7,175
18
0.3%
00:06
2
0
0
查看详情
中国记忆#我用手机修照片##山东摄影家...
2021-01-25 11:04
5,988
6
0.1%
00:03
2
0
0
查看详情
中国记忆#写真人像摄影##环球旅行摄影...
2021-01-25 11:03
5,699
4
0.1%
00:04
1
0
0
查看详情
中国记忆#街拍纪实手册##光影者的风光...
2021-01-25 11:01
5,700
7
0.1%
00:06
3
0
0
查看详情
中国记忆#街拍纪实手册##我们都是城市...
2021-01-25 10:59
5,384
2
0%
00:04
2
0
0
查看详情

图 10-28 单篇微头条内容的列表页面

10.2.6 问答数据：获得精准目标用户

悟空问答是头条号的一个重要产品，它是有针对性地获得精准目标用户的途径之一。因此，运营者有必要了解问答数据，且对各个问答的具体数据进行查看、对比，并得出有效结论，这样有利于悟空问答的内容运营。在此，笔者将从创作优秀回答的角度出发，介绍头条号后台的问答数据查看和分析。

头条号的问答内容整体数据，可在头条号后台的“数据→作品数据→整体→问答”页面中查看，如图 10-29 所示。

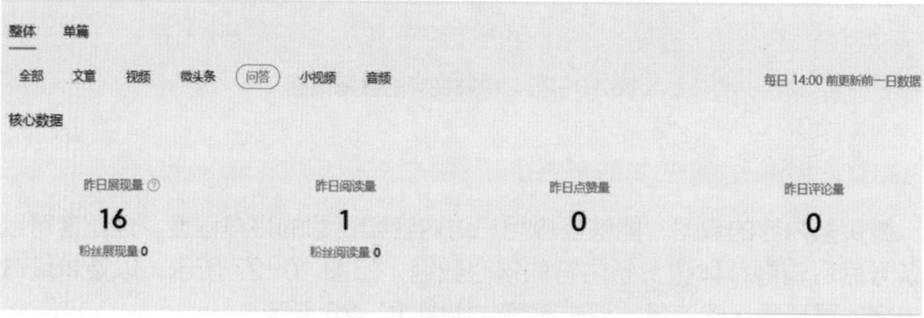

图 10-29　整体问答内容的核心数据

如果运营者要想查看更久之前具体的每个问答数据，可以进入悟空问答官网的“我的问答”页面，选择“问答”选项进行查看，如图 10-30 所示。

图 10-30　查看每个问答的具体数据

从图 10-30 可以看出，每个问答下面有两个表示数据的区域，一是在“问题”标题下方，它显示的是针对这一问题的数据。也就是说，关于这一问题有多少人回答了，又有多少人收藏了；另一个是在自身头条号问答内容的下方，它显示的是该回答的数据，包括“阅读量”“评论量”和“点赞量”。

基于此，运营者不仅可以通过比较“问题”的数据，选择那些回答比较多、关注度比较高的问题，还可以通过比较每条“问答内容”的数据，看看各项数据比较高的问答内容是如何回答，以及各项数据低的问答内容又是如何的，然后取长补短，打造更好的爆款问答内容。

第 11 章

流量：如何才能快速引流和吸粉

一般说来，在新媒体平台上，所有的运营工作基本上都是围绕着粉丝和内容来进行的，而内容在一定程度上又是为了增粉而准备的，可见运营涨粉工作的重要性。本章从一些低成本的涨粉技巧出发，帮助头条运营者快速找到合适的、有效的增粉方法。

11.1　定位：洞悉用户做好涨粉准备

在今日头条平台上，粉丝一直是一个很重要的话题，许多功能和权限的开通都需要有一定的粉丝基础。图 11-1 所示为头条号开通一些账号功能权限所需要的粉丝人数。

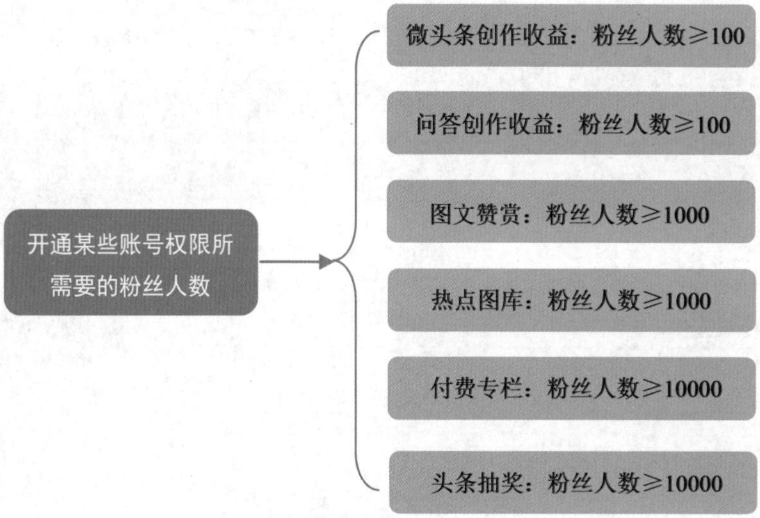

图 11-1　开通某些账号权限的粉丝人数

若想要让头条号的阅读量、评论量等更多，就需要有足够数量的粉丝作为支撑。况且，随着头条号指数的下线，其运营评判也开始围绕粉丝而进行，可见，获取更多的粉丝已经是头条号运营的关键性目标。

在粉丝运营过程中，它主要包括两个方面的工作，一是涨粉之前的准备工作，也就是要有一个精准的用户定位；二是要凭借一些优质的内容和途径去真正实现涨粉。在此，笔者从粉丝运营的准备工作——用户定位出发来进行介绍，帮助大家了解在涨粉工作开始之前你需要做什么，进而实现更有效的粉丝运营。

11.1.1　画像：精准了解目标用户属性

在粉丝经济时代，用户画像在任何领域中都能够起到非常重要的作用。通过用户调研、数据分析、问卷访谈等方式，将用户的一些基本信息和行为属性综合起来，然后得出用户的精准画像，将用户这个角色更加立体化、个性化和形象化，这能够帮助运营者针对用户的属性特点，找出合适的运营方式。

那么，什么是粉丝画像呢？粉丝画像又叫用户画像、用户角色，是团队用来分析用户行为、动机、个人喜好的一种工具。用户画像能够让团队更加聚焦用户群体，对目标用户群体有一个更为精准的了解和分析。

粉丝画像除了要包括常见的要素（如性别、年龄和地域等）之外，其实还有更多细化的内容，如职业、生活环境、购买力、颜色偏好、社交类型、婚姻状况、心理健康程度等。

对于头条运营者来说，无论是从外在环境还是从内在要求而言，粉丝画像都是有必要的，具体内容如下。

从外在环境来说，如果没有一个精准的期望目标，而是粉丝画像模糊，比如既囊括了男人女人、老人小孩，又囊括了文艺青年、时尚青年等，这样的产品终究会走向消亡。

从内在要求来说，每一个平台都是为特定的用户提供服务而存在的，不存在适合每一个人的平台。作为一种虚拟形象存在的粉丝画像，它并不是运营者脱离实际虚构出来的，而是由一群有代表性的用户群体的各类数据总结而来的。

在构建粉丝画像的过程中，除了利用粉丝画像数据做最简单的数据分类统计之外，还可以进行关联数据计算和聚类数据分析等。例如，在北京地区的女性用户占多少比例，在北京地区的用户年龄分布情况等。

粉丝画像通过大数据处理方式，为运营者带来了更为便利、更为精准化的数据结果，让运营者在投放广告、投放平台内容的时候，能够准确地抓住用户的心理，将他们想要的信息投放出去，满足他们的需求。

说了这么多，在此还是回到更为实用的粉丝画像要求和技巧上来，以便帮助大家如何把粉丝画像这一运营要素准备好。

众所周知，一幅专业的、详细的粉丝画像是需要满足一些基本条件的，如图 11-2 所示。

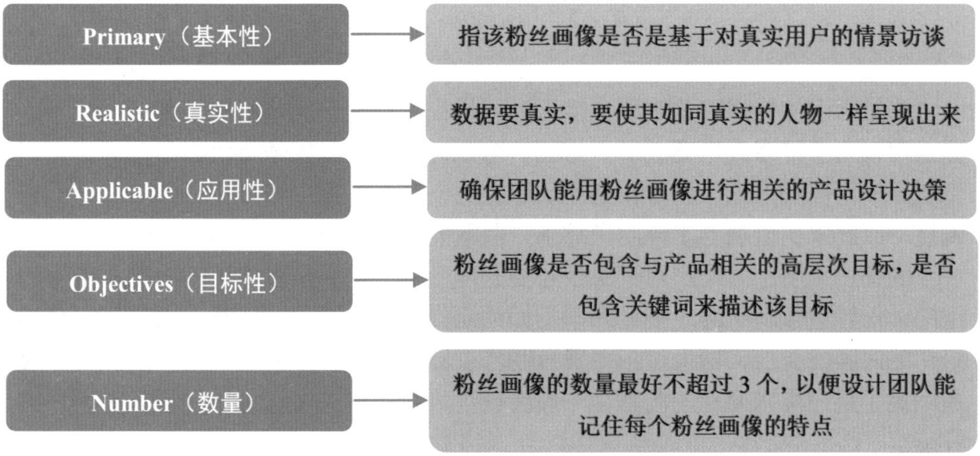
Primary（基本性）
指该粉丝画像是否是基于对真实用户的情景访谈
Realistic（真实性）
数据要真实，要使其如同真实的人物一样呈现出来
Applicable（应用性）
确保团队能用粉丝画像进行相关的产品设计决策
Objectives（目标性）
粉丝画像是否包含与产品相关的高层次目标，是否包含关键词来描述该目标
Number（数量）
粉丝画像的数量最好不超过 3 个，以便设计团队能记住每个粉丝画像的特点

图 11-2　粉丝画像需要满足的条件

在了解了粉丝画像需满足的条件的情况下，接下来就是思考要如何创建粉丝画像了。一般来说，主要有 5 个步骤，如图 11-3 所示。

收集数据和准备工作

确定平台用户类型，设计数据分析方案和提纲

↓

制作亲和图

把在各平台收集到的大量的定性资料，按其相近性进行归纳整理

↓

人物原型框架

将资料中用户的重要特征描述出来，形成粉丝画像的框架

↓

优先级排序

运营者可以和产品、市场以及每组重要用户一起来完成粉丝画像的优先级排序工作

↓

完善人物原型

最后一步，完善粉丝画像

图 11-3　创建粉丝画像的步骤

11.1.2　痛点：找到用户最关心的问题

粉丝画像的构建完成之后，接下来就是去了解用户需求和抓住用户痛点了。这些可以用多种方式来完成。一方面，可以充分利用头条号平台本身来操作，如查看用户留言和评论、引导粉丝互动等；另一方面，可以在线下和线上进行问卷调查，以此来更直观地了解用户需求，提取他们的痛点，找到用户关心的问题。

图 11-4 所示为用户对某头条号推送内容的评论。从图中可知，该头条号的用户，一般更倾向于通过视频来学习如何制作美食。因此，头条运营者可以在其既有的内容优势上，再通过拍摄美食制作视频来进行详细讲解。这样的内容一定是满足了用户需求痛点的内容，一般会获得大量用户关注，进而轻松获得用户的好感。

图 11-5 所示为头条号“手机摄影构图大全”的用户评论。

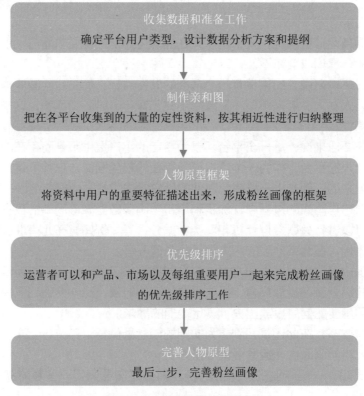

100万粉丝
已关注
转发 24
评论 35
赞 263
有视频有解说就好了
05-17 14:38 · 回复
加下微信吧，跟你学习
05-17 14:10 · 回复
发面的包子总蒸不好，总塌皮，有什么好办法么？
05-17 06:31 · 4回复
乐5289
今天的怎么不是视频
05-16 22:16 · 回复
头条看了那么多做面食的，唯一佩服的
写评论...
236873
视频在哪？
05-17 17:46 · 回复
视频呢？视频比较好看懂
05-16 23:22 · 回复
世界
偶然发现茄子的美食，是最容易操作学会的，因为关键点都没藏着掖着，还专门强调！
05-17 07:22 · 回复
一个人
发面一般用的啥酵母，我买的安琪高活性干酵母，说明写一斤面配1.5克酵母，行不行？
4小时前 · 回复
写评论...

图 11-4　用户对某头条号推送内容的评论

手机摄影构图大全
亲近自然
总结的真到位:谢谢了，学习学习。
04-23 09:58 · 1回复
手机摄影构图大全 作者：谢谢支持！请持续关注构图君的文章哟！或到构图君的微信公众号（goutudaquan）...
香流影1
04-22 00:41 · 回复
录当前
学习了
05-07 14:45 · 回复
o小曼
学习了
04-22 07:01 · 回复
写评论...
手机摄影构图大全
怎么拍可以拍出人物实景，背景为虚景呢
05-07 09:38 · 回复
非树1
好方法，好教材
04-23 07:41 · 回复
收藏了
04-21 21:35 · 回复
09137
要想照片更加艳丽，后期制作同样重要。
05-03 16:51 · 回复
文章总的来讲不错，细节方面不够严谨。几何比例三度空间结构不够细致。
05-12 11:53 · 回复
写评论...

图 11-5　头条号“手机摄影构图大全”的用户评论

从图中可以看出，用户对该篇内容还是比较赞赏的，基本上给了好评，同时也说明用户对这一类的内容是非常感兴趣的。因此，该头条运营者可以继续推送与之相关的或类似的图文内容，相信能收获高的阅读量。

同时，也要注意到，其中一个用户提到——“文章总的来讲不错，细节方面不够严谨。几何比例三度空间结构不够细致。”

可见，有些用户认为文章中还有待改善的地方。所以，运营者在能力许可的情况下，可以针对这方面进行内容的加强和完善，提高内容的质量，向着更深化的领域迈进。这样就能在获得大量用户关注的同时，也能解决用户的痛点问题，能让用户充分感受到你内容的价值所在，头条号涨粉也就不是一件难事了。

抓住用户痛点，还可以通过多与用户主动联系来解决。通过沟通，对用户信息进行总结，寻找他们的需求共同点。这不仅是有助于推送内容的选择，还有助于从大局出发把握内容的整体调性，从而吸引更多同类粉丝的关注。

11.2 引流一：利用内容和功能引流

在今日头条平台上，运营者可以利用的内容产品和功能是多样化的，这些内容和功能是头条号引流的有力武器。本节就从 8 个方面来介绍如何利用内容和功能吸粉引流。

11.2.1 图文：高推荐量下的内容引流

大家都知道，今日头条有一个与微信公众号平台完全不同的地方，那就是微信公众号推送的图文内容的第一次传播的受众只是公众号的粉丝；头条号推送的图文内容的第一次传播是由推荐量决定的，如果推荐足够多，在粉丝少的运营阶段，也是可以瞬间打造爆款，引导大量用户阅读和关注的。

因此，只要你的头条号内容有足够的吸引力和价值，想要快速引流吸粉也不是难事。

1. 提升吸引力

从吸引力方面来说，一般头条号图文内容需要具备 3 个条件，即在标题、封面和关键词方面有吸睛点。其中，关键词可以通过加入标题或显示在封面图片中的方式来实现引流。

(1) 标题。

一般来说，图文内容吸引用户注意的第一要素就是标题，这也是用户在浏览网页时第一眼会注意到的，它决定了文章的阅读量和点击率。例如，在标题上利用疑问等方式引起了用户的好奇心，或是用数字呈现图文内容的要点，或是在标题上加上了击中用户痛点的关键司，这些都是一个能吸引人点击文章标题的要求和表现。

图 11-6 所示为在标题中利用悬念和疑问来引起用户好奇心的案例。图中的两篇文章的标题，前者是通过“这”一词来巧妙地制造了一个悬念，且这个悬念的制造有一个很吸引人的背景——“女人最好的状态”，这就体现了悬念背后内容的价值所在；后者通过疑问句来吸引用户好奇心，且文章标题提出的问题与人们的生活息息相关，所有对“是开慢车好还是开快车好？”这一问题感兴趣的人，

都有可能成为该篇文章的读者。

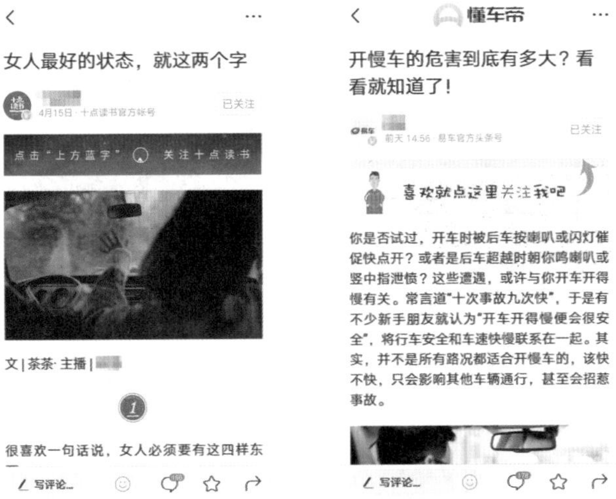

女人最好的状态，就这两个字
4月15日·十点读书官方账号
已关注
点击"上方蓝字" 关注十点读书
文 | 茶茶·主播 |
很喜欢一句话说，女人必须要有这四样东
写评论...
懂车帝
开慢车的危害到底有多大？看看就知道了！
前天 14:56 · 易车官方头条号
已关注
喜欢就点这里关注我吧
你是否试过，开车时被后车按喇叭或闪灯催促快点开？或者是后车超越时朝你鸣喇叭或竖中指泄愤？这些遭遇，或许与你开车开得慢有关。常言道"十次事故九次快"，于是有不少新手朋友就认为"开车开得慢便会很安全"，将行车安全和车速快慢联系在一起。其实，并不是所有路况都适合开慢车的，该快不快，只会影响其他车辆通行，甚至会招惹事故。
写评论...

图 11-6　利用悬念和疑问引起好奇心的标题案例

(2) 封面。

文章的封面同样是内容推荐显示的醒目要素，对图文封面来说，其吸引力主要由两方面决定，具体内容如下。

当封面图片只有图而无文字时，美观、简洁就是其首要要求，特别是关于对图片有高要求的摄影、旅游等领域的文章，如图 11-7 所示。

小米11 Ultra销量
道歉 | 谷歌Waymo CEO离职
数码 宠物 辟谣 旅游 军事 财经
自驾湖南湘西发现一个小山村，堪称湖南小桂林，未来即将消失
长沙此地因樱花开了爆红！收藏这份赏樱打卡地图，遛娃拍照野餐都不愁了
国内适合四五月份旅游的景点，都在这里了
这个没有存在感的省会城市，好吃到我想定居
中国被低估的绝美目的地，山水不逊于桂林，瀑布比黄果树壮观
乌镇，最适合一个人的旅行（夜景篇）
北京：故宫红墙黄瓦映春花

图 11-7　图片中无文字的文章封面

当封面图片中有文字时，吸睛的、关键性的文字说明也很重要，它能很好地增加用户对内容的想象力和好奇心，如图 11-8 所示。

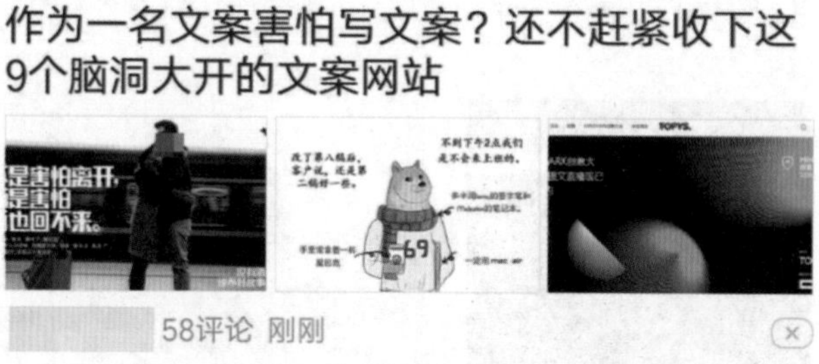
作为一名文案害怕写文案？还不赶紧收下这
9个脑洞大开的文案网站
是害怕离开，
是害怕
也回不来。
TOPYS.
58评论 刚刚

图 11-8　图片中有文字的文章封面

图 11-8 中的文章，利用封面图片展示了几则经典的文案。通过这些文案的展示，能让用户充分感受到文案魅力和文案网站的实力，吸引用户点击阅读。

2. 提升内容价值

从价值方面来说，要成功实现引流的文章需要把握好内容的大方向。也就是说，爆款图文内容应该具备 3 个特点，具体内容如下。

(1) 内容要有特色。

关于头条号平台的内容，运营者要把握好以下两个要点，才能打造内容特色。

个性化内容：个性化的内容不仅可以增强用户的黏性，使之持久关注，还能让自身头条号脱颖而出。

价值型内容：运营者一定要注意内容的价值性和实用性，这里的实用是指符合用户需求，对用户有价值的内容。

> **专家提醒**
>
> 不论是哪方面的内容，只要能够帮助用户解决困难，就是好的内容，而且只有价值大和实用性强的内容，才能留住用户。

(2) 增强内容的互动性。

通过今日头条平台，运营者可以多推送一些能调动用户参与的积极性的内容，将互动的信息与内容结合起来进行推广。单纯的互动信息推送没有那么多的趣味性，如果和内容相结合，就能够吸引更多的人参与其中。

(3) 激发好奇心的内容。

运营者想要让目标用户群体关注头条号，就要从激发他们的好奇心出发，如设置悬念、提出疑问等，往往会有事半功倍的效果，远比其他策略要好得多。

11.2.2 短视频：视觉冲击的内容引流

与图文内容一样，短视频内容作为今日头条平台一种重要的内容形式，也是能够实现快速引流的。且相较于图文内容而言，短视频带给用户的视觉冲击力将更大。打个比方，如果运营者推送的是一个有关现场表演书法的视频，如图11-9所示。相对于图文内容来说，它比文字阐述显然更直观，比图片更具真实性。

47.6万粉丝
关注
书法作品欣赏，这样的字抄写经书太
5
分享朋友圈
分享微信
玄青泥描金圆果壶，匠人手工描绘，品茶送礼两相宜！
实拍农村小六现场写对联，好养眼的字，要怎么练才...
写评论...
12.7万粉丝
关注
硬笔书法：最好的幸福是你给的在
302
分享
赞赏
家里备一个冲击钻，打孔钻墙起螺丝，总有需要的时候
懂你自然就懂，不用过多的解释，不懂即使千言万语...
一场婚礼的车队，大家看看怎么样？
写评论...

图 11-9　书法作品视频展示

当然，只要视频中的内容有价值，都能成为引导用户关注的因素。图 11-10所示为某头条号推送的有实用价值的视频。

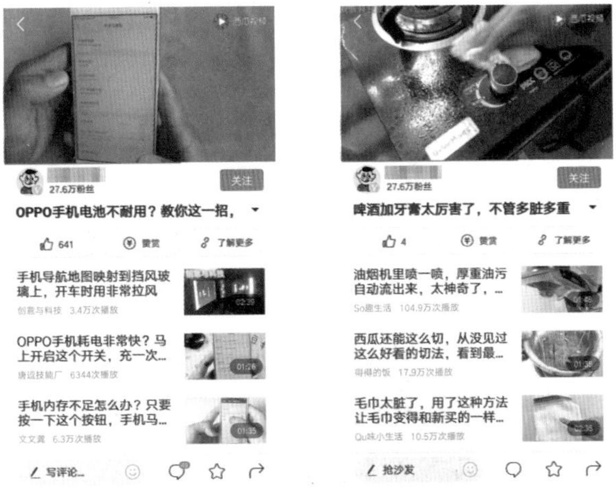
27.6万粉丝
关注
OPPO手机电池不耐用？教你这一招，
641
赞赏
了解更多
手机导航地图映射到挡风玻璃上，开车时用非常拉风
OPPO手机耗电非常快？马上开启这个开关，充一次...
手机内存不足怎么办？只要按一下这个按钮，手机马...
写评论...
27.6万粉丝
关注
啤酒加牙膏太厉害了，不管多脏多重
4
赞赏
了解更多
油烟机里喷一喷，厚重油污自动流出来，太神奇了，...
西瓜还能这么切，从没见过这么好看的切法，看到最...
毛巾太脏了，用了这种方法让毛巾变得和新买的一样...
抢沙发

图 11-10　有实用价值的视频展示

另外，当视频内容中存在争议或槽点时，用户是乐于与运营者互动的。运营

者可以在视频的评论区中对吐槽者进行评论引导。如“大家有什么关于 XX 方面的问题或观点，可以联系 XX 一起交流”，这些都是能吸引用户关注的有效方法。

11.2.3 微头条：一目了然的内容引流

在今日头条平台上，会发现头条号主页的账号下方显示了除“全部”以外的 5 类内容，即文章、视频、微头条、问答和收藏，如图 11-11 所示。运营者发布的微头条内容会根据用户偏好推送到其打开的今日头条平台首页。如果用户对微头条内容感兴趣的话，会进一步点击右上角的“关注”按钮，成为运营者的粉丝。

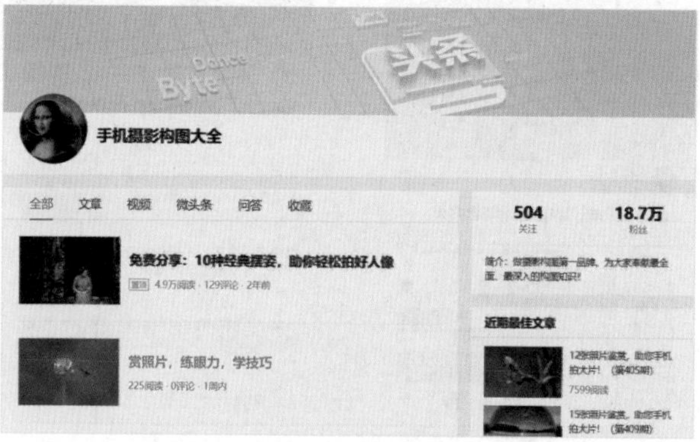

图 11-11　头条号主页显示的 5 类内容

微头条内容的篇幅是简短的，在“微头条”页面无须点击即可阅读。因此，运营者要能用几句话或几张图片就吸引用户的注意，或者能获得用户的认同。图 11-12 所示为发布的一篇微头条内容。该篇微头条以简短的几行字和 1 张图片，就吸引了 50 多万的用户点击阅读，可谓目标清晰，言简意赅，引流效果也很明显。

图 11-12　简短的微头条内容

在引流方面，微头条除了利用优质的短内容来实现引流目标外，更重要的是，对一些新创建的头条号而言，其所推送的图文内容并不能被推荐给粉丝以外的用户。因此，运营者要想引流，除了主动邀请之外，通过微头条来引流是非常有效的方式，这主要表现在以下两个方面。

(1) 微头条内容简短，编辑起来也很简单。因此，在微头条内容中分享一些精辟的、干货式的知识点，在有价值的内容支撑下，很容易提升头条号的粉丝量。

(2) 微头条发布程序简单，无须经过审核，因而在其中加入一些引导关注头条号的话语是不影响推荐的。在这样的情形下，实现引流也就更加直接和轻松。

当然，这种引导语可以用多种形式发布，如可以凭借优质的内容来直接引导，也可以进行内容预告来引导关注。在笔者看来，这些都是切实可行的引流方法。

11.2.4 问答：集聚精准用户的内容涨粉

相对于其他内容来说，悟空问答是一个有着共同内容需求和爱好的用户集聚的平台。在该平台上，众多参与者积极互动，分享自己的经验和见解。因此，这是一个可以实现精准引流的内容平台。

对头条运营者来说，利用悟空问答内容引流可通过 3 个途径来实现，其具体内容如下。

1. 优质内容的首页推荐

头条运营者发布的问答内容会在今日头条 App 首页的“问答”频道中显示，如图 11-13 所示。

小米11 Ultra销量
事 财经 文化 热点 政法 微头条 问答
答题赢红包
千元大奖等你拿
手机摄影构图大全
回答获得32赞 · 1215次展现
我的问答 >
答题
提问
属兔的人有什么缺点呢?
题主提出这个问题，想知道属兔人的缺点，难道不想知道属兔人的优点吗？ 是人都有缺点，大过年的...
被妈妈打，跑和不跑的孩子长大后会有什么区别?
小时候我妈把扫帚打断，我愣是待在原地没跑。都说三岁看大，七岁看老，这话很有道理。我和我姐从小挨打时候...
中奖彩票一千万，为何领奖时却遭到拒绝?
有一天，小明买彩票中了一千万，他兴高采烈拿着纸质彩票去兑奖，到了彩票中心领奖时却被拒绝，原因竟是他...
人，不该跟什么样的人接触?
人，不该跟三类人接触： 第一，不该跟老实人接触 人心有恶念，一个人一旦跟老实人接触多了，就会本能的去欺...
在国企工作10年，工作稳定，但是最近想离职，我该怎么办?
题主是来“拉仇恨”的，国企工资高，但很无聊，于是想辞职，还找不到目标。世界上最好的工作就是，体制内工作...
一个男人，最能体现他品味的是什么?
这个问题很难有标准答案，因为每个人对品位的理解都完全不一样，一个男人能做一手好菜能体现他对美食的...

图 11-13　今日头条 App 首页上的问答内容展示

一般来说，当头条运营者提供了优质内容和有价值的回答时，就会被更多的人关注，这是有助于吸引粉丝的。

2. 增加引导和关注途径

在悟空问答官网，每一条回答都会显示回答的头条号账号，并在账号右侧显示一个“关注”按钮，如图 11-14 所示。这样的设置，不仅增加了头条号的曝光度，还可以获得用户的认可，也方便用户关注头条号。

1340个回答
| 文化问答达人
04-16 23:39
+ 关注
"你听过最美的句子是什么"？这个问话，主语是"你"，所以随手说几则"我"觉得美，曾经备受感动的一些句子。
悟空问答

图 11-14 悟空问答内容中显示的头条号

3. 利用热点增加曝光度

蹭热点是运营过程中经常会用到的方法。在利用悟空问答引流的方法中，这个方法也是适用的，因为今日头条平台专门设置了一个“热点”频道，如图 11-15 所示，在该页面上用户可以查看时事热点内容。

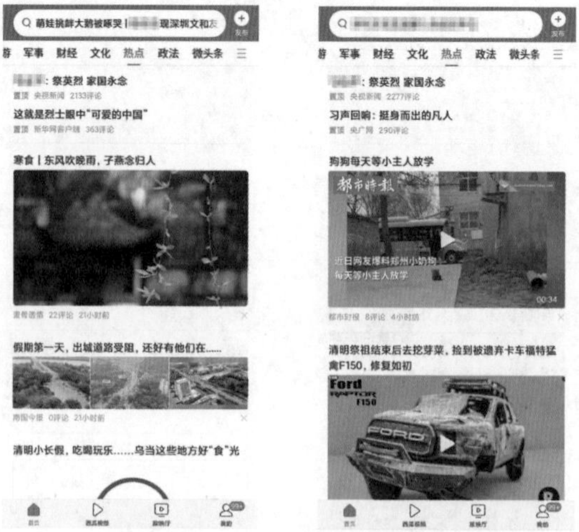
军事 财经 文化 热点 政法 微头条
：祭英烈 家国永念
这就是烈士眼中“可爱的中国”
寒食丨东风吹晚雨，子燕念归人
假期第一天，出城道路受阻，还好有他们在......
清明小长假，吃喝玩乐......乌当这些地方好“食”光
习声回响：挺身而出的凡人
狗狗每天等小主人放学
都市時報
清明祭祖结束后去挖芽菜，捡到被遗弃卡车福特猛禽F150，修复如初
Ford

图 11-15 “热点”频道页面

头条运营者可以在“热点”频道找到与自身内容领域相关的热点，并在悟空问答页面选择合适的问题进行回答。这样在蹭热点的同时也能实现增加头条号曝光度和增粉。

11.2.5 设置：时刻不要忘记添加引导语

前面，笔者提及了通过在内容中引导用户关注来吸粉的方法。在此，笔者将系统地介绍如何更好地在内容中设置引导用户关注的话语。

1. 图文内容中引导关注

在今日头条平台上，与微信公众号一样，不添加关注也是可以查看账号发布的内容的。因此，运营者要做的就是在用户阅读时或阅读完内容时引导用户关注。图 11-16 所示为某头条号在图文内容中设置的引导关注话语。

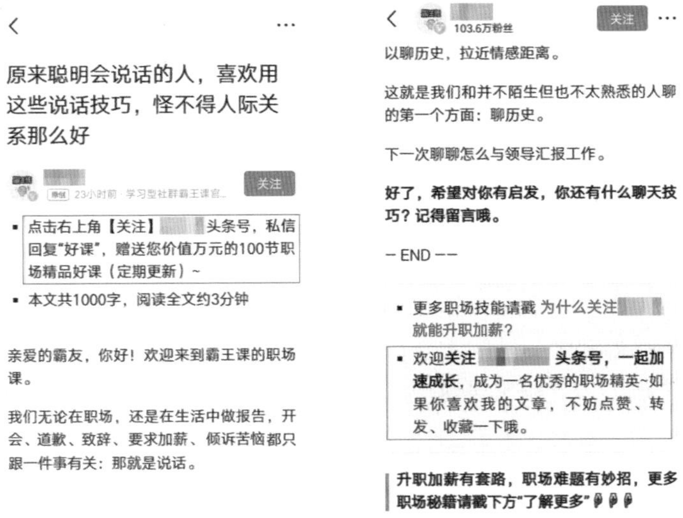
原来聪明会说话的人，喜欢用这些说话技巧，怪不得人际关系那么好
关注
点击右上角【关注】头条号，私信回复“好课”，赠送您价值万元的100节职场精品好课（定期更新）~
本文共1000字，阅读全文约3分钟
亲爱的霸友，你好！欢迎来到霸王课的职场课。
我们无论在职场，还是在生活中做报告，开会、道歉、致辞、要求加薪、倾诉苦恼都只跟一件事有关：那就是说话。
写评论...
103.6万粉丝
关注
以聊历史，拉近情感距离。
这就是我们和并不陌生但也不太熟悉的人聊的第一个方面：聊历史。
下一次聊聊怎么与领导汇报工作。
好了，希望对你有启发，你还有什么聊天技巧？记得留言哦。
— END —
更多职场技能请戳 为什么关注 就能升职加薪？
欢迎关注 头条号，一起加速成长，成为一名优秀的职场精英~如果你喜欢我的文章，不妨点赞、转发、收藏一下哦。
升职加薪有套路，职场难题有妙招，更多职场秘籍请戳下方“了解更多”
写评论...

图 11-16 某头条号设置的引导关注话语

从图 11-16 可以看出，该头条号在引导关注时，在文章的开头和结尾处都进行了设置，并以特殊的格式来突出显示——引语格式 + 无序列表，且结尾处的引导关注还进行了加粗设置。而对大多数头条号而言，它们的引导关注设置一般位于文章结尾，且一般会以与正文内容格式相同的简短话语来表示。

2. 视频内容中引导关注

视频内容中的引导关注，有时可能就是在视频某一处显示了头条号，或是视频中的人物以说话的形式来直接要求用户关注，如图 11-17 所示。一般来说，只要视频确实优秀，用户都会选择关注其头条号的。

图 11-17　某头条号的视频内容设置的引导关注

3. 微头条内容中引导关注

微头条内容本身比较简短，因此在其中添加引导语来吸引用户关注的方式比较少见，常见的还是利用 @XX 方式来让用户关注你的账号，特别是一些将图文内容分享到微头条的头条号更是如此。

4. 问答内容中引导关注

在悟空问答内容中，一般都会首先介绍自己，最后加入引导语，这个笔者在第 8 章已经讲过了，这里不再赘述。

11.2.6　话题：利用强互动性的内容涨粉

利用互动话题内容来涨粉，其归根结底还是得力于内容的作用和头条号的发展。也就是说，头条号打造一个互动话题，可以在提升粉丝黏性的基础上吸引更多有意愿参与话题的粉丝关注。那么，这些话题一般是什么样的话题呢？它们又是如何引导关注的呢？在此笔者将进行具体介绍。

头条号打造的互动话题，一般有两个方面的要求：一是要有足够吸引用户参与的动力，如提供某方面的福利、利用话题引导用户发表看法等，如图 11-18 所示。

图 11-18 中的两个案例，一个是利用悟空问答的问答内容来吸引用户和其他头条运营者，另一个是通过自己的亲身经历来引起用户共鸣，并在结尾用引导话语来激发用户的互动和参与。它们的内容都是一些用户比较关注的话题，因而

引起了许多人留言，自然在吸引粉丝方面效果也不会太差，如图 11-19 所示。

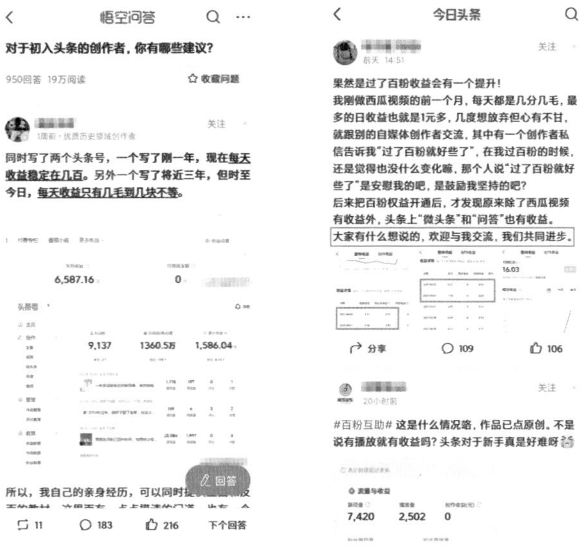
悟空问答
对于初入头条的创作者，你有哪些建议？
950回答 19万阅读
收藏问题
关注
同时写了两个头条号，一个写了刚一年，现在每天收益稳定在几百。另外一个写了将近三年，但时至今日，每天收益只有几毛到几块不等。
6,587.16
0
9,137
1360.5万
1,586.04
回答
所以，我自己的亲身经历，可以同时
11
183
216
下个回答
今日头条
前天 14:51
果然是过了百粉收益会有一个提升！
我刚做西瓜视频的前一个月，每天都是几分几毛，最多的日收益也就是1元多，几度想放弃但心有不甘，就跟别的自媒体创作者交流，其中有一个创作者私信告诉我"过了百粉就好些了"，在我过百粉的时候，还是觉得也没什么变化嘛，那个人说"过了百粉就好些了"是安慰我的吧，是鼓励我坚持的吧？
后来把百粉权益开通后，才发现原来除了西瓜视频有收益外，头条上"微头条"和"问答"也有收益。
大家有什么想说的，欢迎与我交流，我们共同进步。
16.03
分享
109
106
关注
20小时前
#百粉互助# 这是什么情况咯，作品已点原创。不是说有播放就有收益吗？头条对于新手真是好难呀
7,420
2,502
0

图 11-18　打造吸引用户参与的话题

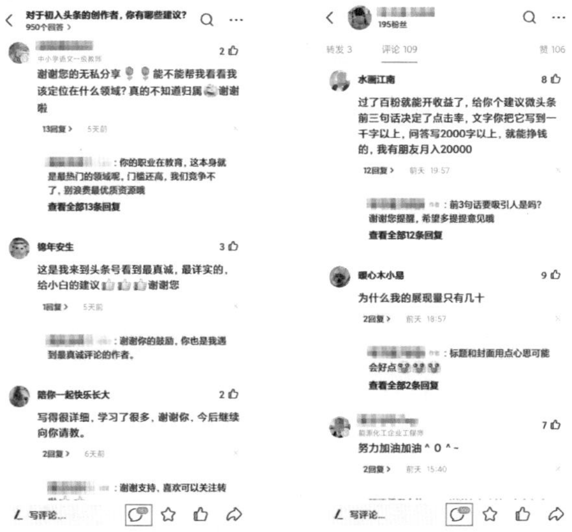
对于初入头条的创作者，你有哪些建议？
950个回答
谢谢您的无私分享 能不能帮我看看我该定位在什么领域？真的不知道归属 谢谢啦
13回复
：你的职业在教育，这本身就是最热门的领域呢，门槛还高，我们竞争不了，别浪费最优质资源哦
查看全部13条回复
锦年安生
这是我来到头条号看到最真诚，最详实的，给小白的建议 谢谢您
1回复
：谢谢你的鼓励，你也是我遇到最真诚评论的作者。
陪你一起快乐长大
写得很详细，学习了很多，谢谢你，今后继续向你请教。
2回复
：谢谢支持，喜欢可以关注转
写评论...
195粉丝
转发 3
评论 109
赞 106
水画江南
过了百粉就能开收益了，给你个建议微头条前三句话决定了点击率，文字你把它写到一千字以上，问答写2000字以上，就能挣钱的，我有朋友月入20000
12回复
前天 19:57
：前3句话要吸引人是吗？谢谢您提醒，希望多提提意见哦
查看全部12条回复
暖心木小易
为什么我的展现量只有几十
2回复
前天 18:57
：标题和封面用点心思可能会好点
查看全部2条回复
努力加油加油＾０＾～
2回复
前天 15:40
写评论...

图 11-19　具有吸引力的话题打造后的留言展示

打造具有吸引力的话题，还有一个要求，那就是在时间和具体事务上的安排。一般来说，话题打造可以通过提前给出信息的方式来吸引粉丝，且在用户参与的过程中和话题结束后的安排上要妥当，即运营者要充分注意引导用户，提升用户体验，并及时就用户的观点给出自己的态度。

11.2.7　私信：利用功能设置巧妙引流

在微博、微信公众号平台上，都有私信功能，在今日头条平台上，也有私信功能。那么，头条号的私信功能入口在哪呢？运营者在电脑端头条号后台单击“消息”按钮，然后在下拉列表中选择“私信”选项，如图 11-20 所示。

图 11-20　头条号私信入口

接着进入消息中心的“私信”页面，输入用户名关键词搜索用户或在用户列表里面选择一名用户，就可以给他发送私信了，如图 11-21 所示。

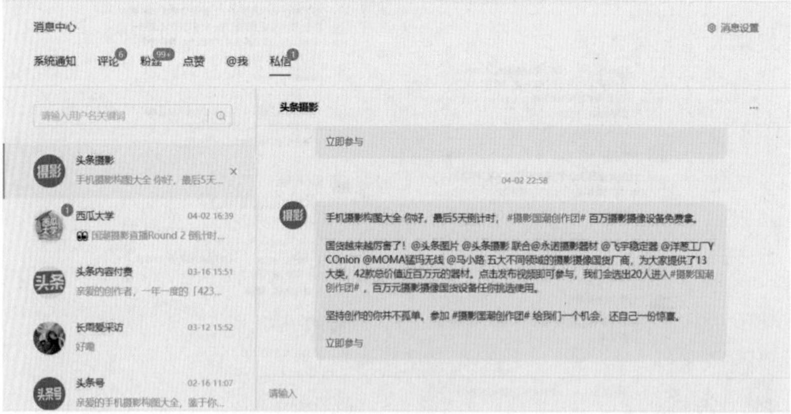

图 11-21　“私信”页面

当然，运营者也可以在头条号后台的“数据→粉丝数据→粉丝列表”页面给粉丝发送私信，这个在第 2 章提到过。不过需要注意的是，电脑端头条号后台只能给粉丝发送私信（你关注的人），如果想给非粉丝的用户发送私信，就需要在今日头条 App 上操作。下面就来讲解其具体的操作步骤。

步骤 01 打开今日头条 App，在首页上方的搜索框中输入用户名的关键词，如“半佛”，点击“搜索”按钮，如图 11-22 所示。在搜索结果中点击“半佛仙人本仙人”的头条号，如图 11-23 所示。

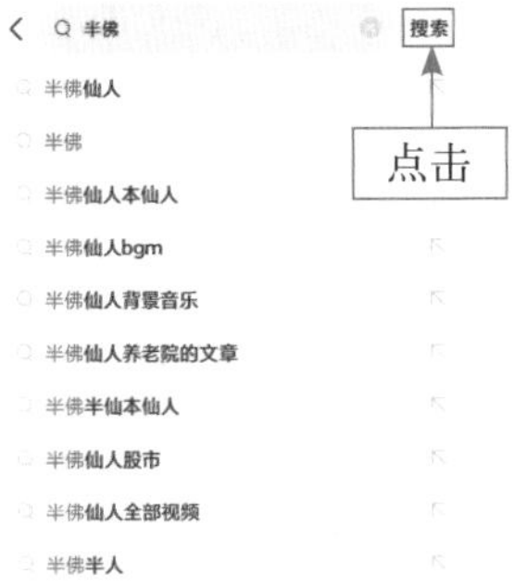

图 11-22 点击“搜索”按钮

图 11-23 点击相应的头条号

步骤 02 进入其头条号主页，点击按钮，如图 11-24 所示。进入和他的私信聊天界面，就可以给他发私信了，如图 11-25 所示。

图 11-24 点击按钮

图 11-25 私信聊天的界面

运营者还可以通过在今日头条 App，给那些未关注你的用户发私信来吸粉引流。但在吸粉的过程中需要注意一点，那就是你以什么名义去和用户沟通，并要求他（她）关注你，要为自己的行为提供一个合理的理由，切不可太过唐突。

11.2.8　菜单：自定义添加的功能引流

一个头条号运营的时间长了，发布的内容多了，用户此时想要查找往期的内容会比较麻烦。平台就针对这一问题，提供了一个“自定义菜单”功能，有助于帮助用户查找内容，同时也有利于运营者把优质的“精选内容”进行归类，以便吸引粉丝和增加用户黏性。

在“自定义菜单”页面，可以设置的一级菜单，最多可有 3 个，当然，运营者可根据自身内容来安排。图 11-26 所示分别为“古今诗词”“诗词世界”和“中关村在线”头条号的自定义菜单。

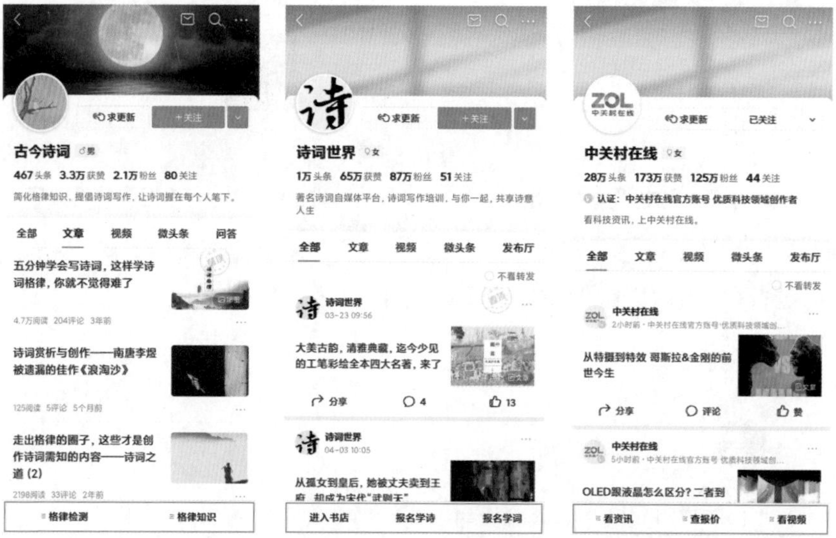

图 11-26　“古今诗词”“诗词世界”和“中关村在线”头条号的自定义菜单

从图 11-26 可以看出，这 3 个头条号的一级菜单的数量是不一样的，且在菜单内容的设置上也各有侧重。如“古今诗词”头条号的“格律知识”就是“精选内容”的典型代表，它在众多的跳转网页中选择了 3 个相关方面作为这一级菜单的子菜单。另外，很多一级菜单承担着头条号的转化功能，图中的“报名学诗”就是通过头条号来实现粉丝转化的。

除此之外，菜单可能还承担着“互动功能”，也就是说，运营者设置的菜单主要是用来与用户互动的。

无论是“精选内容”，还是“转化功能”，抑或是“互动功能”，都与粉丝运营息息相关。可见，头条运营者设置自定义菜单的目标，除了更好地规划内容和提升用户体验这两个可见的目标外，其最终目的还是在于吸粉引流和变现，以便多角度促进账号的发展。

11.3 引流二：利用其他平台来引流

随着互联网的发展，越来越多的自媒体平台开始出现，其领域范围之广、内容类型之多，实在是让人目不暇接。而作为在今日头条平台发展的自媒体人，又将有着哪些机会可以为自身头条号吸引更多粉丝和流量呢？

本节就从社交、资讯、视频和电商等多个类型的平台出发，为大家介绍头条号是如何利用其他平台吸粉引流的。

11.3.1 公众号：应用广泛的社交平台引流

微信是如今应用范围极广的社交媒体平台，微信公众平台更是众多自媒体发展的摇篮。因此，以今日头条为主战场的头条号开始考虑从微信公众平台引流。

例如，微信公众号“头条易”就是一个专门介绍头条号投放传播的平台。微信用户在阅读其推送的内容时，是极有可能受到其中头条号介绍的吸引而关注头条号的，如图 11-27 所示。

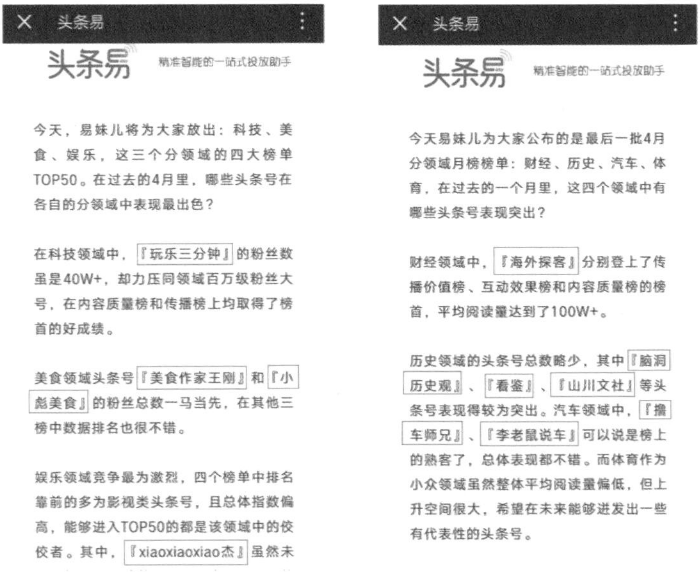
头条易
头条易 精准智能的一站式投放助手
今天，易妹儿将为大家放出：科技、美食、娱乐，这三个分领域的四大榜单TOP50。在过去的4月里，哪些头条号在各自的分领域中表现最出色？
在科技领域中，『玩乐三分钟』的粉丝数虽是40W+，却力压同领域百万级粉丝大号，在内容质量榜和传播榜上均取得了榜首的好成绩。
美食领域头条号『美食作家王刚』和『小彪美食』的粉丝总数一马当先，在其他三榜中数据排名也很不错。
娱乐领域竞争最为激烈，四个榜单中排名靠前的多为影视类头条号，且总体指数偏高，能够进入TOP50的都是该领域中的佼佼者。其中，『xiaoxiaoxiao杰』虽然未
头条易
头条易 精准智能的一站式投放助手
今天易妹儿为大家公布的是最后一批4月分领域月榜榜单：财经、历史、汽车、体育，在过去的一个月里，这四个领域中有哪些头条号表现突出？
财经领域中，『海外探客』分别登上了传播价值榜、互动效果榜和内容质量榜的榜首，平均阅读量达到了100W+。
历史领域的头条号总数略少，其中『脑洞历史观』、『看鉴』、『山川文社』等头条号表现得较为突出。汽车领域中，『撸车师兄』、『李老鼠说车』可以说是榜上的熟客了，总体表现都不错。而体育作为小众领域虽然整体平均阅读量偏低，但上升空间很大，希望在未来能够迸发出一些有代表性的头条号。

图 11-27 “头条易”微信公众号内容中的用户引流

11.3.2 微博：简短内容实现平台快速引流

在微博平台上，用户只需要用很短的文字就能反映自己的心情或者发布信息，这样便捷、快速的信息分享方式使得大多数自媒体人开始抢占微博平台，利用微博开启内容吸粉和变现的新天地。图 11-28 所示为从微博引流到今日头条的案例。

图 11-28　从微博引流到今日头条的案例

11.3.3 简书：优质原创内容优势积极引流

简书平台是一款集写作和阅读于一体的社交型互联网产品，同时也是一个基于内容分享的社区。简书平台在推文引流方面有自己独特的优势，头条运营者可以在该平台上进行内容推广来实现引流，如图 11-29 所示。

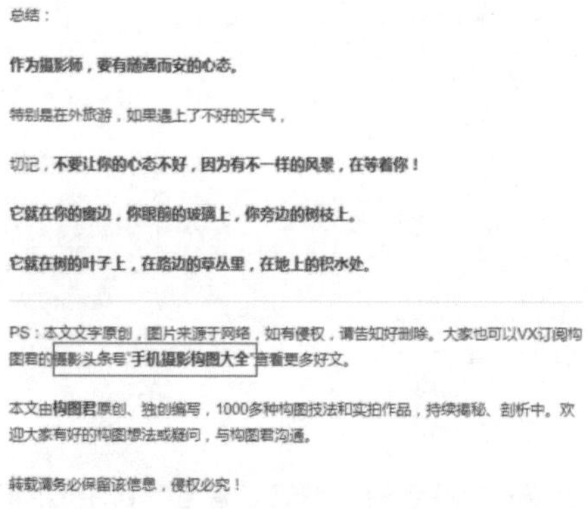

总结：

作为摄影师，要有随遇而安的心态。

特别是在外旅游，如果遇上了不好的天气，

切记，不要让你的心态不好，因为有不一样的风景，在等着你！

它就在你的窗边，你眼前的玻璃上，你旁边的树枝上。

它就在树的叶子上，在路边的草丛里，在地上的积水处。

PS：本文文字原创，图片来源于网络，如有侵权，请告知好删除。大家也可以VX订阅构图君的摄影头条号"手机摄影构图大全"查看更多好文。

本文由构图君原创、独创编写，1000多种构图技法和实拍作品，持续揭秘、剖析中。欢迎大家有好的构图想法或疑问，与构图君沟通。

转载请务必保留该信息，侵权必究！

图 11-29　简书平台中的头条号引流案例

一般来说，在简书平台上是禁止嵌入广告的，否则审核很难通过。因此，运营者在用内容进行引流之前，要注意吸粉引流广告语的设置，不能用太多篇幅，而应该用简短的语言一笔带过。另外，头条号的名称与简书平台上注册的名称最好一致，这样更有利于吸粉。

11.3.4 一点号：基于兴趣的资讯平台引流

一点号是由一点网聚科技推出的一款为兴趣而生，有机融合搜索和个性化推荐技术的兴趣引擎软件。它本身有着庞大的用户量，这为吸粉引流打下了坚实的用户基础。此外，一点号平台的 3 个特色也将为引流提供助力，如图 11-30 所示。

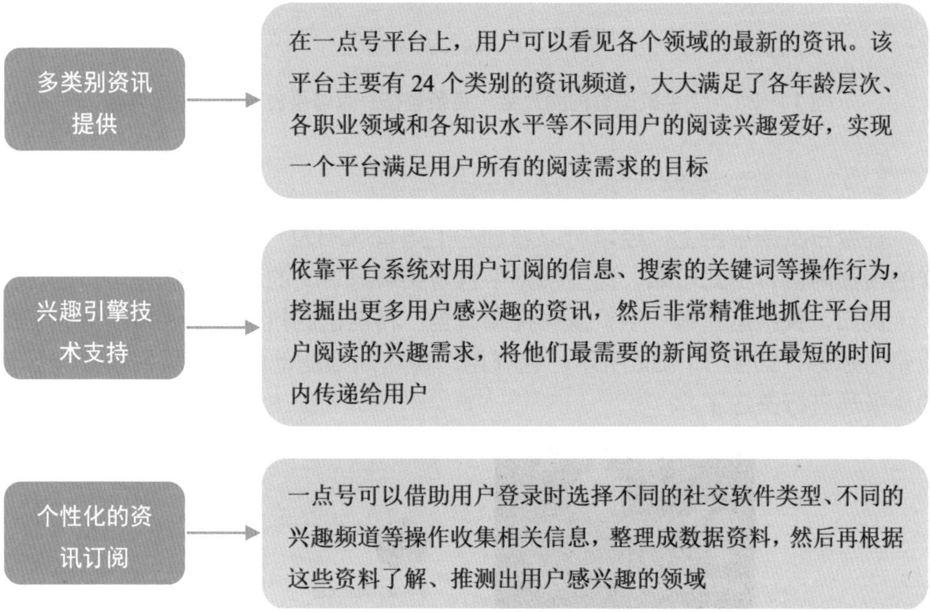
多类别资讯提供
在一点号平台上，用户可以看见各个领域的最新的资讯。该平台主要有 24 个类别的资讯频道，大大满足了各年龄层次、各职业领域和各知识水平等不同用户的阅读兴趣爱好，实现一个平台满足用户所有的阅读需求的目标
兴趣引擎技术支持
依靠平台系统对用户订阅的信息、搜索的关键词等操作行为，挖掘出更多用户感兴趣的资讯，然后非常精准地抓住平台用户阅读的兴趣需求，将他们最需要的新闻资讯在最短的时间内传递给用户
个性化的资讯订阅
一点号可以借助用户登录时选择不同的社交软件类型、不同的兴趣频道等操作收集相关信息，整理成数据资料，然后再根据这些资料了解、推测出用户感兴趣的领域

图 11-30 一点号的平台特色

在图 11-30 所示的平台特色支撑下，头条运营者可以在与自身账号相关的领域发布一点号需要的内容。这样，一点号就能把内容推送给那些有需求的用户，同时这些用户又恰好是头条号的目标用户群体，他们如果想要了解关于运营主体的更多内容，就要去关注头条号，从而达到引流的目的。

图 11-31 所示为“手机摄影构图大全”头条号在一点号平台上发布的插入引流内容的案例展示。该头条号的领域是摄影构图，因此通过分享摄影技巧的内容来吸引一点号的用户，然后在文章末尾顺便引导用户关注自己的头条号，以及推荐自己已出版的相关书籍，可谓一举两得。

喜欢构图君文章的朋友可以去看看构图君编写的摄影书，相信大家的摄影技能会有很大的提升，或者订阅构图君的摄影头条号：手机摄影构图大全，每篇文章都是原创，还提供了上千种摄影技巧供大家学习交流，摄友们记得给构图君点赞哟！
构图君策划、组织、编写，当当、京东均有销售
本文由构图君（157075539）原创、独创编写，1000多种构图技法和实拍作品，持续揭秘、剖析中。欢迎大家有好的构图想法或疑问，与构图君沟通。

图 11-31　“手机摄影构图大全”头条号在一点号平台发布的引流内容

11.3.5　抖音：紧密关联的短视频平台引流

在今日头条平台上，经常可以看到右上角有水印为“西瓜视频”“抖音”字样的视频内容，由此可知，这些视频平台与头条号之间的引流操作是可行的。

例如，头条运营者“手机摄影构图大全”将自己的抖音账号名字改为自己的头条号名称，如图 11-32 所示。这样用户便可以根据他的抖音号名字搜索到他的头条号进行关注了。

取消关注
私信
手机摄影构图大全
4311 获赞　443 关注　19.1w 粉丝
作品 129
编辑资料
申请认证
手机摄影构图大全
1114 头条　3.3万 获赞　18万 粉丝　504 关注
全部　文章　视频　微头条　专栏
手机摄影构图大全
免费分享：10种经典摆姿，助你轻松拍好人像
分享　132　564
手机摄影构图大全
赏照片，练眼力，学技巧

图 11-32　抖音账号名字和头条号名称同步

另外，在同步时，最好把两个平台账号的头像和简介也保持一致，以免用户弄错，被“高仿”账号截流。

11.3.6 京东：京条计划下的电商平台引流

京东是中国国内一家数一数二的电商平台，京东旗下拥有京东商城、京东金融和京东云等产品，在这里笔者主要为大家介绍的是京东商城。京东商城是一个综合性的网上购物电商平台，其经营的产品非常广泛，包括了数码产品、生活日用品、食品、护肤美妆产品等数十种大类的商品。

在粉丝经济时代，京东同今日头条平台推出了一个“京条计划”，该计划具体涵盖了 3 个方面的内容，如图 11-33 所示。

“京条计划”主要内容：

一、京东在今日头条上开设一级购物入口“京东特卖”；

二、基于今日头条大数据能力的精准广告投放；

三、双方将共同开展基于兴趣阅读的电商合作，通过导购、分佣等模式，帮助更多的头条号变现。

图 11-33 “京条计划”的主要内容

京东与今日头条合作推出“京条计划”的主要目的之一，是在头条平台上打通一个流量入口，借助今日头条平台，为京东商城进行引流。未来在进入头条平台上，用户在进行内容阅读时，将会体验到京东提供的电商服务。

虽然，这里更多是把用户引流到京东商城中进行消费。但是，在实际的运营过程中，不少头条号作者基于京东和头条号合作的便利关系，利用京东平台上的京东快报、京东直播上的内容进行引流。同时，通过与京东的合作，今日头条平台的用户能获得更多的有关电商的资讯，这就使得其服务能力提升，用户黏性和吸粉引流能力同样也将得到增强。

第 12 章

电商：如何玩转头条号内容电商

不管是哪个自媒体平台，内容电商都是内容创作者热衷的变现玩法之一。本章主要介绍头条号的内容电商玩法，包括头条内容电商的功能介绍、头条内容电商的平台规则，以及头条小店运营的方法技巧，帮助大家玩转今日头条平台内容电商。

12.1 指南：头条内容电商的功能介绍

内容电商和直播带货一样，是一种新型的内容电商模式，也是头条号运营者所需要掌握的运营技巧。本节主要介绍头条内容电商的功能和工具、电商平台的账号绑定，以及商品卡的玩法技巧等。

12.1.1 入门：了解内容电商的工具

要想玩转头条内容电商，运营者先要了解相关的一些功能和工具。下面介绍头条号的商品卡、商品橱窗和头条小店。

1. 商品卡：多元化的内容变现工具

前面在第 5 章提到过商品卡功能的知识，它是今日头条平台为运营者提供的变现工具。开通此功能后，运营者可以在内容中插入商品卡，如果用户点击商品卡购买商品并确认收货，那么运营者就可以获得一定的佣金收入。

专家提醒

运营者不要发布低质量或含有违规信息的带货内容，否则会扣除信用积分，严重的会被封禁账号。

2. 商品橱窗：商品推荐的展示位置

运营者开通了商品卡功能以后，在今日头条 App 的个人主页会显示商品橱窗，如图 12-1 所示。但是，只有在橱窗中添加了商品，个人主页才会显示商品橱窗。

那么，运营者该如何在橱窗中添加商品呢？其具体操作方法如下。

步骤 01 进入今日头条 App 的创作中心（此步骤前面讲过，不再赘述），在创作中心的页面点击“展开”按钮，点击“电商工具箱”按钮（没有开通商品卡功能是不会显示这个按钮的），如图 12-2 所示。进入“商品橱窗”页面，点击“橱窗管理”按钮，如图 12-3 所示。

步骤 02 进入“商品橱窗管理”页面，点击“添加商品”按钮，如图 12-4 所示。进入“添加商品”页面，选择好商品后，点击对应的“加橱窗”按钮，如图 12-5 所示。

步骤 03 执行操作之后，回到“商品橱窗管理”页面，这时就可以看到已添加的商品，如图 12-6 所示。

当然，运营者也可以在左侧选中对应的商品，这时右下角就会显示“移除”按钮，点击“移除”按钮，如图 12-7 所示。弹出询问的弹窗，点击“确定”按钮，即可删除商品，如图 12-8 所示。

图 12-1　个人主页的商品橱窗展示

图 12-2　点击“电商工具箱”按钮

图 12-3　点击“橱窗管理”按钮

图 12-4　点击“添加商品”按钮

图 12-5　点击“加橱窗”按钮

图 12-6　“商品橱窗管理”页面

图 12-7　点击“移除”按钮

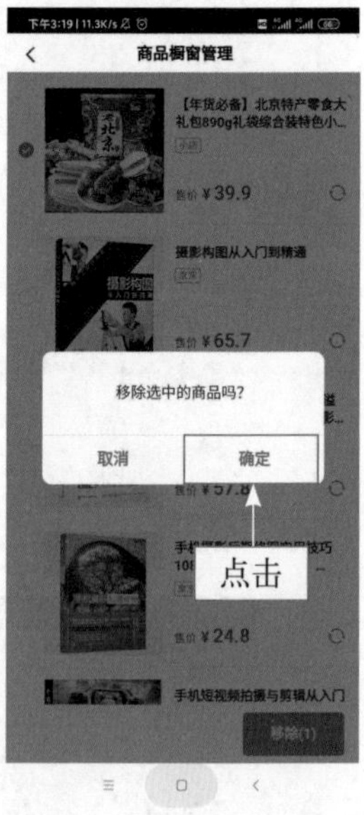

图 12-8　点击“确定”按钮

3. 头条小店：专业的电商变现工具

前面在第 1 章和第 3 章提到过头条小店，它是今日头条平台为运营者提供的电商变现工具。

运营者开通了头条小店功能之后，店铺会在运营者的今日头条、西瓜视频、抖音等平台的账号主页中显示（因为这几个平台都是今日头条旗下的产品）。图 12-9 所示为某运营者在今日头条和西瓜视频 App 账号主页显示的头条小店。

图 12-9　某运营者在今日头条（左）和西瓜视频（右）账号主页的头条小店

头条小店的商品可以通过文章、视频和直播等方式发布并展示，从而既可以让用户浏览优质的内容，又方便用户直接购买商品。

运营者要想开通头条小店，需要满足以下 4 个条件，具体内容如下。

(1) 运营者必须是个体工商户或企业。

(2) 允许广告商家升级为头条小店。

(3) 部分开店入驻的类目必须使用商标入驻。

(4) 运营者必须有入驻资质，如通用资质等。

12.1.2　PID：电商联盟账号的绑定

在做头条内容电商时，运营者可以绑定淘宝联盟 PID(PID 是对应每个电商推客账户的代码，相当于推客的身份证，用来识别推客的身份）和京东联盟 PID，它决定着你的佣金收入归属，所以千万不能弄错。

那么，在哪里绑定淘宝和京东的 PID 呢？运营者可以进入今日头条 App 的

“商品橱窗”页面，点击“账号绑定”按钮（见图 12-3 所示的操作步骤），然后进入“账号绑定”页面。这时，我们可以看到淘宝 PID 和京东 PID 的绑定入口，点击淘宝 PID 右侧的“未绑定”按钮，如图 12-10 所示。进入“账号修改”页面，接着点击“去淘宝获取”按钮，如图 12-11 所示。

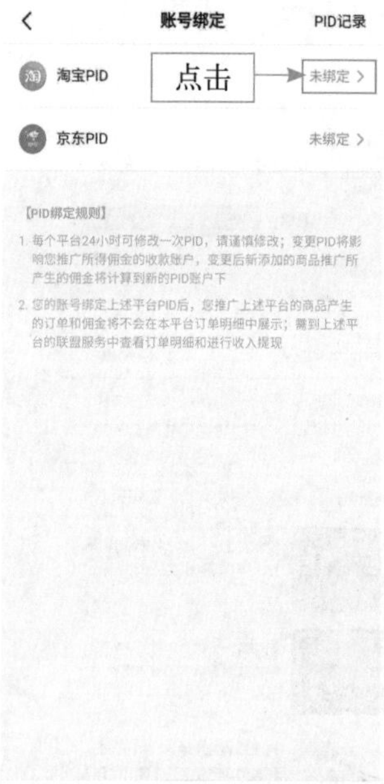
账号绑定
PID记录
淘宝PID
点击
未绑定 >
京东PID
未绑定 >
【PID绑定规则】
1. 每个平台24小时可修改一次PID，请谨慎修改；变更PID将影响您推广所得佣金的收款账户，变更后新添加的商品推广所产生的佣金将计算到新的PID账户下
2. 您的账号绑定上述平台PID后，您推广上述平台的商品产生的订单和佣金将不会在本平台订单明细中展示；需到上述平台的联盟服务中查看订单明细和进行收入提现

图 12-10　点击“未绑定”按钮

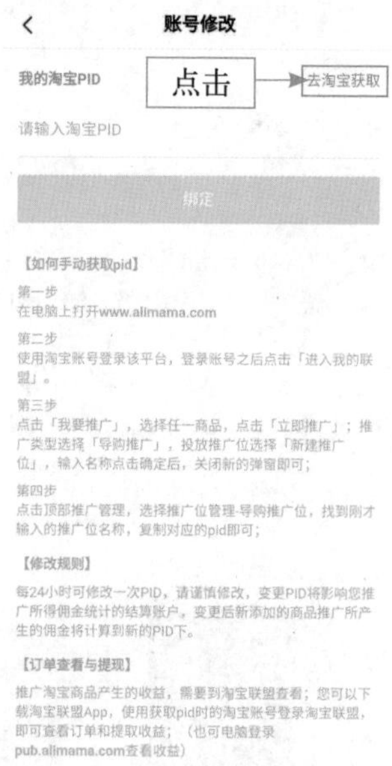
账号修改
我的淘宝PID
点击
去淘宝获取
请输入淘宝PID
绑定
【如何手动获取pid】
第一步
在电脑上打开www.alimama.com
第二步
使用淘宝账号登录该平台，登录账号之后点击「进入我的联盟」。
第三步
点击「我要推广」，选择任一商品，点击「立即推广」；推广类型选择「导购推广」，投放推广位选择「新建推广位」，输入名称点击确定后，关闭新的弹窗即可；
第四步
点击顶部推广管理，选择推广位管理-导购推广位，找到刚才输入的推广位名称，复制对应的pid即可；
【修改规则】
每24小时可修改一次PID，请谨慎修改，变更PID将影响您推广所得佣金统计的结算账户，变更后新添加的商品推广所产生的佣金将计算到新的PID下。
【订单查看与提现】
推广淘宝商品产生的收益，需要到淘宝联盟查看；您可以下载淘宝联盟App，使用获取pid时的淘宝账号登录淘宝联盟，即可查看订单和提取收益；（也可电脑登录pub.alimama.com查看收益）

图 12-11　点击“去淘宝获取”按钮

然后会弹出“淘宝账号绑定”的提示框，点击“确定”按钮，如图 12-12 所示。最后，会跳转进入到手机淘宝 App 的账号绑定页面，点击“同意协议并绑定”按钮即可绑定成功，如图 12-13 所示。

京东 PID 的绑定和淘宝有所不同，运营者需要先关注公众号“京粉儿”。进入公众号，点击底部菜单栏的“我的”按钮，在弹出的列表中选择“PID 管理”选项，如图 12-14 所示。进入“新建 PID”页面，如图 12-15 所示。根据实际情况填写相关信息，选中“同意《京东联盟平台 CPS 推广代理商 / 子会员业务协议》”单选按钮，然后点击“提交”按钮即可新建成功。

接着再打开今日头条 App，回到“账号绑定”页面，点击京东 PID 右侧的“未绑定”按钮，如图 12-16 所示。进入京东 PID 的“账号修改”页面，如图 12-17 所示。然后输入新建的京东 PID，点击“绑定”按钮即可绑定成功。

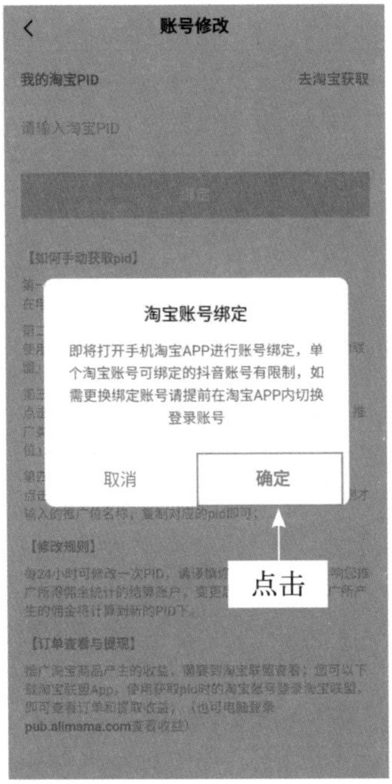

图12-12　点击“确定”按钮

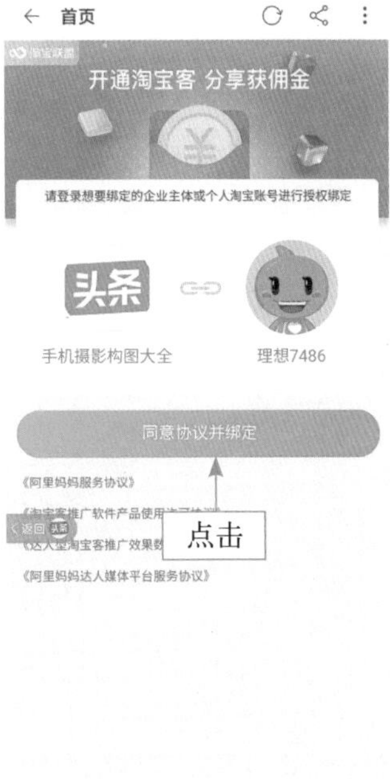

图12-13　点击“同意协议并绑定”按钮

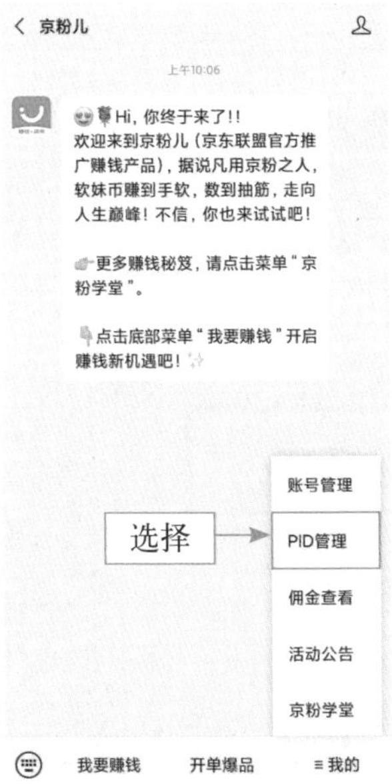

图12-14　选择“PID管理”选项

图12-15　“新建PID”页面

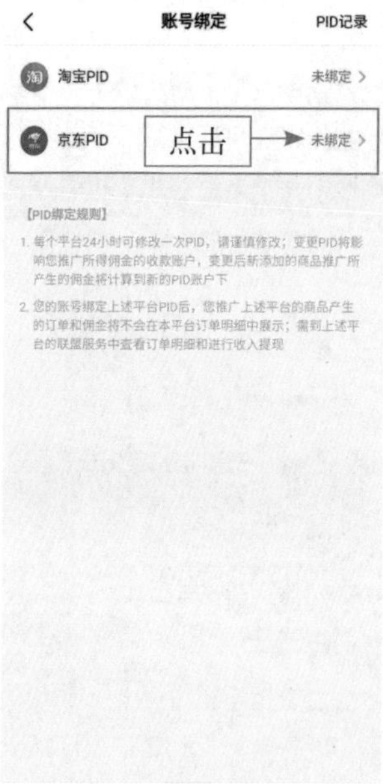

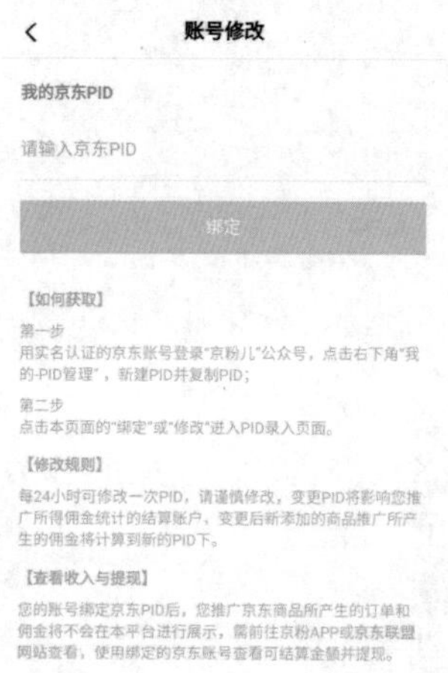

图 12-16　点击“未绑定”按钮　　　　图 12-17　“账号修改”页面

除此之外，运营者还可以绑定精选联盟账号，在第一次添加精选联盟商品时，会有弹窗提示，点击“前往授权”按钮即可，如图 12-18 所示。

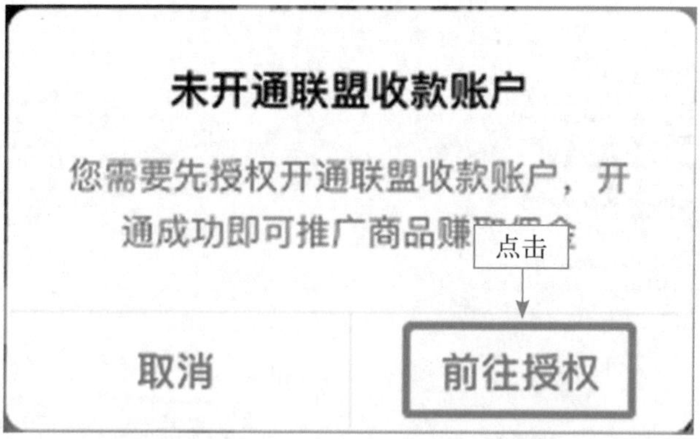

图 12-18　绑定精选联盟账号的提示

12.1.3　商品卡：5 种内容玩法技巧

商品卡可以在各种内容形式中插入，如文章、微头条、视频、小视频、问答和直播。在直播中插入商品卡其实就是直播带货，前面已经在第 5 章的直播带货中详细介绍过了，因此这里重点介绍其余 5 种内容的商品卡。

1. 文章商品卡

下面介绍在头条文章中插入商品卡的操作方法。

步骤 01 在电脑上登录头条号后台，单击创作栏中的“文章”按钮，如图 12-19 所示。进入“发布文章”页面，单击按钮，在弹出的列表中选择“商品推广”选项，如图 12-20 所示。

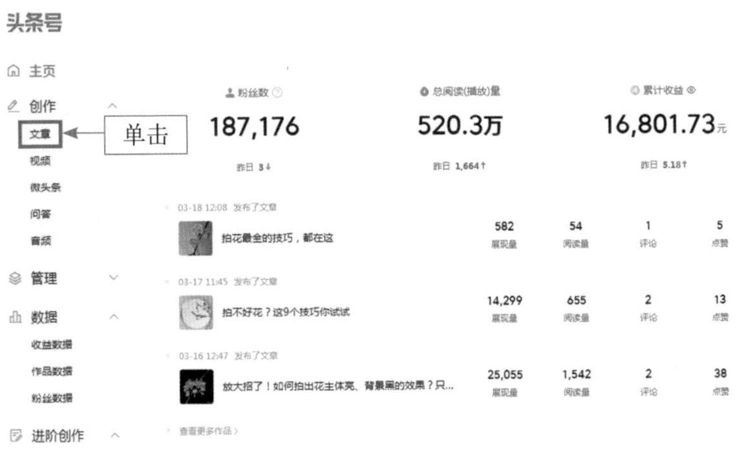

图 12-19 单击“文章”按钮

图 12-20 选择“商品推广”选项

步骤 02 弹出“商品橱窗”页面，在对应商品的左侧选择商品。选好商品后，单击“下一步”按钮，如图 12-21 所示。进入“编辑商品”页面，输入商品短标题（非必填），然后单击“确定”按钮，如图 12-22 所示。

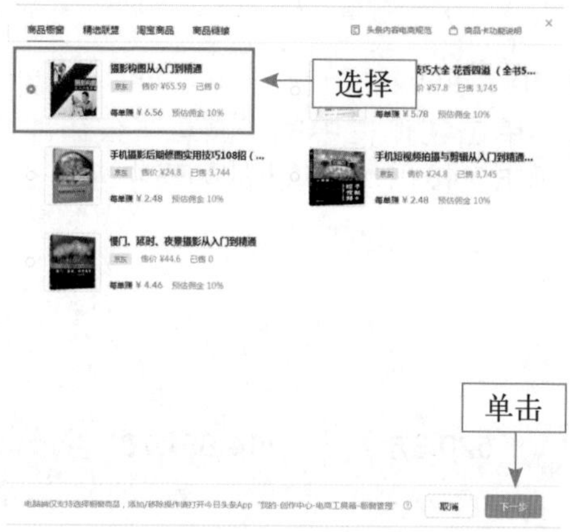

图 12-21　单击“下一步”按钮

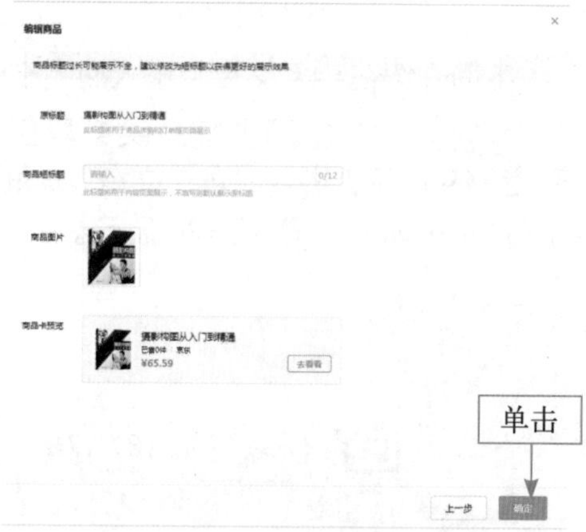

图 12-22　单击“确定”按钮

步骤 03 执行操作之后，就可以在文章编辑页面看到添加的商品卡了，如图 12-23 所示。

图 12-23　添加的商品卡

除了添加橱窗中的商品之外，运营者还可以添加精选联盟、淘宝商品和商品链接。另外，如果想删除已经插入的商品卡，只需要将鼠标放到商品卡的右上角，这时就会出现叉号，单击叉号即可删除商品卡（文章发布之后无法删除）。

专家提醒

目前，今日头条只支持在电脑端头条号后台进行文章商品卡的插入操作，今日头条 App 暂时无法操作。而且，每篇文章建议不要插入超过 5 张商品卡，也不要连续地插入。

另外，运营者还要注意以下这些商品卡的使用事项，如图 12-24 所示。

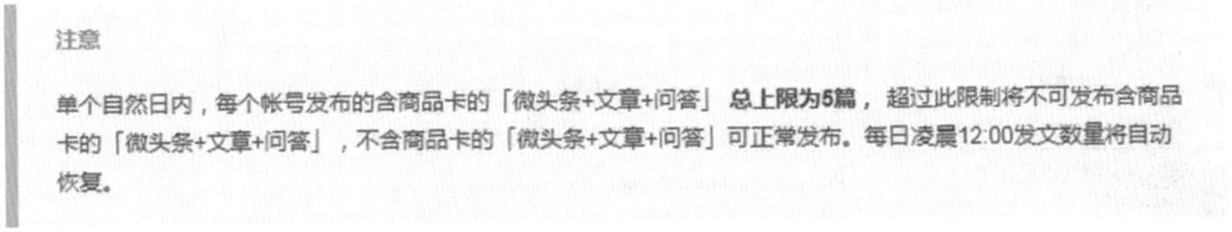
注意

单个自然日内，每个帐号发布的含商品卡的「微头条+文章+问答」总上限为5篇，超过此限制将不可发布含商品卡的「微头条+文章+问答」，不含商品卡的「微头条+文章+问答」可正常发布。每日凌晨12:00发文数量将自动恢复。

图 12-24　商品卡使用的注意事项

2. 微头条商品卡

微头条商品卡支持在今日头条 App 上操作，下面就来介绍在微头条中插入商品卡的操作方法。

步骤 01 进入今日头条 App 首页，点击“发布”按钮，在底部弹出的弹窗中点击“微头条”按钮，如图 12-25 所示。进入到微头条的发布页面，点击⊕按钮；在弹出的列表中选择“商品”选项（需先开通商品卡功能才会显示这个选项），如图 12-26 所示。

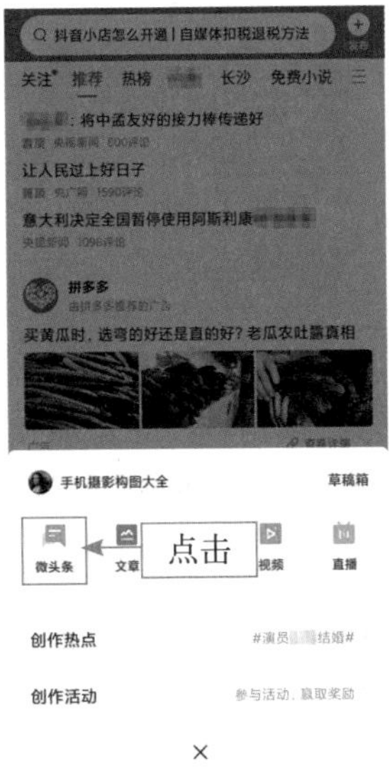

图 12-25　点击“微头条”按钮

图 12-26　选择“商品”选项

步骤 02 进入“我的橱窗”页面，在选择的商品右侧点击“添加”按钮，如图 12-27 所示。进入“编辑商品”页面，填写好商品短标题后点击“完成”按钮，如图 12-28 所示。

步骤 03 进入执行操作后，系统会自动跳回微头条的发布页面，这时就可以看到已插入的商品卡了。如果运营者要删除商品卡的话，只需点击商品卡右侧的×按钮即可，如图 12-29 所示。

图 12-27　点击“添加”按钮

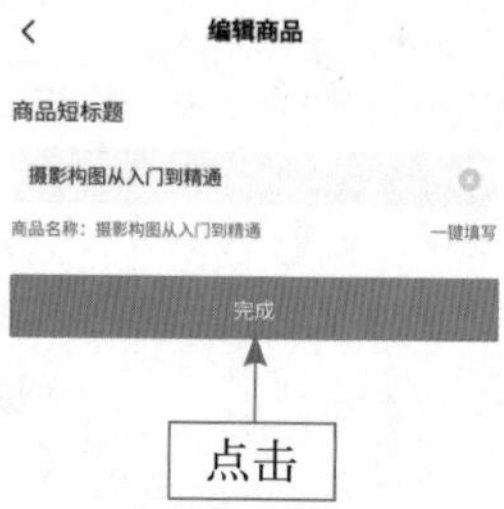

图 12-28　点击“完成”按钮

图 12-29　点击×按钮

当然，运营者还可以在选品库中添加商品，也可以通过点击右上角的“粘贴链接”按钮，如图 12-30 所示。然后在“添加商品”页面中粘贴淘口令或商品链接来添加商品，如图 12-31 所示。

图 12-30　点击“粘贴链接”按钮

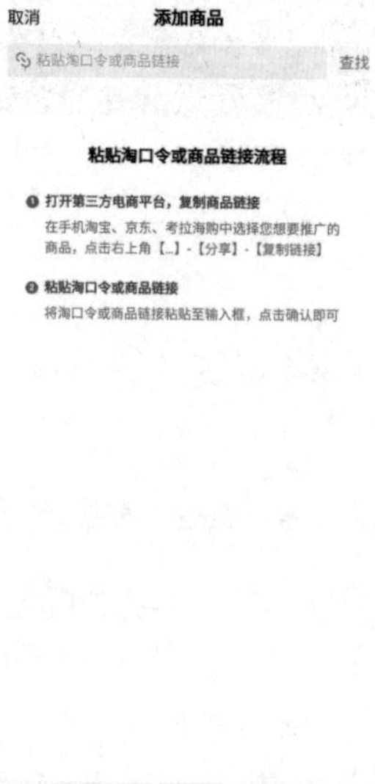

图 12-31　“添加商品”页面

3. 视频商品卡

视频商品卡同样不支持在今日头条 App 操作，因此下面介绍在电脑端头条号后台添加视频商品卡的操作方法。

步骤 01 在创作栏中单击“视频”按钮，进入到“发布视频”页面，如图 12-32 所示，在指定的区域内点击上传或拖入视频文件并等待视频上传成功。

步骤 02 执行操作后，就会出现编辑和设置视频信息的页面，用鼠标下滑网页至“高级设置”模块，单击“添加商品”按钮，如图 12-33 所示。

图 12-32 “发布视频”页面

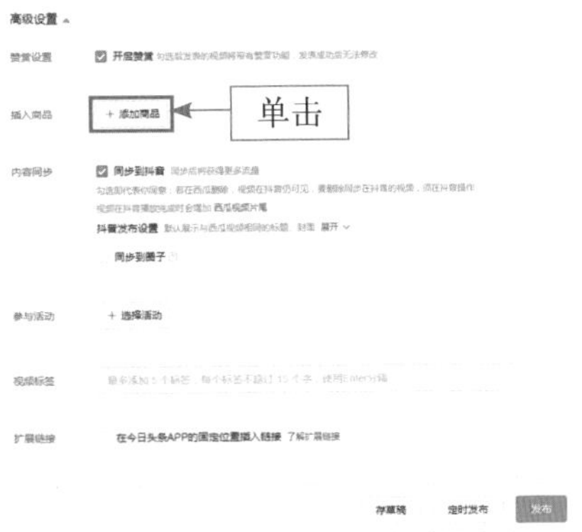

图 12-33 单击“添加商品”按钮

步骤 03 弹出“商品橱窗”页面，在对应的商品左侧选择商品。选好商品后，单击“确定”按钮，如图 12-34 所示。进入“插入商品广告”页面，单击“确认”按钮，如图 12-35 所示。

图 12-34 单击“确定”按钮

图 12-35 单击“确认”按钮

步骤 04 执行操作后，就可以看到原来“高级设置”模块的“添加商品”按钮变成“已添加 1 个商品 修改”按钮，如图 12-36 所示，这就表示商品卡已插入成功。单击该按钮，可回到“插入商品广告”页面，运营者可以选择删除已插入的商品卡或继续添加新商品。

图 12-36 “高级设置”模块

除了添加橱窗中的商品之外，运营者同样还可以添加精选联盟、淘宝商品和商品链接，这一点在后面将不再赘述。

4. 小视频商品卡

目前，小视频的商品卡的插入操作只能在今日头条 App 上进行。下面介绍其具体的操作步骤。

步骤 01 进入今日头条 App 首页，点击“发布”按钮，在弹出的弹窗中点击“视频”按钮，如图 12-37 所示。进入选择视频的页面，选好视频以后点击“下一步”按钮，如图 12-38 所示。

步骤 02 进入编辑视频信息的页面（封面、标题、商品），点击“添加商品”按钮，如图 12-39 所示。进入“我的橱窗”页面，在选择的商品右侧点击“添加”按钮，如图 12-40 所示。

步骤 03 进入“编辑商品”页面，填写好商品短标题后点击“完成”按钮，如图 12-41 所示。

步骤 04 执行操作后，系统会自动跳回到编辑视频信息的页面，这时就可以看到商品栏显示刚刚填写的商品短标题（说明商品卡已成功插入），如图 12-42 所示。如果运营者要删除或替换商品卡的话，只需点击商品栏，回到“我的橱窗”

页面，在对应的商品右侧点击“移除”或“替换”按钮即可。

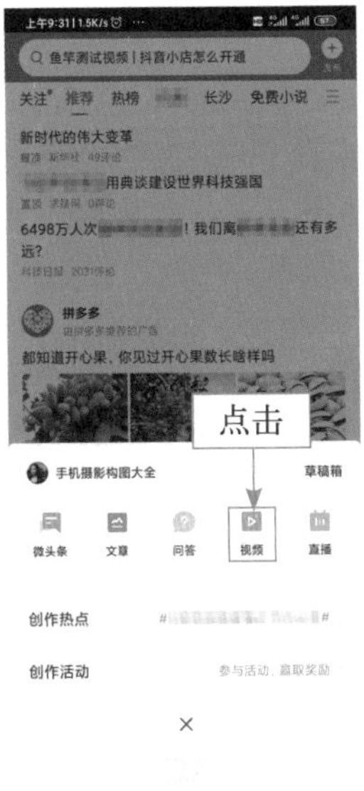

图 12-37 点击“视频”按钮

图 12-38 点击“下一步”按钮

图 12-39 点击“添加商品”按钮

图 12-40 点击“添加”按钮

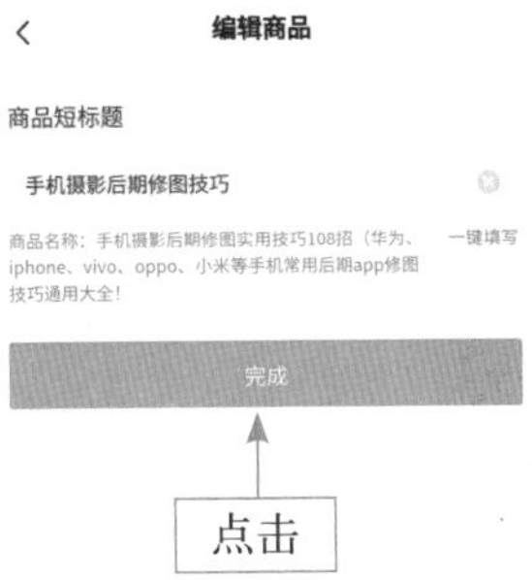

图 12-41 点击“完成”按钮

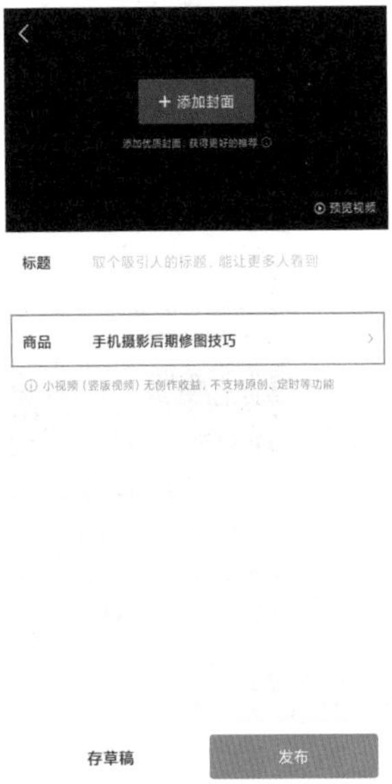

图 12-42 显示商品短标题

同样，运营者也可以通过选品库和粘贴商品链接来添加商品，这一点，在后面不再赘述。

5. 问答商品卡

问答商品卡也只支持在今日头条 App 上操作，接下来介绍其具体的操作方法。

步骤 01 打开今日头条 App，在首页底部的弹窗中点击“问答”按钮，如图 12-43 所示。进入“推荐”页面，选择一个问题，点击相应的“去回答”按钮，如图 12-44 所示。进入问题的详情页，点击“回答”按钮，如图 12-45 所示。

步骤 02 进入编辑回答的页面，点击按钮，如图 12-46 所示。在弹出的弹窗中点击“商品”按钮，如图 12-47 所示。进入“我的橱窗”页面，在选择的商品右侧点击“添加”按钮（尽量选择和问题相关的商品），如图 12-48 所示。

步骤 03 进入“编辑商品”页面，填写好商品短标题后点击“完成”按钮，如图 12-49 所示。执行操作后，系统会自动跳回编辑回答的页面，这时就可以看到已插入的商品卡，如图 12-50 所示。当然，运营者也可以通过点击商品卡右上角的按钮进行删除商品卡的操作。

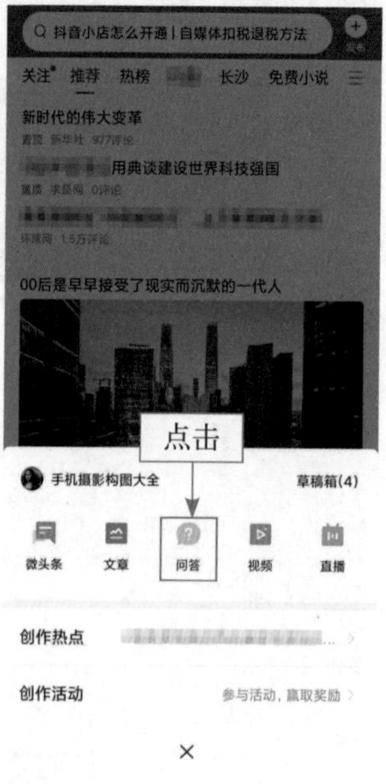

图 12-43　点击“问答”按钮

图 12-44　点击“去回答”按钮

图 12-45 点击“回答”按钮

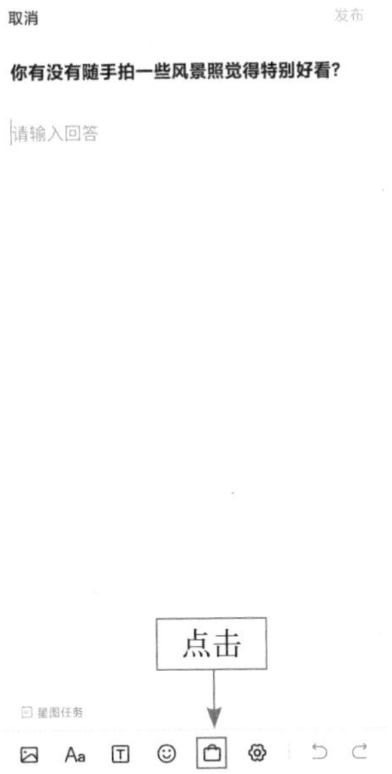

图 12-46 点击按钮

图 12-47 点击“商品”按钮

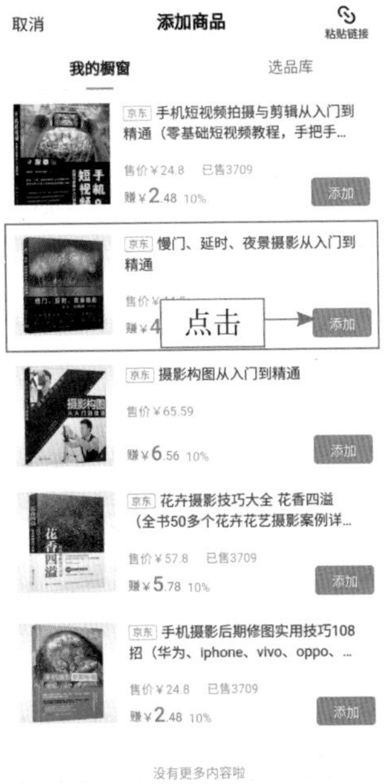

图 12-48 点击“添加”按钮

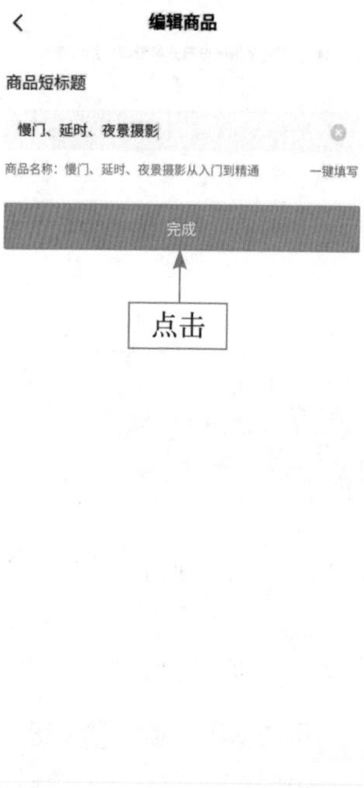

图 12-49　点击“完成”按钮

图 12-50　显示已插入的商品卡

12.1.4　统计：内容电商的收益结算

头条运营者做内容电商是为了赚取佣金收益，那么运营者该如何查看自己的佣金收益并提现呢？我们可以在今日头条 App 的“商品橱窗”页面点击“佣金统计”按钮，进入“佣金统计”页面，如图 12-51 所示。在该页面运营者可以点击查看收益规则、入账记录、提现记录等数据。图 12-52 所示为“结算规则”页面。

当然，运营者还可以在“佣金统计”页面点击“提现”按钮，将可提现金额进行提现，不过需要开通账户才能提现。

那么，该如何开通提现账户呢？运营者在点击“提现”按钮以后，会进入到“收入提现”页面，点击右侧 **>** 按钮，如图 12-53 所示。进入“结算管理”页面，点击“开通账户提现”按钮，如图 12-54 所示。进入“开通账户”页面，填写相关信息并选中“我已阅读并同意《精选联盟云账户结算服务协议》”单选按钮，点击“开通提现账户”即可，如图 12-55 所示。

图 12-51 “佣金统计”页面

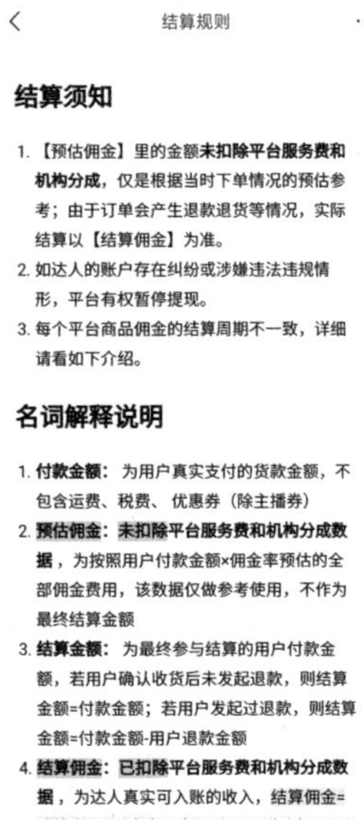

结算规则
结算须知
1.【预估佣金】里的金额未扣除平台服务费和机构分成，仅是根据当时下单情况的预估参考；由于订单会产生退款退货等情况，实际结算以【结算佣金】为准。
2. 如达人的账户存在纠纷或涉嫌违法违规情形，平台有权暂停提现。
3. 每个平台商品佣金的结算周期不一致，详细请看如下介绍。
名词解释说明
1. 付款金额：为用户真实支付的货款金额，不包含运费、税费、优惠券（除主播券）
2. 预估佣金：未扣除平台服务费和机构分成数据，为按照用户付款金额×佣金率预估的全部佣金费用，该数据仅做参考使用，不作为最终结算金额
3. 结算金额：为最终参与结算的用户付款金额，若用户确认收货后未发起退款，则结算金额=付款金额；若用户发起过退款，则结算金额=付款金额-用户退款金额
4. 结算佣金：已扣除平台服务费和机构分成数据，为达人真实可入账的收入，结算佣金=

图 12-52 “结算规则”页面

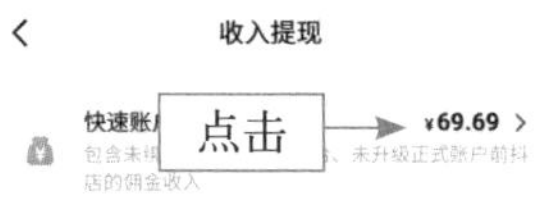

图 12-53 点击 > 按钮

图 12-54 点击“开通账户提现”按钮

图 12-55 点击“开通提现账户”按钮

12.2　规则：内容电商运营的注意事项

头条运营者要想更好地玩转内容电商，就需要了解和掌握内容电商运营的平台规则。本节就来介绍这些注意事项，让运营者避免雷区。

12.2.1　条例：内容电商创作的规范

为了构建健康良好的内容电商生态，今日头条平台推出了《内容电商创作管理规范》条例，运营者在做内容电商之前需要认真仔细地阅读该条例的内容，才能避免违规操作。如果运营者发布的带货内容违反了平台规则的话，就有可能被平台限流、扣分和取消权限等。

《内容电商创作管理规范》的主要内容有：不符合创作规范的内容、特殊行业内容规范、如何正确地创作带货内容等。图 12-56 所示为《内容电商创作管理规范》的部分内容。

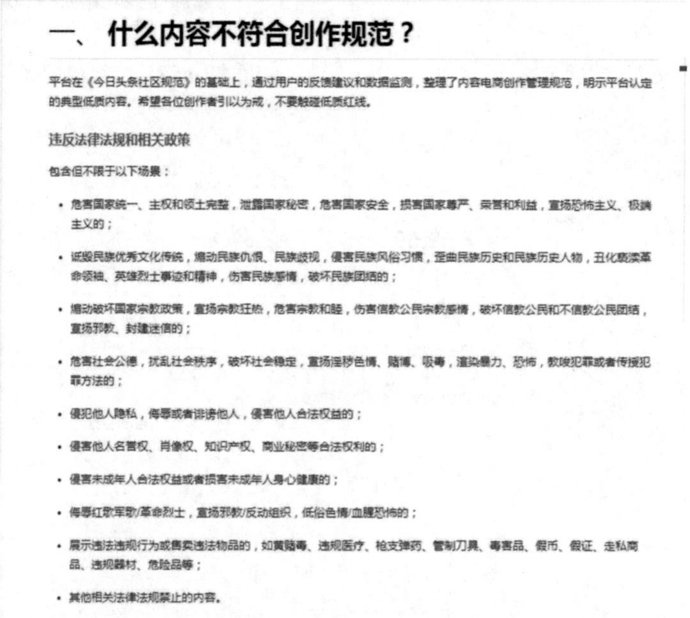

一、 什么内容不符合创作规范？

平台在《今日头条社区规范》的基础上，通过用户的反馈建议和数据监测，整理了内容电商创作管理规范，明示平台认定的典型低质内容。希望各位创作者引以为戒，不要触碰低质红线。

违反法律法规和相关政策

包含但不限于以下场景：

- 危害国家统一、主权和领土完整，泄露国家秘密，危害国家安全，损害国家尊严、荣誉和利益，宣扬恐怖主义、极端主义的；
- 诋毁民族优秀文化传统，煽动民族仇恨、民族歧视，侵害民族风俗习惯，歪曲民族历史和民族历史人物，丑化亵渎革命领袖、英雄烈士事迹和精神，伤害民族感情，破坏民族团结的；
- 煽动破坏国家宗教政策，宣扬宗教狂热，危害宗教和睦，伤害信教公民宗教感情，破坏信教公民和不信教公民团结，宣扬邪教、封建迷信的；
- 危害社会公德，扰乱社会秩序，破坏社会稳定，宣扬淫秽色情、赌博、吸毒，渲染暴力、恐怖，教唆犯罪或者传授犯罪方法的；
- 侵犯他人隐私，侮辱或者诽谤他人，侵害他人合法权益的；
- 侵害他人名誉权、肖像权、知识产权、商业秘密等合法权利的；
- 侵害未成年人合法权益或者损害未成年人身心健康的；
- 侮辱红歌军歌/革命烈士，宣扬邪教/反动组织，低俗色情/血腥恐怖的；
- 展示违法违规行为或售卖违法物品的，如黄赌毒、违规医疗、枪支弹药、管制刀具、毒害品、假币、假证、走私商品、违规器材、危险品等；
- 其他相关法律法规禁止的内容。

图 12-56　《内容电商创作管理规范》部分内容

运营者除了不要创作违规内容以外，还应该做到努力生产平台所鼓励的优质、原创、有价值的内容，这样才能获得更多的推荐。那什么样的内容才是受平台欢迎的呢？具体内容如图 12-57 所示。

平台鼓励优质、原创、有价值的内容

1. 平台鼓励可靠性高、可读性强、稀缺的优质内容

   i. 内容丰富翔实，有信息增量，信息增量指专业知识、科学测评、亲身体验、理性观点等；

   ii. 有自己的独立观点和解读，详实可依；立场中立客观，不偏激不夸张，有理论支撑；选题丰富，风格独到；

   iii. 文笔流畅、逻辑清楚、配图清晰、排版优美、可读性强；

   iv. 商品与内容主体强相关，无拼凑、生硬转折、强行归因/关联的问题。

2. 平台鼓励原创内容

   i. 由创作者自行创作的作品，且对作品拥有合法版权的内容；

   ii. 获得著作权人本人授权，对原作品进行改编、翻译、注释、评议的内容；

   iii. 获得著作权人本人独家授权的作品，有且仅有该帐号在今日头条发布。

3. 平台鼓励读者喜爱的有价值内容

   i. 满足读者需求，有实用价值，读者能学到干货知识。

图 12-57　受平台欢迎的内容

在创作带货内容时，运营者还应该注意以下这些事项，如图 12-58 所示。

- 单日发布各体裁带货内容总数建议不要超过5篇，各体裁包括文章、微头条、问答、视频、小视频；
- 除带货内容外，多发布优质的非带货内容，每天发布的非带货内容多于带货内容；
- 拒绝批量发布内容相似的带货内容，拒绝搬运抄袭模仿洗稿；
- 单篇文章插入的商品卡数量建议不超过3个，不要连续插入商品卡，不要重复插入完全相同的商品卡；
- 避免内容的强营销属性，商品相关描述篇幅占比不宜过高。

图 12-58　创作带货内容的注意事项

12.2.2　目录：平台禁止分享的商品

在插入商品卡时，有些商品是平台禁止分享的，如枪支、弹药、火药等。为此平台专门整理了一个禁止分享商品的目录，其涉及的商品种类一共有以下几种，具体如图 12-59 所示。

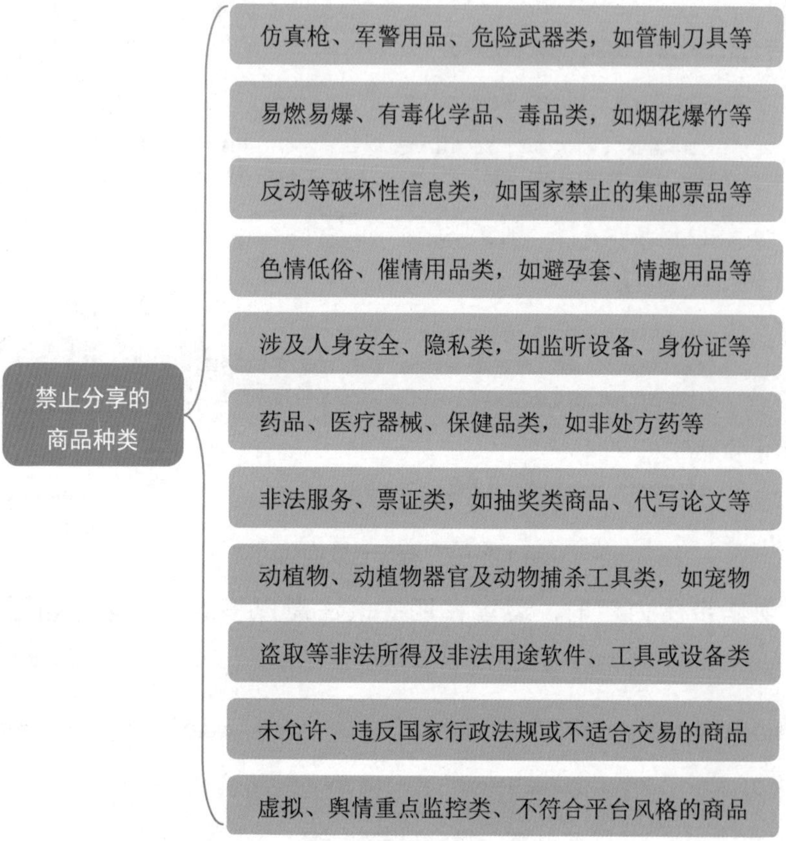
禁止分享的商品种类
仿真枪、军警用品、危险武器类，如管制刀具等
易燃易爆、有毒化学品、毒品类，如烟花爆竹等
反动等破坏性信息类，如国家禁止的集邮票品等
色情低俗、催情用品类，如避孕套、情趣用品等
涉及人身安全、隐私类，如监听设备、身份证等
药品、医疗器械、保健品类，如非处方药等
非法服务、票证类，如抽奖类商品、代写论文等
动植物、动植物器官及动物捕杀工具类，如宠物
盗取等非法所得及非法用途软件、工具或设备类
未允许、违反国家行政法规或不适合交易的商品
虚拟、舆情重点监控类、不符合平台风格的商品

图 12-59　禁止分享的商品种类

12.2.3　扣分：头条号权益关闭规则

今日头条平台对违规行为和内容的监管是非常严格的，如果运营者违反了平台规则，就会面临扣除信用分和取消权益的处罚。每个头条号都拥有 100 分的信用起始分，每种违规行为都会扣除一定信用分，如图 12-60 所示。

2020 年 7 月，头条平台新增了“含商品卡内容违规”的扣分项，所谓“含商品卡内容违规”的意思就是，插入商品卡的内容有违规行为。以下这些内容将会被认定为“含商品卡内容违规”，如图 12-61 所示。

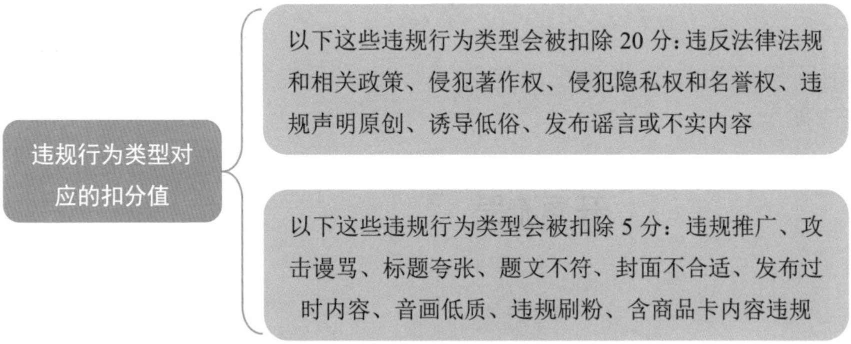
违规行为类型对应的扣分值
以下这些违规行为类型会被扣除20分：违反法律法规和相关政策、侵犯著作权、侵犯隐私权和名誉权、违规声明原创、诱导低俗、发布谣言或不实内容
以下这些违规行为类型会被扣除5分：违规推广、攻击谩骂、标题夸张、题文不符、封面不合适、发布过时内容、音画低质、违规刷粉、含商品卡内容违规

图 12-60 违规行为类型对应的扣分值

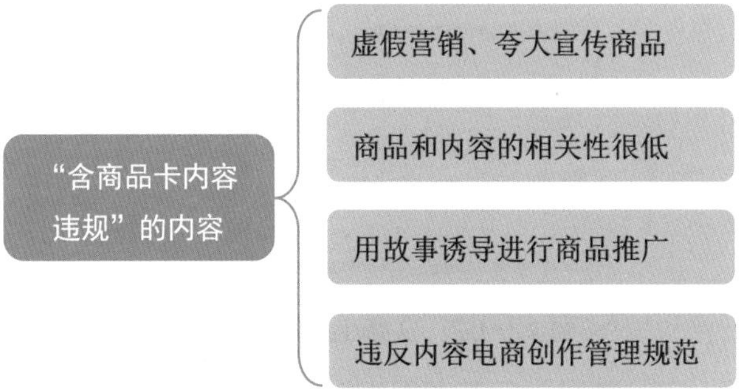
“含商品卡内容违规”的内容
虚假营销、夸大宣传商品
商品和内容的相关性很低
用故事诱导进行商品推广
违反内容电商创作管理规范

图 12-61 “含商品卡内容违规”的内容

专家提醒

运营者在做内容电商时，如果触犯了“含商品卡内容违规”的违规行为，每次违规都会被扣除5分信用分，第五次违规将永久关闭商品卡权益。

另外，已经开通了商品卡权益，但是现有粉丝人数少于1万且半年内没有发布带货内容的头条号，平台也会暂时关闭权益。如果账号没有违规行为，运营者也可以在重新达到1万粉丝以后再次申请开通商品卡权益。

12.3 店铺：头条小店运营的方法技巧

头条小店对运营者来说是一个非常重要的电商变现工具，也是头条内容电商运营的重点。本节主要介绍头条小店运营的方法技巧，包括头条小店的开通流程、上架商品的方法技巧，以及金额结算和收费标准等。

12.3.1 步骤：头条小店的开通流程

前面已经讲过了头条小店的开通标准，而头条小店的开通流程，如图 12-62 所示。

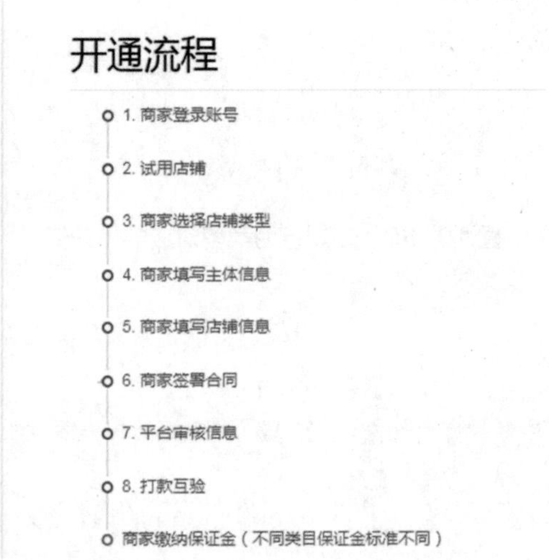

图 12-62 头条小店的开通流程

那么，头条小店的开通入口在哪里呢？下面是头条小店的开通方法。

步骤 01 进入抖店官网，单击“开启商家后台”按钮，如图 12-63 所示。

图 12-63 单击“开启商家后台”按钮

步骤 02 进入商家后台的登录页面，单击“头条登录”按钮，如图 12-64 所示。进入“今日头条授权登录”页面，运营者可以选择账号密码登录或手机验证码登录。单击“授权并登录”按钮，如图 12-65 所示。

图 12-64 单击“头条登录”按钮

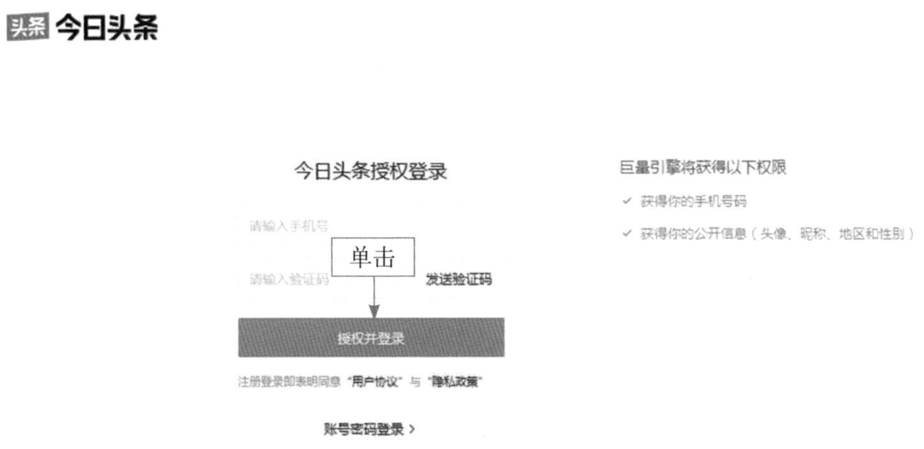

图 12-65 单击“授权并登录”按钮

步骤 03 进入“请选择主体类型”页面，弹出“请选择”的提示框，单击“授权开店”按钮，如图 12-66 所示。进入“填写主体信息”页面，按照要求填写相应信息。单击“下一步”按钮，如图 12-67 所示。

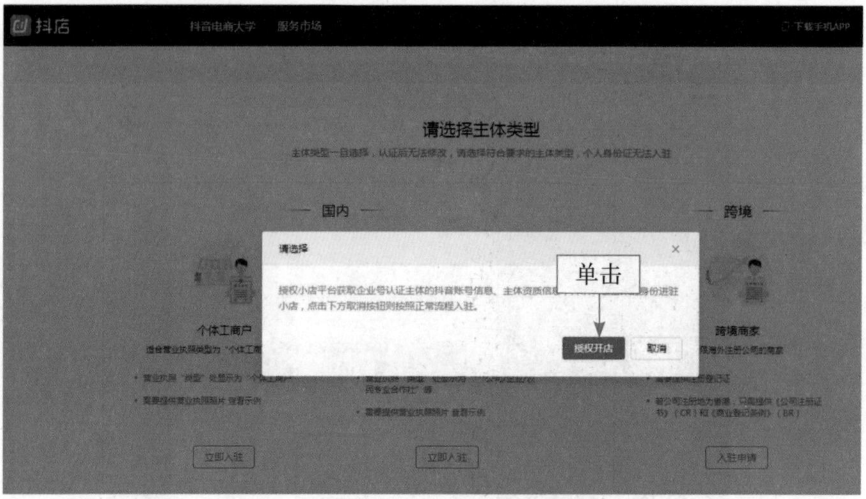

图 12-66　单击“授权开店”按钮

图 12-67　单击“下一步”按钮

步骤 04　同样，按照平台要求填写店铺信息、完成资质审核和账户验证，即可开通头条小店。

12.3.2　上新：上架商品的方法技巧

运营者在上架商品时，有 3 种商品类型可供选择，即普通商品、闪购商品和虚拟商品，并且商品类型提交审核后不可修改，如图 12-68 所示。

商品类型：

- 【普通商品】：系统默认选择【普通商品】商品类型，常规商品都需要在此商品类型下进行创建。
- 【闪购商品】：仅限创建【珠宝首饰-翡翠玉石-玉石孤品】类目的商品时，可以选择【闪购商品】商品类型。**【珠宝首饰-翡翠玉石】类目为定向招商，不支持申请开通。**
- 【虚拟商品】：仅限创建【教育培训】、【本地生活服务】类目的商品，且店铺已经开通支付宝时，可以选择【虚拟商品】商品类型。选择此商品类型后，。**【本地生活服务】类目为定向招商，不支持申请开通。**
- 商品提交审核后商品类型不可以修改。

图 12-68　3 种商品类型

运营者在编辑商品标题时，不能超过 30 个字。图 12-69 所示为商品标题的撰写技巧。

- 最多可输入30个字。所以在编辑商品标题时，需要将商品的"品牌信息、商品名称、商品规格"简洁清晰地表述出来。如果在食品饮料、酒类、生鲜、母婴等一级类目下发布商品，需要按照"产地+商品名称+种类/品种+净含量/规格"的顺序发布。

例如：

- 顺丰空运（物流信息）四川双流（产地）红颜奶油草莓（商品名称/种类 / 品种*）2斤（净含量或者规格*）包邮（物流信息）。
- Zxxx新款女装双排扣西装外套两件以上包邮。
- 怡宝矿泉水350ml*12/500ml*12满60包邮。
- 旺旺零食大礼包50g*3袋+30g*4袋或旺旺零食大礼包270g。

图 12-69　商品标题的撰写技巧

专家提醒

在填写商品类目属性的时候，如果运营者的店铺类型为旗舰店、专卖店或专营店，则必须填写商品品牌。

头条小店的支付方式一共有 3 种，即在线支付 / 货到付款、在线支付、货到付款，具体内容如图 12-70 所示。

- 在线支付/货到付款：店铺必须要开通合众或支付宝自主提现功能后才可以选择，个人资质的店铺，不支持选择此支付方式。
- 在线支付：店铺必须要开通合众或支付宝自主提现功能后才可以此支付方式。
- 货到付款：个人资质的店铺不支持选择此支付方式，其它店铺类型都可以选择此支付方式。
- 创建商品类型为【虚拟商品】时，支付方式仅支持【在线支付】，且必须开通支付宝自主提现功能。
- 创建商品类型为【闪购商品】时，支付方式仅支持【在线支付】，开通合众或支付宝自主提现功能即可。

图 12-70　3 种支付方式

当运营者将支付方式设置为在线支付或在线支付 / 货到付款时，需要设置订单库存的计数方式。订单库存的计数方式一共有两种，如图 12-71 所示。

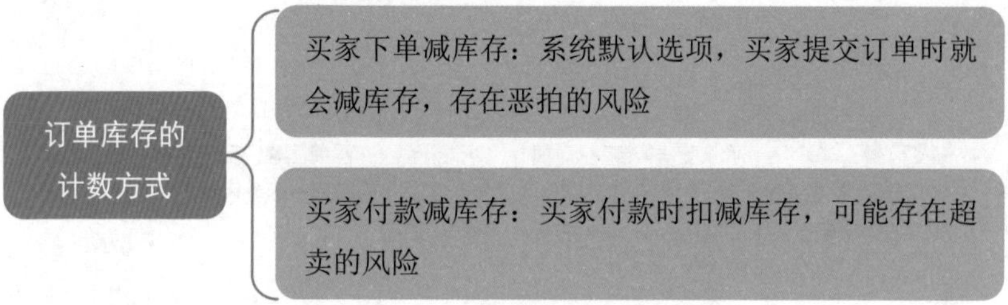

订单库存的计数方式
买家下单减库存：系统默认选项，买家提交订单时就会减库存，存在恶拍的风险
买家付款减库存：买家付款时扣减库存，可能存在超卖的风险

图 12-71　订单库存的计数方式

当店铺内的商品数量超过 5 个时，运营者就可以选择系统推荐和手动配置两种商品推荐方式，具体内容如下。

(1) 系统推荐：根据商品销量进行推荐。

(2) 手动配置：通过商品置顶进行推荐。

运营者在上传商品主图的时候，需要注意以下这些事项，如图 12-72 所示。

- 图片大小需要600*600以上，单张不超过1M，支持png、jpg、jpeg三种格式，建议宽高比为1:1。
- 需要上传5张实物图，必须是实物图，不得含有除品牌logo以外的任何文字、水印，第一张主图必须为商品主体正面实物图。可适当做一些文字说明，比如：品种名称、产地、生产者或者销售者名称，不要进行促销、夸大等描述。
- 如果创建商品类型为【虚拟商品】的商品时，上传1张以上的主图即可。

图 12-72　上传商品主图的注意事项

在上架生鲜和食品类的商品时，需要注意以下这些事项，如图 12-73 所示。

- 商详页需要体现不同规格的差异点说明（如：计量单位：果径、重量、个数等）。
- 商品的标识标志信息或外包装图需清晰展示。非预包装食品必须要展示产品的品名、产地、保质期；预包装食品必须要展示商品名称、规格、净含量、生产日期、成分或配料表、生产者的名称、地址、联系方式、保质期、生产许可证编码。
- 生鲜食品如果宣称是"绿色食品、有机食品、无公害食品、地理标志食品、原产地食品"等内容时，需在主图或详情页上附上清晰可辨认的认证证书或认证标识。
- 转基因食品应当显著标示。
- "需催熟类水果"的催熟方法、催熟时间进行详细说明。

图 12-73　上架生鲜和食品类商品的注意事项

运营者在设置商品价格和规格时，需要注意以下 5 点，如图 12-74 所示。

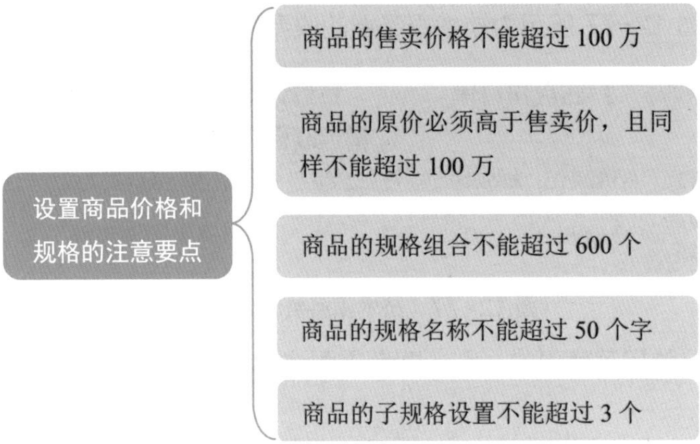
设置商品价格和规格的注意要点
商品的售卖价格不能超过 100 万
商品的原价必须高于售卖价，且同样不能超过 100 万
商品的规格组合不能超过 600 个
商品的规格名称不能超过 50 个字
商品的子规格设置不能超过 3 个

图 12-74　设置商品价格和规格的注意要点

12.3.3　核算：金额结算和收费标准

头条小店的运营者本质上是一位商家，他可以通过头条小店销售产品来获得收入。那么，运营者的订单收入又是怎么计算的呢？其计算公式如图 12-75 所示。

商家结算金额=消费者实付金额-消费者实付金额×技术服务费-(商品价格-平台券)×联盟佣金+平台券

图 12-75　商家结算金额公式

除此之外，运营者还应该了解并掌握商家结算入账金额等其他计算公式，如图 12-76 所示。

商家结算入账金额=收入−计费方案−订单退款

*** 收入=订单实付金额+平台券抵扣金额**

1. 订单实付金额=实付货款+运费=(商品总价−平台券抵扣金额−商家券)+运费
2. 平台券抵扣金额，即平台补贴给消费者的优惠券金额

图 12-76　其他计算方式

另外，平台为了激励头条小店的运营者，对在线支付的普通订单（珠宝首饰除外）的技术服务费实行一定的优惠政策，从而提高运营者的服务质量，扩大其经营规模。图 12-77 所示为技术服务费的收费标准。

订单来源	广告流量订单		普通订单（非广告流量订单）			
			精选联盟订单		非精选联盟订单	
支付方式	在线支付	货到付款	在线支付	货到付款	在线支付	货到付款
技术服务费费率	0.60%	0	按附件中标准收取			

图 12-77　技术服务费的收费标准

如果商品使用了优惠券，则运营者需要注意以下两点，如图 12-78 所示。

1. 使用店铺优惠券的商品，平台会根据用户券后实际支付金额收取扣点。
2. 使用平台优惠券的商品，平台按照券前价格收取扣点，平台券相应金额，平台将会在结算时作出相应抵扣。

举例若商品价格100元，运费10元，平台券5元，佣金比例20%，技术服务费5%，则商家结算金额=(100+10−5)−105✖5%−95✖20%+5元。

图 12-78　使用优惠券的注意事项

12.3.4　关闭：头条小店的退店流程

当运营者不想再运营头条小店的时候，可以选择关闭头条小店，其关店的核心流程如图 12-79 所示。要想关闭头条小店，运营者必须达成以下 5 个条件，如图 12-80 所示。

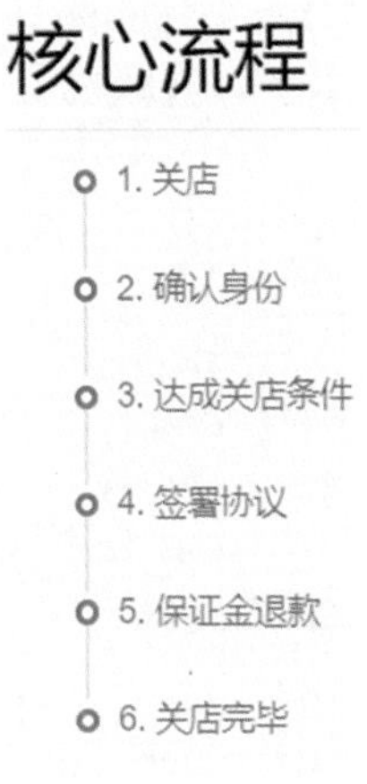

图 12-79　关店的核心流程

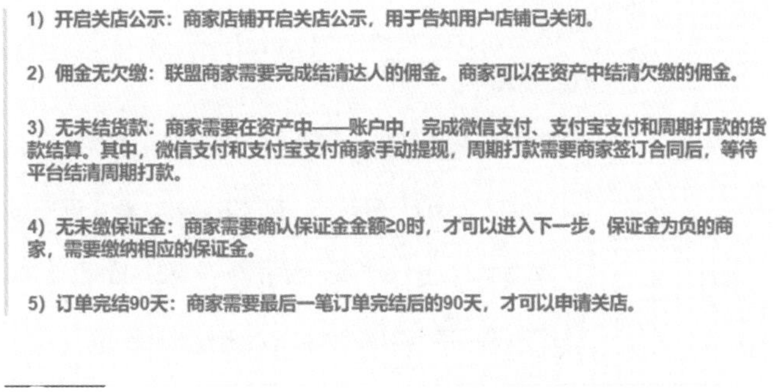

1）开启关店公示：商家店铺开启关店公示，用于告知用户店铺已关闭。
2）佣金无欠缴：联盟商家需要完成结清达人的佣金。商家可以在资产中结清欠缴的佣金。
3）无未结货款：商家需要在资产中——账户中，完成微信支付、支付宝支付和周期打款的货款结算。其中，微信支付和支付宝支付商家手动提现，周期打款需要商家签订合同后，等待平台结清周期打款。
4）无未缴保证金：商家需要确认保证金金额≥0时，才可以进入下一步。保证金为负的商家，需要缴纳相应的保证金。
5）订单完结90天：商家需要最后一笔订单完结后的90天，才可以申请关店。

图 12-80　达成关店的条件

12.3.5　入驻：加入精选联盟平台

开通了头条小店的运营者可以选择入驻精选联盟。笔者在前面也提到过精选联盟这个概念，那精选联盟究竟是什么呢？图 12-81 所示为精选联盟的官方介绍。

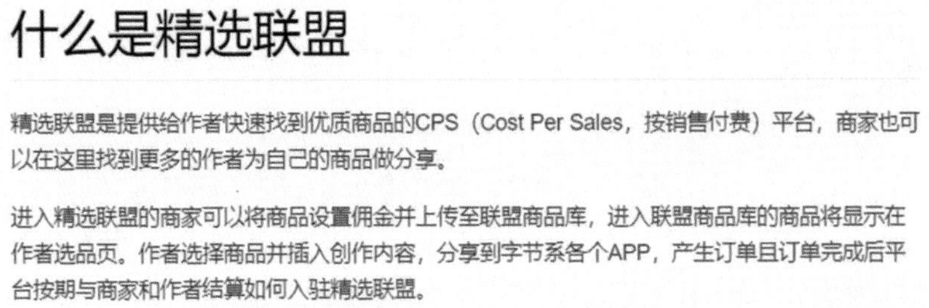

什么是精选联盟
精选联盟是提供给作者快速找到优质商品的CPS（Cost Per Sales，按销售付费）平台，商家也可以在这里找到更多的作者为自己的商品做分享。
进入精选联盟的商家可以将商品设置佣金并上传至联盟商品库，进入联盟商品库的商品将显示在作者选品页。作者选择商品并插入创作内容，分享到字节系各个APP，产生订单且订单完成后平台按期与商家和作者结算如何入驻精选联盟。

图 12-81　精选联盟的官方介绍

运营者要想入驻精选联盟，需要满足一定的门槛。图 12-82 所示为精选联盟的入驻要求。

DSR(Detail Seller Rating) 指的是卖家服务评级系统，也就是通常所说的店铺综合评分。它有 3 个指标，即商品描述、服务态度和物流速度。

精选联盟主要依托今日头条平台的流量，商家可以与头条号“大 V”进行付费合作，或者经营自己的头条号，通过发布文章或视频的形式导流到商品页面，引导头条用户直接在线支付。例如，在今日头条号后台的“发表文章”页面，除了可以插入图片、视频和音频等多媒体文件外，还可以把第三方平台的商品插入到文章中，这样用户即可点击文章的商品图片实现快速购买了，获取成交佣金收益。

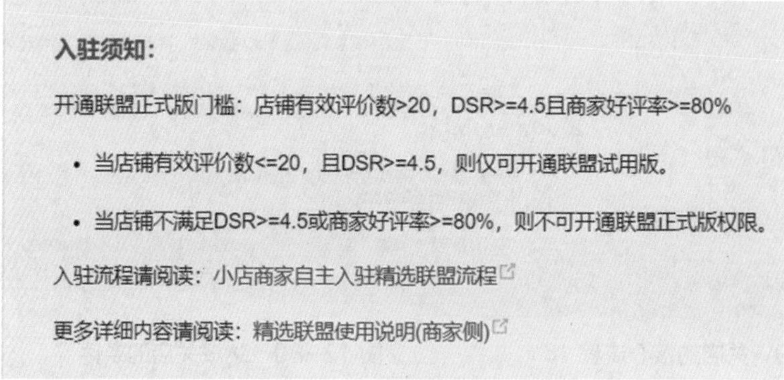

入驻须知：

开通联盟正式版门槛：店铺有效评价数>20，DSR>=4.5且商家好评率>=80%

- 当店铺有效评价数<=20，且DSR>=4.5，则仅可开通联盟试用版。
- 当店铺不满足DSR>=4.5或商家好评率>=80%，则不可开通联盟正式版权限。

入驻流程请阅读：小店商家自主入驻精选联盟流程

更多详细内容请阅读：精选联盟使用说明(商家侧)

图 12-82　精选联盟的入驻要求